筑摩選書

神保喜利彦
Jimbo Kirihiko

東京漫才全史

東京漫才全史　目次

東京漫才全史　目次

序章　「漫才」以前
マンザイのはじまりは？　015
漫才に影響を与えた芸能たち　019
江戸時代の終焉と芝居萬歳の成立　025
上方漫才の父、玉子家円辰と漫才の隆盛　028
第一章　東京に漫才がやってきた

東京に漫才がやってきた　034
冷遇の由来　039
日本チャップリン・梅廼家ウグイスの登場　042
東京漫才の種を蒔いた人たち　045
荒川清丸という存在　047

第二章　生まれる東京漫才

東京漫才の元祖、東喜代駒　054
東京漫才四天王　060
東京漫才の夫婦漫才コンビ　070
安来節スターたちの漫才参入　075
東京漫才の定着　078

寄席漫才の出現 081
女道楽の活躍 086
浅草漫才の勃興 088
いろいろと生まれる「漫才」たち 091
ラジオ放送と東京漫才 097

第三章　戦前の黄金時代

しゃべくり漫才の勃興 102
帝都漫才組合の結成 116
戦前の東京漫才黄金時代 120
ボーイズ(歌謡漫談)の流行 124
解散という問題 128

第四章　戦争と東京漫才

漫才師引き抜き事件　134
ダークホース内海突破・並木一路　139
演芸慰問の勃興　143
東京漫才の戦争協力　147
花園愛子の戦死　154
挙国一致と帝都漫才協会　159
終戦直前の東京漫才　163

第五章　焼け跡から立ち上がる

敗戦と漫才　168

東京漫才の混乱と生き残り　171
復興する東京漫才　174
ラジオ復興期における東京漫才のスターたち　179
二つの暗雲　187
超新星の誕生　190
「第二次戦後世代」の有望株な漫才師たち　196
幹部や中堅たちの再出発　205
司会漫才の誕生　213
寄席漫才の復興　217
漫才研究会発足　222
NHK漫才コンクールの開催　227
東京漫才専門寄席「栗友亭」　231

東西交流の復活　237
分裂時代　241

第六章　東京漫才の隆盛

都上英二会長体制発足と東京漫才協会の設立　246
東京漫才の芸術祭参加　248
漫才ショー「漫才横丁」の誕生　252
演芸ブーム時代　258
コロムビアトップ会長体制発足　264
東京漫才の大スター　270
戦後の歌謡漫談《ボーイズ》　278
コント・トリオ・ブーム　284

漫才リバイバルブーム　288

第七章　MANZAIブームと東京漫才

魔の解散ラッシュ　294
長老たちの死　302
東京漫才の御三家たち　305
MANZAIブーム　316
戦前世代の終焉　329
御三家の崩壊　334
東京漫才大打撃　340

終　章　新しい東京漫才の形

ニュータイプ漫才師の活躍 349
師弟組とたけし軍団 357
颯爽たる幹部組 363
二十一世紀へ 372
＊
あとがき 386
＊
主要東京漫才師補遺 389
主要参考文献 396

東京漫才全史

序章　「漫才」以前

マンザイのはじまりは？

「漫才の歴史」とはいうが、そう簡単に紐解くことができないのが漫才の難しいところである。祝福芸の「萬歳《まんざい》」をベースにしながら、にわか、流行歌、太神楽、茶番、落語、浪曲などのエッセンスを取り入れて、演芸としての「漫才」へと進化を果たした。

漫才に関わったすべての芸や事象を説明し始めると、それだけでページが尽きかねない。そこで漫才の成立には欠かせない重要な事象や部分だけを上手くつなぎ合わせることにした。

まずは、祝福芸の萬歳が、如何にして演芸の漫才へと進化を果たしたか、という流れを確認しよう——と勇ましく言ってみたところで、「漫才史」は芸能史の中でも未開拓の領域であり、今定説や通史といったものが殆どないのが、現状である。

「まんざい」。誰もが知るこの言葉、実は千年近い歴史を有している。語源そのものを辿れば数千年近い歴史を有するのではなかろうか。

萬歳の源流は祝福芸「千秋萬歳《せんずまんざい》」にある。もっとも、萬歳とはいうものの今日の世間一般で言う「マンザイ」とは大きくかけ離れていた。

平安時代に記された日記や記録などを見ると、千秋萬歳は、官人や楽師たちが、長寿や国家安泰を祈念して厳粛に舞い踊る――今日の神楽や舞楽のように祝福性が強い芸であった。

しかし、平安末期に武家政権が台頭するようになると貴族や神社仏閣の庇護を失い、千秋萬歳も変遷を余儀なくされた。鎌倉時代に入ると、唱門師《しょうもじ》という下級の陰陽師や散所人（散所法師《さんじょほうし》）と呼ばれる芸能民が千秋萬歳を演じるようになった。

子《ね》の日の祭りになると、仙人の出で立ちに小松を手に持って、家々に参上し、祝言や舞を披露して金品を施してもらう、門付けのシステムを既に完成させていたのであった。

また、幸若《こうわか》や猿若《さるわか》といった当時の流行芸能を萬歳の中に取り入れ始めた。この頃から世俗的な味わいや滑稽味を持つようになったと考えるべきだろうか。

一方で、十四世紀頃には既に「卑しい」「乞食」などと批判されている様子が『看聞日記《かんもん》』『臥《が》雲日件録抜尤《うんにつけんろくばつゆう》』などといった当時の記録に残されている。こうした軽蔑の目は長らく萬歳・漫才が抱える問題となった。

時は流れ、戦国時代となった。各地で戦乱が巻き起こり、大名や権力者の下剋上や国盗り合戦が横行した。権力者に頼れなくなった萬歳師たちはこれまでの権力との癒着から、庶民・商人相手にも萬歳を演じるようになった。

そんな庶民相手の商売や意識が萬歳を世俗化させることとなった。文句や所作は明朗なものとなり、衣装も派手ですぐに萬歳と見分けのつくようなものに変わっていった。十五世紀末期には素襖《すおう》に冠《かんむり》を身に着け扇を広げる太夫《たゆう》、狩衣《かりぎぬ》と烏帽子《えぼし》をまとって鼓を叩く才蔵《さいぞう》のスタイルが定着するようになった。

都を中心に権力者や神社仏閣を相手にする萬歳もあれば、都から地方に流れ、その地に定着をして活動をする萬歳が現れるようになった。

今日も残る三河萬歳《みかわまんざい》、知多萬歳《ちたまんざい》、越前萬歳《えちぜんばんざい》、加賀萬歳《かがまんざい》、伊勢萬歳《いせまんざい》や、廃絶してしまったが大和萬歳などはそのいい例である。萬歳の芸の差異や論考は前田勇《まえだいさむ》『上方まんざい八百年史』、『大衆芸能資料集成』や、各地の民俗資料等に詳しい。ここでは歴史的な概略のみを記す。

地方の伝承では「継体天皇の時代に萬歳を演じるようになった」「十一世紀に大江定基が陰陽師を招いて萬歳が生まれた」というような伝説が語られる。ロマンがあって面白いが、あくまでも伝説の粋は出ないだろう。

「今日も残る祝福芸の萬歳は、戦国時代から江戸時代に定着した」という形で解釈されるのが一般的である。

数多くある萬歳の中で特に勢力を誇り、権威を有したのは、「三河萬歳」と「大和萬歳《やまとまんざい》」の二つであった。前者は江戸城や武家屋敷での巡演を、後者は宮廷への出入りを許された。

三河萬歳が優遇された背景には、江戸幕府を司る徳川家が「三河出身」だったことに他ならない。まだ一介の三河国の領主であった時代よりこの萬歳と付き合いがあったそうで、特に愛好していたのは自分の領地にいた「別所萬歳《べつしょまんざい》」の一団であった。

江戸幕府成立後、三河萬歳はますます重宝され、将軍家の威光にあやかろうとする大名屋敷や旗本屋敷の出入りを許されるようになる。さらに、武士や豪商がそのまねをはじめ、その他に商家や町人たちまでもが……という連鎖が生まれた。三河萬歳には「御殿萬歳《ごてんまんざい》」「屋敷萬歳《やしきまんざい》」なる敬称が与えられた。

しかし、萬歳需要が増えると数が足りなくなる。三河萬歳は将軍家や武家専門の萬歳となり、町人まで手が回らなくなった。その中で台頭したのが、三河萬歳の名を借りた知多萬歳や尾張萬歳であった。新参者であった彼らは、一般商家や庶民を相手にするようになる。

かくして生まれた萬歳の勃興と隆盛。江戸の萬歳文化は着実に花を開いた。一方で、「萬歳の激増によるモラルの低下」といった問題が生じるようになりはじめた。

当初は寺社奉行が担っていたが、萬歳の増加で面倒が見きれなくなった。そんな萬歳を引き受けたのが陰陽道や天文道で知られた土御門《つちみかど》家であった。

一六八四年、萬歳師たちは正式に土御門家の管轄下に入り、支配を受けた。以来、萬歳師たちは土御門家が発行する免状を手にして商売を行うようになった。こうして萬歳の支配は定着していくこととなる。

天下泰平の世の中で萬歳は大きな変貌を遂げた。その中で生まれたのが「笑いの要素を盛り込んだ萬歳の完成」であった。

萬歳はなじみの家々の前や座敷に立つと、まず「柱建《はしらだて》」「法華経」「七福神」といった祝言や祝詞を唱えながら、舞い踊る。これらの祝言を総称して「地の内」といった。

この「地の内」は、あくまでも儀礼的なモノであったようで庶民からのウケはあまりいいものではなかった。むしろ、庶民が好んだのは、地の内が済んだ後に演じられる、滑稽な問答や掛合、踊りであった。時には下ネタや過激なネタを発し、店の中にいる下女や小僧を追い掛け回すようなドタバタも行われた。

特に関西では萬歳の世俗化、お笑い化が劇的に進み、萬歳の常打公演が行われるようになった。これは江戸にはない文化である。

萬歳の興行化の発端については謎に包まれているが、宝永年間（一七〇四～一一）ころにはもう成立していたようである。しかも、この萬歳人気は一過性のものではなく、享保（一七一六～三六）、明和（一七六四～七二）と何世代にもわたって続いていた。

高座で萬歳を演じてはキリがいいところで、「ここらで編み笠廻そうか」と、見物客に投げ銭を乞うシステムを完成させていた。

漫才に影響を与えた芸能たち

先述した通り、「漫才は複合芸」である。正月に来る萬歳だけが、漫才の源流になったというわけではない。漫才は、様々な芸を吸収して、漫才たる領域を得た。こうした芸能も見過ごすことはできないだろう。

萬歳、歌舞伎、人形浄瑠璃、音曲、講釈、落語、太神楽など、江戸時代に花開いた芸能や文化を、萬歳は貪欲に取り入れながら発展をつづけてきた。中でも、ニワカ芝居、軽口、江州音頭の三つの芸能は「萬歳」——近代的な「漫才」の時代に至るまで強い影響を及ぼした。

ニワカ芝居と茶番

「ニワカ芝居」は即興喜劇、寸劇というべきだろうか。「突然、にわかに」始まるから「ニワカ」と名付けられた。「俄・仁輪加・〇〇加」という表記もある。

元々「ニワカ」は町人たちが、洒落や遊興で演じた即興芝居から生まれたと伝えられている。「にわか行燈」なる提灯を持った愛好家たちが「ニワカじゃニワカじゃ」と囃しながら町を流すスタイルが一つの型として成立した。

「突然」こそが「ニワカ芝居」の真骨頂で、如何にうまい「アドリブ」や「即興」でその時々の流行や話題をネタにできるか、というところに面白味があった。

こうした町回りやお座敷での遊興を繰り返しているうちに、ネタや話術が練り上げられ、にわかのプロが誕生した。宝暦・明和時代（一七五一〜七二年）に入ると、道頓堀にはニワカ専門の小屋が作られ、本格的に興行が行われるようになった。

そこから更に寄席・劇場への進出を推し進めたのが、天保年間に入ると村上杜陵《むらかみとりょう》というニワカの名人が現れニワカの演出を完成させた。「衣装は簡素にカツラは紙で作ったボテカヅラを使用する」「大道具は使わず、簡素な書き割りと小道具のみ」といった案を次々と考案した。こうした功績から「中興の祖」とも呼ばれる。

寄席や劇場の進出や発展にあたり、これまで短くまとまっていたニワカに、浄瑠璃や歌舞伎といった芝居のネタが導入されるようになった。

村上杜陵以降、続々とプロのニワカ役者が現れた。その中から独自の芸名と一門を築くニワカ師たちが現れるようになる。プロになった彼らはニワカの精神そのままに、信濃《しなの》家《や》尾《お》半《はん》、磁《じ》石《しゃく》亭《て》喜多《いきた》丸《まる》、大和家《やまとや》宝楽《ほうらく》、鶴家團十郎《つるやだんじゅうろう》といった洒落た芸名をつけて一門を築いた。

明治維新後は「新聞」や「報道」といった新しい概念や、政治や戦争といった社会問題がニワカ芝居に大きな影響を与えた。ニワカ師たちは当時の時事ネタや新聞ネタを芝居や掛合の中に取り込むようになりはじめたのである。大和家宝楽は日清戦争をネタにし、鶴家團十郎は三面記事やその時々の流行などをニワカにした。こうしたニワカの発展は、京阪の笑芸に大きな影響を与えた。無論、漫才もその一つである。

その中でも強い影響を受けたのが、曾《そ》我《が》廼《の》家《や》五郎・十郎である。二人は宝楽や團十郎の近代ニワカから「時事ネタ」「喜劇」のエッセンスを抽出し、「曾我廼家喜劇」を打ち立てた。

一方、本流のニワカは曾我廼家を打ち破るような革新的な芝居を生み出せず、衰退の一途をたどる。ただし、ニワカ衰退後、職を失ったニワカ師たちがこぞって漫才に転身したこともあってか、ニワカ由来のネタや演出が漫才に残った。

また、江戸にも「茶番《ちゃばん》」という寸劇や滑稽劇が流行した。

歌舞伎の「茶番役」というお茶汲みをする役者が演じた滑稽な寸劇から発展した笑芸で天明年間には既に定着し、一つの町人文化として花開いた。

ボテ鬘に元ネタの衣裳をまとい、芝居の真似事やおどけた演技をする「立ち茶番」と衣装や道具をほとんど身につけず、自分の話術や小道具だけで演じてみせる「口上茶番」の二種類が生まれた。

こちらもニワカ同様に庶民や旦那衆に愛され、練り上げられていった。その内、セミプロやプロが現れ、弟子を持つようになった。間もなく寄席に進出し、「高砂家《たかさごや》」「梅の家」「澤瀉家《おもだかや》」といった芸名を持った。茶番師の中には幇間やセミプロ出身の人物もいた。

また、茶番は太神楽やかっぽれ一座にも合流し、独自の笑芸を構築することに成功している。明治維新後、萬歳同様に町廻りが廃絶され、失職に追い込まれた神楽師や願人坊主たちは、それぞれ独自の一座を立ち上げた。そして、あるものは旅回りに出掛け、あるものは浅草の寄席や劇場に定着した。

彼らが演じる茶番や軽口は明治から昭和戦前にかけて大変な人気を集め、東京に漫才が定着する以前の笑芸を一手に担っていた。今でこそ殆ど廃絶してしまったが、漫才以前の笑芸を考えるとき、絶対に落とせないのがこの「茶番」である。

軽口

「軽口」はニワカ芝居や茶番の副産物のような形で発展してきた演芸である。

通説では、ニワカ芝居の前座や前説として芝居の真似事や問答、なぞなぞを、身振り手振りと会話だけでやった演芸が小屋や寄席に持ち込まれ、演芸になったと伝えられる。

軽口は酒落やおかしみをべらべら話しながら二人で掛け合っていくのが特徴である。

まずは、一人の芸人が高座に現れ、軽口を演じる旨を述べる。そして「軽口は一人ではできない」とボヤキながら、楽屋に向かって、「楽屋の色男、ちょっときな粉餅（来なさい）」というと、楽屋から「なにか羊羹《ようかん》、今幾代餅《いまいくよもち》（何か用か、いま行くよ）」などと相方が現れる。軽い掛合と紹介が終ると「一つ芝居をしよう」「一つ謎かけをやろう」などと話題を転換させ、芝居の真似事を演じて見たり、謎かけや○○づくしといったネタを振ってお笑いの花を咲かせるのである。

時間の伸縮が自在で、最低限の身振り手振りと話術、即興性に重きが置かれたところから、ニワカ芝居の若手や前座の修業演目として盛んに演じられた。

当初はニワカの席や小屋を中心に演じられていたが、ニワカが寄席に進出するようになると、落語家たちの中からもこれを本業にする者が現れた。かくして「軽口」は寄席の演目としても定着するようになり、漫才が席捲する昭和初期まで落語家や雑芸人《ざつげいにん》が演じ続けた。さらにその軽口の芸人が軽口で習熟した話術を生かして漫才になる例も多々あった。

そして、寄席や劇場で練り上げられた軽口のネタや形を漫才師が拝借し、漫才のネタや構成として定着させるという例も数多くあった。内海桂子が時折演じた『名鳥 名木《めいちょうめいぼく》』『りんまわし』『ぽんぽん問答』や、今も神楽師や落語家がやる『五段目』『お半長右衛門』などがそれである。

江州音頭

「江州音頭《ごうしゅうおんど》」とは名前の通り、近江（滋賀県）の民謡である。今も継承されており、夏になれば櫓の上や盆踊り大会で普通に聞くことができる。「江州音頭」は江戸時代に人気のあった語り芸「貝祭文《かいさいもん》」をベースにしており、「貝祭文」は「祭文」から生まれたものである。元々「祭文」は神道や修験道で使われる宗教色の濃いものであった。

そんな祭文も時代が下るにつれ世俗化し、「歌祭文」「デロレン祭文」と姿を変え、大道芸へと変化していった。「デロレン祭文」とは「デロレンデロレン」と囃しながらその時々の事件や昔話・伝説を語って見せる芸である。歌う瓦版とでもいうべきだろうか。

江戸後期になると、デロレン祭文はホラ貝と錫杖の合いの手の中に、三味線の伴奏や講釈風の語りや説明を入れるようになり、独自の音楽性を有するようになった。

江戸時代後期、桜川雛山《ひなざん》という祭文語りが関東から関西へと流れて来た。彼は「野州万宝院の祭文」と名乗り、近江国八日市市場に拠点をおいて活動していた。

そんな雛山の祭文に着目したのが、西沢寅吉である。彼は雛山から祭文の手ほどきを受けた。そして独立して桜川大龍《さくらがわだいりゅう》（歌寅）と名乗り、音頭取りとなった。大龍は友人の真鍮家好文《しんちゅうやこうぶん》と手を取り、盆踊りに合う節付けや音頭に腐心した。二人は「江州八日市祭文音頭」なる音頭を完成させ、これを弟子や仲間たちが継承。後に「江州音頭」と呼ばれるようになった。

後年、「ヨイトヨイヤマッカドッコイサノセー」という囃子言葉が完成し、今日も伝わる錫杖を鳴らしながら派手に演奏するスタイルが定着したのである。

後述する上方漫才の父・玉子家円辰《たまごやえんたつ》も、砂川捨丸《すながわすてまる》も、その他初期に活躍して漫才の完成に一役買った漫才師たちもこの江州音頭の出身である。彼らは江州音頭の歌だけでは飽き足らず、演芸要素や笑いの要素を入れている内に、漫才の形を作り上げていったのである。

もっともこの三つだけが漫才の母体になったわけではない。萬歳はウワバミの如く手あたり次第に芸を取り入れ取り込んでいった。そしてそれを自家薬籠中の物としていった。

しかし、これが本格的に芽吹くのはまだまだ先の話である。

江戸時代の終焉と芝居萬歳の成立

一八六七年、江戸幕府は大政奉還の意向を表明し、遂に終焉を迎えた。

幕府の衰退と崩壊は萬歳師たちに底知れぬ衝撃とショックを与えた。一言で言えば失職である。

さらに明治政府はこれまでの慣習や法令を否定するような政策や方針を打ち出してきた。「土御門家の廃止」（萬歳の免状を取れないことを意味した）、「まじないの禁止」、「物乞いの禁止」――流石に萬歳禁止令こそ出されなかったが、改元から十数年の間は萬歳を実演することも睨まれた。明治十五年（一八八二年）には「萬歳営業再開のお願い」を行政に提出するもこれを拒絶されるという事態まで起きている。まさに「萬歳暗黒時代」であった。しかし、そんなことで潰えるような萬歳ではなかった。

萬歳は、これまでの「祝福芸能としての萬歳」の側面から撤退し、笑いや話術を中心とする舞台芸へと変身を遂げることとなった。

舞台芸としての萬歳の先駆けを作ったのは、三河や知多の地元にいる萬歳師であった。「祝福やまじないが駄目なら、演芸にしてしまえばいい」とまで考えたかどうかは不明であるが、従来の萬歳に芝居的要素を加え、更に大道芸で親しまれていた阿呆陀羅経、浮かれ節（浪花節）を取り入れた「萬歳芝居」なる芸を生み出すに至った。

その萬歳芝居の立役者が、愛知県津島市の萬歳、初代・二代目嵐伊六《あらしいろく》師弟（嵐伊呂久とも）である。

初代は知多萬歳をベースに、当時流行りの音楽や話術を上手く取り入れてわかりやすくて滑稽味の強い伊六萬歳と称される芸を練り上げた。その伊六萬歳を受け継ぎながらも、芝居や流行の芸能を取り入れて「萬歳芝居」を完成させたのが二代目伊六であった。

そして、二代目は身内や仲間と、萬歳芝居の一座を結成。村の演芸会や祭礼での実演から出発し、東海圏で人気を獲得。明治十年代後半には名古屋大須の寄席へ出演するようになった。

伊六萬歳の特徴は、とにかく賑やかで派手、理屈抜きの面白さにあったという。三味線と胡弓と鼓を派手に打ち鳴らして、芝居やなぞかけなどを演じる大喜利風の「三曲萬歳」、多くの芸人を舞台に並べて荘厳に舞いおどる「御殿萬歳」などがその代表的演目と言えよう。これらの萬歳の芸は、後年の漫才にも影響を与え、長らく大切な修業の演目、ネタとして受け継がれた。
伊六師弟の活躍と人気は、同業者たちに大きな衝撃を与えると同時に、この萬歳芝居の世界へと飛び込む機会を作り上げた。

明治二十〜三十年代の間に、嵐伊六、神田関十郎《かんだせきじゅうろう》、花房清十郎《はなぶさせいじゅうろう》、鈴木源十郎《すずきげんじゅうろう》、丸八清太夫《まるはちせいだゆう》、北《きた》川幸太郎《がわこうたろう》といった面々がしのぎを削り合った。中でも鈴木源十郎は東京で相応の成功をおさめ、寄席や劇場に進出。落語家団体に所属して、落語席や色物席に出るなどして功績を残している。

しかし、訛りのつよい舞台や下ネタの多い芸風であり、結局、「萬歳芝居」はこれらの問題を解消できぬまま、衰退の道を辿った。ただし、一部の萬歳芝居は昭和初期まで東海地方に残存し、その地を中心に一応の人気と勢力を成した。
「萬歳芝居」は突如生まれて、すぐに消えた——というわけではない。少なくとも、「近代漫才」成立までの花道を作ったことは事実である。

さて、萬歳芝居の評判は、流れ流れて関西へと伝播した。

そして関西の芸人の中からも「萬歳芝居」を真似るものが現れるようになる。京阪の劇場に出演した扇子家豊丸《せんすやとよまる》、三重県の伊勢萬歳を改良した市川順若《いちかわじゅんわか》などがその代表格であった。

彼らは「萬歳芝居」の人気や素材を生かしながら、時事ネタや他の芸能を巧みに取り入れ、一層娯楽色の強い舞台を作り上げた。メディアも新聞も不自由だった時代に、時事ネタを持ち込んでくれる萬歳一座は庶民にとってはありがたい情報源だったようである。

このような一面もまた「萬歳」隆盛に一役買ったというべきだろう。

上方漫才の父、玉子家円辰と漫才の隆盛

有名無名、数々の芸人が萬歳芝居を演じる中で、萬歳芝居の殻を破って、演芸的な「漫才」を完成させた革命児が現れた。

玉子家円辰《たまごやえんたつ》（玉子屋とも）である。

円辰こと西本為吉は、慶応元年、河内国河内郡の生まれ。元々は地元で農家と玉子の行商をしていたが江州音頭に興味をもち、「玉子家為吉《たまごやためきち》」という芸名で、音頭の世界に飛び込んだ。為吉の音頭は人気を獲得し、彼は「為丸《ためまる》」と改名してプロになった。

音頭取りになり一座を率いるようになった為丸は「音頭だけでは飽きられる」と雑芸や踊りを一座に入れるようになった。

多くの芸人や雑芸が出入りをする中で、為丸は萬歳芝居の面白さに魅了された。行動力のある為丸は知多地方まで出かけ、萬歳を習った。そして、大阪へ戻った彼は「玉子家円辰」と改名し、名古屋萬歳という看板をあげた。

円辰は芝居よりも掛合や雑芸に重きをおくスタイルを練り上げた。少人数で掛合を行い、ネタの間に音頭や踊りなどの芸尽くしを展開する萬歳を完成させた。この新しい萬歳は関西の演芸界に大きな影響を与えた。更に鶴賀鶴年、扇子家豊丸といった芸人も独自の萬歳を展開し、人気を

きそいあった。

「漫才師」という職業の源流はこの辺りから出たと考えるのが妥当だろう。以降、「萬歳」を「漫才」、漫才に携わるものを「漫才師」と統一する。

　さらに円辰は弟子や後輩の育成や指導に勤しんだ。これまで、一座意識や徒党性が強く、また内向的であった漫才稼業の門戸を開き、若手育成に力を注いだのは特筆すべきことである。円辰が「上方漫才の祖」と称されるのもそんなところからきているのではないか。

　円辰は「玉子家」の屋号を弟子たちに与えて、芸を学ばせた。そして頃合いを見計らって独立させる――と落語家のような師弟関係を作り上げた。そのシステムは漫才界に大きな影響を与えた。そして、他の芸人もその育成システムをまねるようになった。

　円辰の高弟である玉子家源丸《げんまる》、辰丸《たつまる》、末丸《すえまる》、弥太丸《やたまる》、志《し》の武《たけ》、政夫《まさお》といった諸氏。玉子家一門から独立を果たし、独自の流派を打ち立てた荒川浅丸《あらかわあさまる》と千成《せんなり》・芳丸《よしまる》師弟、河内家《かわちや》芳春《よしはる》・千代鶴《ちよつる》夫妻、菅原家《すがわらや》千代丸《ちよまる》。更に円辰や萬歳芝居の人気を受けて漫才になった若松家《わかまつや》正右衛門《しょうえもん》、平和ニコニコ、五条家《ごじょうや》弁慶《べんけい》・牛若《うしわか》。歌舞伎出身の浅田家《あさだや》朝日《あさひ》、松鶴家《しょかくや》千代八《ちよはち》。人形浄瑠璃から出た橘家《たちばなや》太郎《ろう》。江州音頭から萬歳師になった砂川捨丸《すながわすてまる》、桜山源丸《さくらやまげんまる》など、多種多様な人材が明治末期から大正初期にかけて現れた。

　彼らはそれぞれ得意とする芸や話術を練り上げ、「お家芸」を確立した。若松家の阿呆陀羅経、河内家の河内音頭、砂川・桜川の江州音頭などはそのいい例である。お家芸の確立は、「あの芸はうちの一門ではやらない」「ネタを取り合わない」といった暗黙の了解を生み出した。そして、結果として共倒れになることを防ぐ役割を果たした。

しかし、当時の漫才には決定的に大きな欠陥があった。それは「余りにも下品」過ぎたことである。この欠点は長らく萬歳、漫才の負のイメージと付きまとった。尾上二平という研究者は『上方』という雑誌の中で、当時の萬歳を「(萬歳は)一般に低級でその芸もまた甚だ下劣」と記している。その下劣さを簡単にまとめると——

「舞台に出てくる者は着流しに兵児帯とだらしない恰好で舞台に出てくる。鼓も扇もボロボロ。謎かけや問答や唄の中に平然と下ネタを入れる。鼓や手を股ぐらに当て、性器を想起させる下品なジェスチャーを演じて、笑いを取る。舞台での殴り合いや罵り合いは当たり前」

これでは「下劣」と思われても無理はない。そして、そんな有様を官憲や関係者が黙認するはずもなかった。萬歳が長らく嫌悪されたのは、こういう下劣さに起因するのだろう。

過激な芸やネタが演じられるたびに、官憲が飛んできて、公演中止や当局への出頭を命じる。芸人もさるもので、見回りが来るとガラリと変えて上品になり、取り留めのない話題や音頭や踊りでお茶を濁した——というイタチごっこを繰り返した。

その中で、漫才改良を志し、漫才の解禁や普及に努めたのが、砂川捨丸である。今も上方演芸や漫才に関する書籍や資料に必ずと言っていいほど出てくる功労者であり、詳しい研究書もある。ここでは主要な功績のみ記す。

前に記した通り、捨丸は江州音頭の出身である。兄の砂川千丸から音頭や萬歳の手ほどきを受け、十歳で初舞台を踏んだ天才児であった。

十六歳で独立した捨丸であったが、兄や先輩から教わった萬歳を演じる中で、その卑猥さや芸への態度に疑問を持ち始めた。

その中で捨丸は浪曲の桃中軒雲右衛門《とうちゅうけんくもえもん》の成功をヒントに「萬歳を立派な演芸にしよう」と萬歳の高尚化を志した。下ネタや殴り合いを廃し、紋付袴の正装で高座に立った。

捨丸の地道な萬歳改良作戦は徐々に認められるようになり、最終的には萬歳禁止札を取り払い、劇場や寄席に出演できるようになった。若き芸人が成功を収めたとなると、黙っていないのが他の同業者たちである。関係者の中には、捨丸の姿勢を見習って、紋付き袴をまとい、ネタや構成の見直しを行うようになる者が現れた。

こうした高尚化の流れは、「漫才はいつまでも下品ではない」といった印象を寄席や一般市民に与えるところとなり、徐々にではあるものの、寄席や興行主への間口も開かれるようになった。

そして、そうした漫才の評判と芸は東京にも伝播していった。

上は江州音頭の音頭風景。櫓の上に玉子家和義（左）と桜川小春。
小春は夫の大倉寿賀芳と共に漫才師としても活躍していた。
和義も古株の音頭取りで浪曲師・天光軒新月氏の祖父に当たる。（天光軒新月氏提供）
下は太神楽バンカラ辰三郎一行の実演風景。
曲芸を演じる太夫、滑稽な所作や笑いを挟む才蔵。
その他、後見や鳴物など仕事を分担して活動していた。（著者蔵）

第一章

東京に漫才がやってきた

東京に漫才を定着させた夫婦漫才「日本チャップリン・梅の家ウグイス」。
小柄なチャップリンと大柄のウグイスの凸凹夫婦で人気を集めた。
チャップリン（左）は十八番の「猿真似」をやっている。
（岡田則夫氏提供）

東京に漫才がやってきた

さて、漫才が本格的に持ち込まれるようになるのは大正初期のことである。

漫才が東京へやってきた背景には、「芸能界における東西交流の活発化」「安来節の爆発的流行」といった要因があった。

まず、「東西交流」について説明する。これは落語史などにも詳しく出ており、そちらの方面に詳しい方は知っているかもしれない。

明治末から大正にかけて、鉄道や交通網が大きく発展を遂げ、人や物の往来が容易となった。そうした要因も相まって、芸能界でも東西交流が盛んに行われ、東西の芸の差異や文化がいろいろと持ち込まれる結果となった。

その中で、「軽口」や「ニワカ」が盛んに東京へやってくるようになる。さらに、当時落語家の一門に属しながら、雑芸や軽口を演じていた芸人たちも、師匠や先輩に従って上京を果たした。

後に東京漫才の大幹部として君臨する林家染団治《はやしやそめだんじ》、掛合噺を得意とした橘ノ圓《まどか》門下の橘《たちばなの》ノ圓《えん》十郎《じゅうろう》などは、まさにこの東西交流の波に乗って東京にやってきた組であった。ここで培ったコネクションや芸は、後年彼らが東京に定住する際の大きな味方となった。

ただし、彼らが漫才に着手し、本格的に漫才師と名乗るようになるのは関東大震災以降のことである。それより前は、大喜利や余興として軽口や漫才のマネごとをするようなことこそあったものの、「漫才」を看板にして活動するまでには至らなかった。

そして、「安来節《やすぎぶし》の爆発的流行」。

安来節とは島根県安来地方に伝わる民謡である。「どじょうすくい」の芸はよく知られている。漫才に安来節とは意外な取り合わせに映るかもしれない。しかし、漫才にとって安来節の存在は無視できないほどの恩人である。

安来節もまた複合的な形で成立した民謡である。安来節成立の経緯に関しては、安来節研究家・石田信夫の『安来節』に詳しく出ている。ここでは概略のみふれる。

安来節の源流は江戸時代末期に成立した「さんこ節」にあるというが、今日の形に昇華したのは渡辺お糸という人物である。明治末期、お糸は地元の民謡をまとめ上げ、東京や大阪の文化人や財界人を味方にして「安来節」を練り上げたのであった。このお糸の知名度は日に日に増していき、安来節の人気は地方から都会へと伝播していった。

お糸をはじめとした安来節の歌い手たちは、周りの勧めに従って全国公演の旅に出掛けるようになる。安来節だけでは物足りないので前座や幕間を賑わせてくれる芸人や演芸がどうしても必要になる。そこで注目されたのが、漫才であった。

漫才が注目されたのには諸説あるが、「一通り芸が出来て、器用で、笑いも取れて、色々と文句が少ない」漫才師の立場や地位が強く反映されていたようである。

一方、こうした安来節とのタッグは漫才にとって決して悪い話ではなかった。給料も待遇も悪くない上に、劇場や寄席に出ることができる。さらに全国を巡業することで各地の民謡やネタを仕入れることもできた。かくして安来節との関係を得た漫才師たちは続々と安来節の一座に出入りするようになった。お糸の弟子であった遠藤お直などは荒川芳丸、菅原家千代丸といった人気漫才師の獲得に成功した。

渡辺お糸と鎬を削った大和家三姉妹こと大和家《やまとや》春子《はるこ》・八千代《やちよ》・清子《きよこ》は大阪から荒川末丸・艶子夫婦をスカウトし、一座に加入させた。

この大和家三姉妹は、後年漫才に転身し、東京漫才に大きな影響を与えた。東京漫才の地盤を作った陰の功労者と言ってもいいのかもしれない。三姉妹の出身は島根県出雲である。

中国地方を振出しに、大阪、東京と着実に駒を進め、堅実な人気を集めた。一九二〇年代に入り、大森玉木という興行師と関係を持つようになってからは玉木の経営する浅草の劇場「玉木座」を根城にし、一躍安来節を浅草名物に仕立て上げた。

絹の着物を舞台で身に着けて華々しさを演出したり、浪曲を参考にして舞台の上に机とテーブル掛けを出して歌ったり、踊りや芝居を入れたショウを確立したり、幕間に漫才を上演する——などと安来節の改革を続々と手がけ、浅草における安来節興行の一つの形を完成させた。

三姉妹は関東大震災で一時東京を離れるが、間もなく復帰し、浅草の名物として君臨した。三姉妹は漫才師を続々と一座に招き入れ、出演させた。

三姉妹に招かれた漫才師の中には後年一時代を築き、東京漫才の定着と発展に寄与した桂金吾、花園愛子、荒川末丸などの人気者や実力者もいる。この大和家一座は、東京漫才にとって恩人的な存在であったと言ってもいい。

こうして勃興し漫才を取り入れていった安来節は瞬く間に西日本や名古屋で評判を得、関東へとやって来た。

安来節の東上は一九一七年四月である。当初は渡辺お糸一行九名という少ない一座であったが、この公演の成功を受けて、他の一座も我先にと東京へと押し寄せるようになる。そして安来節一座の多くは浅草に定着して、同地の寄席や劇場へ出るようになった。中には「安来節専門劇場」まで開場するほどの人気を獲得した。

あくまでも安来節の余興としての漫才であったが、安来節人気に便乗する形で多くの上方漫才師が出入りするようになった。その中には先述の砂川捨丸や、後に「しゃべくり漫才」を完成させる横山エンタツや、松鶴家千代若《しょかくやちよわか》といった面々がいた。

これで「定着した」となれば、東京漫才の歴史はすごくわかりやすいものになる。

しかし、そんな簡単な話ではない。かくして落語や安来節の片隅で、演じられるには演じられたが、それはあくまでも、アングラな演目であった。東西交流や安来節の人気が下火になれば、すぐさま忘れ去られてしまう――と当時の漫才はそんな危機感と不安定さを持っていた。いわば、「一過性の流行」で「東西交流や安来節のオマケ」程度のモノだったといえよう。

安来節は安来節歌手、演奏家、漫才師、雑芸人など数十名に近い大一座を率いた。
上下の写真は安来節の大スター・大和家八千代一座を撮ったものである。（酒井義直氏提供）

せっかく東京に漫才がやってきたにもかかわらず、定着をするのにはもう少し時間がかかることになる。そこには複雑な障壁や事情が巣食っていた。東西交流や安来節といった大義名分がありながらも、漫才が定着できなかったのは、東京側の体質や地盤に問題があったからである。

冷遇の由来

では、なぜ東京で漫才がウケなかったのか。その理由を大きく分けると三つになる。

「一、落語が強い」「二、他の色物が強かった」「三、漫才の前科」

「一、落語が強い」は今の寄席にも通じる話である。東京は落語・講談メインで寄席や演芸会が作られていた。今でこそ漫才や雑芸が各々ライブを持つ時代になっているが、当時は寄席の権威が強く、「〇〇に出られれば一人前」という寄席のランクまであったほどである。

落語が興行や人気の中心である以上、落語家に気に入られねばならないという大きな壁が立ちふさがった。これを解決せねば漫才が寄席に入り込む余地などなかったといってもいい。

しかも、落語家・講談師たちは漫才の進出や出演をあまりよく思っていなかった。江戸落語・講談は何かと派閥が強く、一門意識も強かった。師匠や一門の是非で芸人を品定めし、如何に芸や人気があろうともどこの馬の骨とも判らぬものは取らない保守的な面があった。

実際、浪花節やかっぽれの豊年斎梅坊主《ほうねんさいうめぼうず》の寄席出演を、落語・講談側が「こんな連中とは出ない」と拒絶し、トラブルを生んだこともある。当時、日の出の勢いを持っていた浪花節やかっぽれさえもこの扱いなのだから、漫才の扱いなどたかが知れていた。伝統も一門関係もない新興演芸に自分達の出番を割いてまで引き渡す余裕はなかったともいえるだろう。

続いて「二、他の色物が強かった」。これは太神楽や茶番といった他の芸種を指す。

今でこそ茶番は大喜利で時折演じられるだけであり、太神楽は曲芸本位になっているため、「どこで漫才と関係があったのか」と思われるかもしれないが、戦前までの太神楽は掛合茶番が多く、漫才顔負けの笑いが散りばめられていた。

そんな太神楽や茶番は落語界と古くから関係を持ち、落語界も太神楽や茶番の存在を認めていた。江戸時代以来の一門がある程度構築されており、伝統も歴史もある太神楽と、歴史のない新しい漫才――どちらを取るかと言われれば、その答えは明白であった。

さらに浅草には豊年斎梅坊主や大漁斎《たいりょうさい》梅坊主の率いる「かっぽれ一座」があった。かっぽれは、元々大道芸の住吉おどりから端を発し、滑稽な踊りや達者な芸尽くしで人気を集め、一躍浅草の名物にまで出世した芸である。いささか下品なところもあったが、達者な芸人たちが見事な江戸弁で茶番や軽口を演じて人気があった。観客も関係者も関西弁一辺倒の漫才よりもカッポレを応援したのはいうまでもない。

最後の「三、漫才の前科」。明治以降におこった萬歳の問題行動も東京進出の大きな障壁となった。

倒幕後、萬歳は明治維新から散々冷遇をされていたのは先述の通りであるが、その規制の目を潜り抜け、勝手に金儲けをしていた萬歳が存在した。それを「東京萬歳」という。

　彼らは正月松の内に限らず、年中町を歩き回って萬歳を披露した。それだけならばまだいいが、この萬歳連中は勝手に門口や屋敷の中に入った上に、金品を要求するというゆすりたかりの一面を持っていた。当然、官憲は目を光らせて規制を行ったが、撲滅までには至らなかった。

　こんなことを連日のようにされては憎悪・軽蔑されても無理はない。こうした悪行の積み重ねはいつしか「萬歳は卑しい」という印象を与えることとなり、中には「萬歳お断り」という札を出す地域もあったほどである。

　こうした悪徳萬歳の前科は、関西で生み出された新しい「漫才」にも容赦なく付きまとった。上京してせっかく小屋に出てみても、東京人の反応はあまりよくなかった。中には冷ややかな言葉や視線を浴びせるものまでいた。

『大衆芸能資料集成　第七巻』の中に、大正初期から漫才界にいた長老たちの談話が出ているが、この回顧がまたすごい。

「お盆になんで漫才をやるんだとヤジられた」

「漫才なんかまるで理解されてない。ポカーンと聞いていた」

「関西弁を理解できたのは曾我廼家劇を見る客くらい。そういう客は漫才には来ない。安来節見物の客に漫才の面白さが認められたのは関東大震災以降」

　と、凄まじい冷遇の旨が記載されている。関西弁という言葉の問題や漫才そのものの下品さなど、他にも問題はあったというが、「東京人は萬歳を冷たい目で見ている」ことには変わりなかった。東京漫才のスタートはマイナスからといってもいいだろう。

日本チャップリン・梅廼家ウグイスの登場

そんな悪条件下にもかかわらず、東京の地に漫才を広め、啓蒙した「開拓者」「紹介者・定着者」というべき逸材が現れた。

夫婦漫才の日本《にほん》チャップリン・梅廼家《うめのや》ウグイスである。

日本チャップリンは一八七六年頃、うぐいすは一八七八年頃の生まれ（「読売新聞」一九三六年六月二十三日号の記事『ふたりは若ァーい』より逆算）。玉子家円辰の一世代下といっていいだろう。

両者はどちらも元々は関西を中心に活躍する剣舞の剣士と吟士（詩吟を演ずる芸人）であったという。

当人たちは「道場派」と呼ばれるれっきとした流派の出身だったそうで、先述の「読売新聞」の取材の中で、「法界屋の改良剣舞（明治期に流行した世俗的な剣舞）でありません、道場派です」と断りを入れている。

ウグイスは、小桜という芸名で吟士を勤めていたそうで、橘之助《きつのすけ》の弟子だったという。この橘之助は女大名とあだ名された名人・立花家橘之助であるかどうかまではわからない。

さて、片や剣士、片や吟士として活動していた二人であったが、同じ一座で毎日舞台も楽屋も一緒になる。そこで縁が出来た二人は、いつしか仲良くなり、夫婦となった。間もなく剣舞芝居は衰退の一途を辿り、チャップリン夫妻も剣舞を止めて漫才師になった。

コンビを組んだ二人は、「新馬《しんば》鹿大将《かたいしょう》・梅廼家ウグイス」と名乗った。「鶯」「うぐひす」と書くこともある。新馬鹿大将とはずいぶん人を食った名前であるが、明治末期にイタリアから輸入されて爆発的な人気を博したアンドレ・デード（André Deed）の喜劇映画「新馬鹿大将」シリーズから取ったという。

大柄で美人なウグイスが美声を披露する傍らで、小柄でちょび髭を蓄えたチャップリンが滑稽な舞踊や曲芸、仕草で客を笑わせ、大柄なウグイスにツッコまれる——という古風な「萬歳」の芸風ではあったものの、なかなか侮れないものだった。巧みに流行歌や時事ネタを取り入れたり、当時流行っていた安来節に合わせて、チャップリンが猿真似をする——など見ても聞いても面白い芸を展開した。

間もなく、神戸の落語席などにも出演を許されるようにもなり、色物として腕を磨いた。当時の漫才差別に負けることなく、淡々と高座を勤め、贔屓を増やしていった。

こうした活躍や努力が実ったのか、一九一六年頃、オリエントレコードから「新馬鹿大将・梅廼家鶯」名義で『松島ぞめき・滑稽浦里《こっけいうらさと》』『しゃべくり・りん廻し』のレコードを発表している。東京で活躍した漫才師で確認できる初めてのレコード吹込みをした人物である。

一九一七年頃、新馬鹿大将は「日本チャップリン」と改名。芸名の由来は喜劇王「チャールズ・チャップリン」であることは言うまでもない。その芸名通り、鼻の下に立派なひげを蓄え、

「和製チャップリン」を売りにした。

一九一八年頃に東西交流の波に乗って上京。上京の背景には、興行師の横田永之助や日活の荒木為次郎らの勧めがあったという。

良きパトロンを得て、上京した二人は当初は老舗の睦会に参入。間もなく、神戸吉原興行部と噺家たちが共同で立ち上げた「東西落語演芸会」（東西会とも）に所属をして寄席に出るようになる。当時、落語界は団体の分裂、統合がくり返されており、芸人や色物の需要が高まっていた。チャップリン・うぐいすはそのスキを上手くついた、とも言える。

二人は、名人や人気者たちの間に挟まって漫才を披露するようになった。ハイカラな芸風は、東京の客にも受け入れられた。そして、彼らは寄席の高座を通じて、漫才の面白さやその魅力を東京の客に知らしめることに成功したのであった。

しかし、そんな彼らでさえも「萬歳」「漫才」と名乗ることはできなかった。その理由は「漫才の前科」にも書いたが、萬歳という言葉がひどく嫌がられていて、そもそも「滑稽掛合」「茶番」などといった言葉の方が通りの良かった点などが挙げられる。

さすがの人気者も東京の風圧を無視することができず、「滑稽掛合」の隠れ蓑の中で漫才をやらざるを得なかった。こうした冷遇は昭和初期まで続いた。

一九二〇年代にはいると、普通の寄席だけではなく、多くの芸種が出演する名人会や有名会といった会にも出演できるようになった。

まさに「東京漫才の開拓者」として、多くの観客や芸人に漫才の面白さ、奥深さを教えた二人であったが、その快進撃も一九二三年九月をもって一旦ストップする。
関東大震災の発生である。

東京漫才の種を蒔いた人たち

関東大震災の発生は東京漫才におけるターニングポイントであったのだが、ここで、チャップリン夫妻以外の「東京漫才の種を蒔いた人たち」を少し紹介しておこう。人気と活躍こそチャップリン・うぐいすには劣るが見落とせない存在である。

大倉《おおくら》壽賀芳《すがよし》・春子《はるこ》。東京に長らく出入りをして人気を得たコンビである。

壽賀芳（本名・大倉芳松）は、一八八五年の生まれ。江州音頭の音頭取り、浪曲師を経て漫才師になっただけに美声を売りにした漫才師であった。江州音頭では相当のやり手であったそうで、戦後も彼の門下や教え子たちが江州音頭の方面で残っていた。

荒川末丸《あらかわすえまる》・艶子《つやこ》は、玉子家円辰の門下で、元々は「玉子家末丸」といった。

この末丸は、古い漫才師で、一九一三年には既に京阪の寄席に出て「東京萬歳　荒川末丸」という看板を掲げている。因みに、この公演は、芸人としての漫才師がはっきりと「東京萬歳」という語を明記した先駆けの一つである。大正初頭に大和家三姉妹にスカウトされ、一座に加入。一九一七年頃、上京。浅草の安来節劇場で人気を集め、名のある寄席にも出演できるだけの実力はあった。

震災後も東京に定住し、真の東京漫才のリーダーになりうる可能性を持っていたが、残念ながら病が末丸の出世を遠ざけた。震災前から既に「精神を病んでいる」と『都新聞』で書き立てられている。

震災後、一旦立直った末丸は、妻の艶子と再び上京して、浅草の劇場に出演するようになった。漫才活動再開も束の間、末丸は病をこじらせ、一九二六年頃に急逝してしまった。当時、安来節の劇場であった帝京座によく出ていた関係から、帝京座の関係者が末丸の葬儀を執り行った。

玉子《たまご》家《や》利丸《としまる》・松鶴家《しょかくや》日《ひ》の一《いち》は、荒川清丸同様に「古いことを知っていた」という形で評価を受けたコンビである。

玉子家利丸（本名・中山利三郎）は、一九〇三年九月二十一日、熊本県熊本市出身。十六歳で円辰の門下に入り、玉子家利夫と命名される。当人は「玉子家円辰最後の弟子」と自称していた。翌年、師匠に同行する形で上京。師匠が関西へ帰った後も東京に出入りするようになる。非常に記憶力のいい人物だったそうで、師匠・円辰の芸をはじめ様々な芸や歌をおぼえていた。

一方、日の一（本名・桐谷師二）は一九〇二年、滋賀県の生まれ。青年時代に「桜川虎丸」と名乗って江州音頭取りとしてデビュー。漫才小屋を転々としているうちに利丸と出会い、コンビを組んだ。後年、松鶴家日の丸の弟子になり、「日の一」と名付けられた。

一九二三年三月、利丸は事情あって東京へ定住し、そこで働くようになった。半年後の関東大震災で大損害を被るものの、関西には戻らず東京や関東での活躍を模索した。後年、日の一とのコンビを解消。二人は相方を次々に変えた後、利丸は松前家照子《まつまえやてるこ》という民謡歌手の女性と、日の一は妻の芳子とコンビを組んだ。日の一は昭和五十年代後半まで活動を続けた。

こういった面々の奮闘が功を奏し、東京の「漫才忌避」の空気はスローペースでこそあるものの、緩和されるようになった。

荒川清丸という存在

この頃、「東京漫才の元祖」と自称する漫才師が登場する。荒川清丸《あらかわせいまる》である。

晩年、俳優で放浪芸研究家の小沢昭一や演芸研究家の小島貞二によって度々インタビューを受け、その一部は『私のための芸能野史』、『大衆芸能資料集成』などに掲載された。それらの経歴によると――

荒川清丸（本名・荒川清一）は、一八九五年九月五日、東京新網生まれ。尋常小学校卒業後、奉公に出るが、どこも長続きせず、最終的に豊年斎梅坊主一座に入団。雑用係として働く傍ら、かっぽれや雑芸を習った。

十七歳の折、放浪の旅に出る。関西で玉子家円辰と出会い、入門。「玉子家円太郎」と名乗る。三年間、一座で修業を続けた。一九一七年、徴兵検査をきっかけに帰京。検査後、「東京漫才の元祖」になってやろうと、『元祖・家元・宗家・萬才玉子家円太郎《たまごやえんたろう》』という名刺と肩書を持って売り込みをかけた。しかし、上手くいかず、再び放浪。一九二一年に結婚したのをきっかけに、本名を元にして「荒川清丸」と改名。妻・恒子にも「玉奴《たまやっこ》」と名乗らせ、「荒川清丸・玉奴」を結成。震災後はかしまし娘の父・正司利光と手を組んで「五蝶会」を結成した。

小沢昭一のインタビューに引用された、「東京漫才の元祖は荒川清丸」、清丸が「第一号」と書かれた文献や資料は事実存在する。

しかし、この説が正しいかといわれると甚だ疑問が残る。紹介しておいて疑問を呈しては申し訳ないが、清丸の存在や活躍には大きな疑問符が付きまとうのである。

一言で言えば「証言が信頼できない」のである。小沢昭一たちが残した清丸の聞書きには誇張や事実誤認が多く、鵜呑みにできない。

これは清丸だけに限った話ではないが、芸人へのインタビューは皮肉な性質を持つ取材方法である。ちょっとしたことも「これは私がはじめた」「人気を集めた」などと誇張するのはよくある話である。取材者も「それは嘘ですね」と反論しづらい立場にあり、法螺話や事実誤認がそのまま掲載されてしまう例は多々ある。ましてや、昭和四十年代――清丸の晩年に採録されたとなれば、一層注意が必要である。人間は「記憶や思い出を良いように語る」傾向にあるからだ。

また、小沢昭一たちの興味の対象があくまでも「漫才以前の雑芸・萬歳」といった放浪芸に向いていたのも見逃すことはできない。結局、清丸の記載や発言の殆どは東京漫才が成立する前の話題で占められており、東京漫才の看板になった後の動向は殆ど触れられていない。はっきり言って、「放浪芸人・荒川清丸」という評価ばかりが先行し、本業たる東京漫才への関与や影響は話題になっていないのである。

とにかく荒川清丸という人はクセがある——極端に言えば、「発言の信憑性に欠ける」存在なのである。聞書き以外のこれという物的資料が存在しないにもかかわらず、小沢昭一のインタビューだけであたかも「東京漫才の元祖」として祭り上げているような始末である。

もっともこれは小沢昭一の責任ではない。小沢昭一はよくぞ採録してくれた、と賞賛される仕事を成し遂げている。反省すべきは、清丸の談話を考証・検証することなく、引用や孫引きを続けて来た我々、後世の研究者や書き手にあるといえよう。

確かに清丸は古株である。古参であるのは事実である。しかし、「自分は東京漫才の元祖」という割には、それほどの人気がない。漫才勃興期の動向を知る数少ない資料に、『都新聞』（『東京新聞』の前身）があるのだが、これらの記事や広告の中にほとんど清丸の名前が出てこない。それも東京漫才が根付く震災前ならいざ知らず、東京漫才が定着した後もロクに紹介されたことはない。「元祖」ならば震災復興とともに寄席出演や劇場の出演などあってもおかしくはないはずなのに、一九二八年頃になるまで出てこないのである。時たま出演記録や動向が確認されるが、チャップリン・ウグイスのように一流の寄席に出るわけでもなく、後述する東喜代駒や林家染団治のように大劇場に出演しているわけでもない。「一九一七年から家元として活動していた」という発言を本当とするのならば、チャップリン・ウグイス同様、震災直前には、ある程度の地位を築いていてもおかしくないはずなのだが、殆ど名前が出てこない。

また、清丸は小沢昭一のインタビューの中でハッタリをかましている。当人は「昭和の初めに『都新聞』で漫才の連載があって、私のことが書かれた」と、あたかも自分が人気者・実力者だったような旨の発言をしている。

連載自体は事実存在する。一九三一年三月から四月にかけて「都新聞」に二十三回掲載された『萬歳盛衰記』である。確かにその中には清丸の名前が出てくる。ただし、以下の一文だけである（一九三一年四月二日号）。

「初上京は大正十年だつた、なか〱承知しないのを彼の愛弟子で、五蝶會を主宰している荒川清一が東京見物に来いと誘つて、笄町《こうがいちょう》演藝場（今の歌月演藝場）に引つ張り出した」

別に元祖とも何も書かれていない。しかも本名での掲載である。震災以前から活動していたという証拠にはなるかもしれないが、ここでの主眼はあくまでも円辰で、清丸が舞台で活躍していたとも漫才啓蒙したとも一言も書いていない。笄町演芸場も決して一流の寄席とは言い難い。単に東京で漫才を先立って演じたところに「元祖」の価値があるとするならば、チャップリン・ウグイスの方が余程元祖にふさわしい。

さらにいえば、「東京漫才の元祖」という割には目立った仕事もネタもなく、漫才組合や帝都漫才協会の会長や副会長にもなっていない。

戦時中になってはじめて「帝都漫才協会」の幹事になった程度の人を、「東京漫才の元祖」と認めてもいいのだろうか。

無論、清丸に一切の功績がないとは言わない。ただ、その活動が「第一号」「元祖」にふさわしいかどうかとなると甚だ疑問なのである。

以上の理由から「清丸が第一号」と考えるのは疑問が残る次第である。

随分とクサしてしまったが、清丸を歴史から抹殺するべきだということではない。「元祖」としては疑問の残る荒川清丸であるが、東京人として上方漫才の世界に飛び込み、奮闘した功績は揺るがない。「東京漫才の立役者の一人」としては間違いなく挙げられる存在である。

また、円辰や梅坊主から伝授された阿呆陀羅経や漫才のネタや逸話などを清丸が残したという点は少なくとも評価できる。荒川清丸の本当の評価や立ち位置はもっと研究されるべきではないだろうか。

第二章

生まれる東京漫才

1926年頃、マイクの前に立つ東喜代駒（左）・喜代志のコンビ。
喜代駒の漫才は一世を風靡し、放送やレコードの方面でも功績を残した。
東京漫才が放送に出た第1号といっていいだろう。（著者蔵）

東京漫才の元祖、東喜代駒

一九二三年九月一日、未曾有の大地震が帝都を襲った。「関東大震災」である。凄まじい揺れと火災は多くの死者やケガ人を生み、数多くの文化財は灰燼に帰した。寄席や芸能界も例外ではなく、震災にまきこまれ死んだもの、家族を失ったもの、家や家財を失ったものは数多い。寄席という寄席は焼きつくされ、芸人たちは大阪・名古屋への移住や地方巡業を余儀なくされた。

震災によって、一度は壊滅に追い込まれた東京であったが、復興は早かった。寄席や劇場もバラックから再出発をし、芸能の火が再びともった。それに伴い、関西や地方に避難していた芸人たちも徐々に帰京し、寄席興行も復活するようになった。

しかし、復活したとはいいながら、未だ多くの幹部は関西や名古屋におり、かつて全盛を誇った落語家団体や寄席も停滞状態にあった。その中で新たな演芸や価値観が台頭するようになった。

そのような復興の中で、真に「東京漫才の元祖」と呼べるだけの功績・人気・影響力を持った漫才師が現れる。

東喜代駒《あずまきよこま》である。

今日ではほぼ忘れられた芸人となっているが、彼ほどの人気と功績を残した東京の漫才師を見つけるのは難しい。

東京漫才における放送、レコードの定期的な発表、大劇場でのリサイタルなど、今も東京漫才で行われるスタイルの先鞭をつけたのは皆、喜代駒によるものである。さらに、単純な人気者でとどまらなかった点が喜代駒の凄いところである。素性の知れない存在であった「東京の漫才」というものに価値を付加し、「東京漫才は売れる」ことを証明してみせた。これは同業者以上にマスメディアや興行界に大きな影響を与えた。伝統も信頼もない「漫才」なる芸を、様々なコネや芸やコミュニケーションを駆使して、斬新で流行の最先端のようにしつらえて、世相やマスメディアに売り込んでみせる、今日のマーケティングの先駆けのようなことを行って成功した。

無論、東京漫才の隆盛は喜代駒一人で成し遂げたものではない。他の漫才師たちの尽力や奮闘あってのモノである。しかし、その中で「元祖」たる功績と貫禄を持っているのは喜代駒ただ一人といえよう。

そんな喜代駒の経歴と功績を紹介していこう。

東喜代駒（本名・武井喜代次）は、一八九九年四月八日、群馬県館林市生まれ。実家は旧館林藩の藩士の家柄であった。館林尋常高等小学校を卒業して上京。神田の米問屋に奉公する。

二十歳で独立し、結婚。秋葉原に米屋を建てたが、家族に経営を任せ、自身は演芸鑑賞や浪曲興行の真似事にハマる道楽者であった。経営はうまく行き、子供にも恵まれた直後の一九二三年九月に関東大震災に遭遇し、店も家財も失う。

しかし、これをチャンスととらえた喜代駒は漫才界へと飛び込んだ。当初は「珍芸」と称して一人漫才を演じたり、臨時の相方を雇ったりして活動していたが、間もなく琵琶奏者出身の喜代《きよ》春《はる》という女性とコンビを組んだ。

一九二四年六月には、早くも芸能事務所を設立し、興行師兼芸人のスタイルを構築している。こうしたセルフマネジメントという売り方は後に「喜代駒は芸よりも名前を売り込むのが上手い」とやっかまれるのだが、喜代駒は気にするようなことはなかった。

師弟関係や芸の伝承といったしがらみに囚われなかったのは、喜代駒最大の強みであった。喜代駒の、上方漫才をベースにしながら、全てを東京風の言葉遣いやネタに改めた漫才はすぐさま注目を集め、わずか一年足らずで新鋭芸人として迎えられるようになった。

間もなく喜代春とコンビ解消。そこで噺家出身の村松清《むらまつきよし》という友人とコンビを組み直した。村松は名古屋の生まれで、元々医学の勉強をしていたが、医学よりも演芸が好きで落語家になったという変わり種であった。二人はコンビを組んで「東喜代駒・喜代志《きよし》」と名乗った。

喜代駒は旧来の漫才に飽き足らず、二人は「ハイクラス萬歳」と銘打って漫才の改革に走った。喜代駒は紋付き袴、喜代志はフロックコートを身にまとい、高級さを演出した。さらに、自慢の人脈を使って、多くの財界人や政治家と繋がりを持ち、お座敷漫才を確立した。

一九二五年十一月には、パイオニアレコードより『磯節くづし・滑稽軽口』をレコードに吹き込んだ。レコード吹込みの先駆者は他にもいるが、喜代駒はこの後も定期的に吹込みを行った点が違った。十年足らずの漫才生活の中で三十枚近いレコードを残した。

一九二六年四月一日には、市村座《いちむらざ》で「ハイクラス萬歳東喜代駒熱演会」なるリサイタルを開催している。市村座は江戸時代以来の芝居小屋でかつては江戸三座として謳われた名門劇場であった。震災後は往年の権威こそなくなっていたものの、それ相応の格式は残していた。入場料は一円五十銭、一円、五十銭――と当時の歌舞伎料金と変わらぬ強気の料金設定であったが、この公演は大きな成功をおさめた。

「萬歳風情」などと散々侮蔑されてきた漫才師が、大劇場の市村座でリサイタルを行い、人気を証明してみせた。関係者が驚いたのはいうまでもない。以来、東京でも本格的に「漫才は食える」「漫才はイケる」と考える興行師や芸人たちが現れるようになり、寄席や劇場で漫才大会が行われるようになる。

一九二六年八月二十四日、愛宕山にあった東京放送局に招かれて、ラジオ出演を果たした。「萬歳」の看板は遠慮し、「滑稽掛合噺《こっけいかけあいばなし》　東喜代駒・東喜代志」と名乗ったが、やっていることは普段通りの漫才であった。貴重なラジオ出演は、喜代駒にとって、大きな信頼やステータスになった。また、放送局も「喜代駒なら大丈夫だ」と何度も出演を要請した。

そうした喜代駒の人気は寄席関係者たちも無視できず、落語家団体からも声がかかるようになった。一九二七年夏には、「東京落語協会」に加入し、寄席の漫才師としてデビューを飾った。

一九二七年十二月、喜代駒は喜代志とコンビを解消し、弟子の杉山千代という女性とコンビを組んで、「東喜代駒・駒千代《こまちよ》」として再スタートを切った。喜代志は喜代駒のマネージメントや後見役として活動するようになる。

喜代駒は、駒千代のポテンシャルを生かして、女性優位の漫才を開拓した。髭を生やし、旦那然とした喜代駒が、小柄で色白の駒千代に徹底的にやりこめられる。さらに、昭和初期に都会で大流行をしたエロ・グロ・ナンセンスの風潮を取り入れ、当時流行していたカフェーの漫才を演じたり、兵隊喜劇を行ったり――と類稀なバイタリティを発揮した。

また、新聞・ラジオ・レコードといったメディア媒体を通して自らを売り込み、人気者の地位を獲得する手法も後進の手本となった。散々、漫才忌避を行ってきたラジオや新聞が、東京漫才に対して門戸を開くようになったのは、やはり喜代駒の活躍ありきではないだろうか。

芸能界のゴシップを売りにしていた『都新聞』に落語家などと一緒にゴシップや消息が掲載され、一九二九年七月には『日刊ラヂオ新聞』（七月八日～十日号）に「東喜代駒高級萬歳を語る」という特別記事が、一九三一年四月には『都新聞』に『萬歳盛衰記』と称した喜代駒の自伝が紹介されたほどである。メディアからも早くから「喜代駒は信頼できる」と考えている節があったようで、喜代駒の広告や記事を率先して掲載した。そんなゴシップや広告も人気を煽る要因となった。

昭和一桁の間、喜代駒は評判と人気を振りまき続けた。ラジオ放送やレコード吹込みを行った他、明治座、日比谷公会堂、飛行館などといった大劇場などで公演を打ち続けた。

弟子も多く抱え、東ヤジロー・キタハチを筆頭に、「東一門」を形成した。大空ヒット・三空ますみ、都上英二《とがみえいじ》・東喜美江《あずまきみえ》、東若丸《あずまわかまる》・君子《きみこ》、東錦城《あずまきんじょう》、東けんじ、東笑児《あずましょうじ》など、戦前戦後にかけ

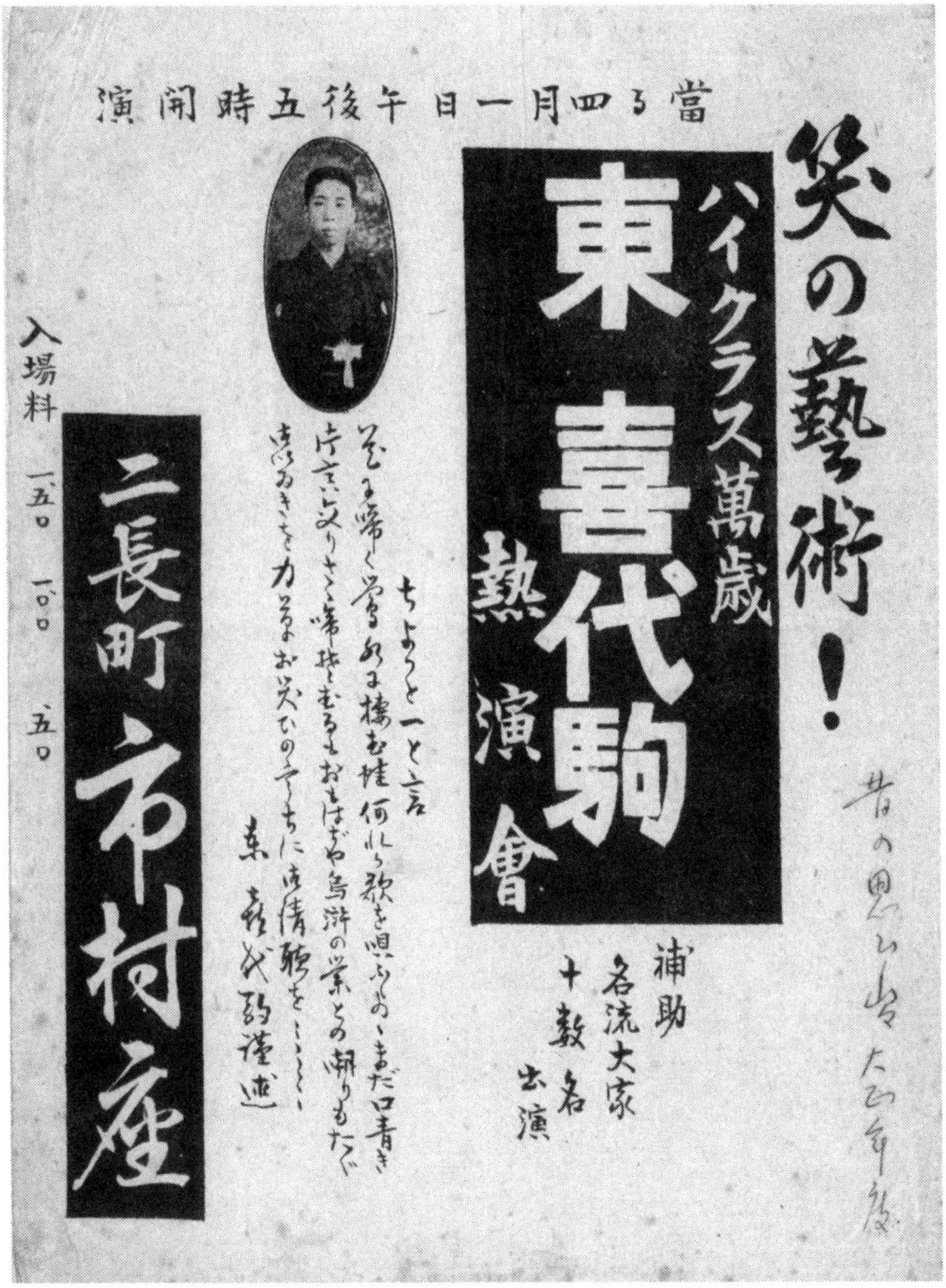

1926年4月1日、東喜代駒が市村座で開催した独演会のポスター。
喜代駒の大劇場公演は演芸界に大きな衝撃を与えた。
東京漫才流行の発端を生み出す出来事でもあった。（東喜代駒ご遺族提供）

ての人気者を輩出した。親分肌で金払いもいいところから誰からも慕われたという。

そんな喜代駒であるが、漫才に執着しないのが最大の欠点であった。自分がやっている芸が権威を帯びてくると途端にその芸を捨ててしまうのである。漫才が権威をもつようになると今度は漫談に移行し、漫談が権威をもつようになると、漫劇（コント）へと移行してしまう。

カリスマ的な人気や若手や後輩の面倒を見る義俠心を持ちながらも、それを政治的な思惑や運営方針に生かすことをよしとしなかった。裏を返せば、喜代駒はスターであったが、政治家ではなかった。故にはかなくも歴史の表舞台から消えてしまった趣さえある。

しかし、喜代駒が東京漫才に残した足跡は余りにも偉大であった。その人気や業績から見て、喜代駒を「東京漫才の元祖」と考えてもおかしくはないだろう。

ここに「喜代駒再評価」の流れを、強く主張する次第である。

さて、喜代駒の紹介が長くなってしまったが、喜代駒以外にも、東京漫才の勃興に貢献した立役者たちは存在する。東京漫才の確立に奔走した漫才師たちにスポットを当ててみよう。

東京漫才四天王

一九二四年頃の東京には、上方から出稼ぎに来る若干の漫才師と、喜代駒、荒川末丸・玉子家艶子くらいしか漫才師はいなかった。荒川清丸も玉子家利丸・松鶴家日の一も旅回りが中心で東京の寄席や劇場にはほとんど出演をしていなかったのである。

それが一九三〇年になると、東京漫才師だけで漫才大会を行えるほどの数に膨れ上がっていた。関西から移住するもの、他の職業から漫才に転職するもの、初めから漫才に飛び込むもの——様々な経緯を持つ漫才師が生まれたのは、ちょうどこの頃である。東京に現れた漫才師たちは、寄席や劇場に出入りしながら、独自の地位と領域を築くことに成功した。

ここに来て、東京漫才は一つの演芸として定着するようになったのである。

その中でも、林家染団治《はやしやそめだんじ》、朝日日出丸《あさひひでまる》・日出夫《ひでお》、大道寺春之助《だいどうじはるのすけ》・天津城逸郎《あまつきいつろう》、桂金吾《かつらきんご》・花園愛子《はなぞのあいこ》の四組は喜代駒にも勝るとも劣らない人気を持った。この四組は、「黎明期の四天王」といってもいいのかもしれない。

出身も芸風も全く違う四組であったが、時に協力し合い、時に力を競い合いながら、東京漫才の人気に火をつけた。喜代駒同様、東京の地に漫才を定着させ、一つの演芸を隆盛へと導いた点は高く評価すべき点であろう。

林家染団治

林家染団治は、戦前から戦後にわたって四十年余り第一線で活躍した漫才師であり、多くの人材や関係者の面倒を見た、陰の功労者としても評価できる傑物である。

染団治（本名・辻卯三郎）は、一八九四年九月十八日、大阪生まれ。父は大工で、腹違いの妹にこれまた漫才で活躍した花柳《はなやぎ》つばめがいる。

幼い頃から芸事が好きで、ニワカの東家力太郎に入門し、東家玉太郎と名乗った。一座で軽口やニワカを演じていたが、後に落語の二代目林家染丸《そめまる》に入門。林家染団治と名乗る。

大正中頃、東西交流で上京し、東西落語会に入会。新人として売り出そうとした矢先に、関東大震災に遭遇。売れる機会を逸してしまった。その後、初代江戸家猫八《えどやねこはち》一座に入って、各地を巡業。猫八の人気のおかげで地方の大劇場や寄席に出演するチャンスに恵まれた。この時に覚えた猫八の物真似や話術は、後年大きな武器となった。

大正末に猫八一座から独立をして、漫才師に転身。当初は猫八一座にいた安来節の歌い手・柳家駒治という女性を相手にしていたが、長くは続かず、相方を転々とした。

一九二七年、東京にカムバックし、再興された浅草の劇場に出演するようになった。歌や踊りを主体とした古風な漫才を得意としていたが、猫八譲りの毒舌や物真似をたくみに加えた独特の芸域を開拓した。

中でも大当たりをとったのが「ゴリラのドジョウすくい」という物真似芸であった。巨漢で顔の大きい染団治が髪の毛を振り乱し、ゴリラの動きを真似ながら、相方の三味線に合せてドジョウすくいや操り踊りを舞う——という他愛ない芸であったが、風貌も相まってよくウケた。後に「ゴリラの染団治」のアダ名が付いたほどであった。

昭和初期には既に浅草の人気者として君臨しただけでなく、落語家時代の伝手《つて》や人脈を生かして喜代駒に少し遅れる形で寄席進出にも成功している。

ただ、本格的に評価されて中央の舞台や放送に出るようになったのは、一九三〇年代に入ってからである。

小島貞二『漫才世相史』などでは、林家染団治と東喜代駒は一対のライバルとして紹介されている。しかし、二人の活躍期間を並べるとライバルにはなり得ないのではないか。

先に売れたのは喜代駒である。喜代駒がリサイタルや放送で話題を集めている時、染団治はまだ猫八一座で全国を回っていた。喜代駒が漫才から距離を置き始める一九三〇年代前半より、染団治はめきめきと頭角を現した。染団治のほうが大器晩成型である。

その売り出しのきっかけは、東京進出を目論んでいた吉本興業の専属にあったという。大阪にも東京にもパイプを持っていた染団治は、吉本からすれば有難い存在であっただろう。東京吉本が大きくなるにつれて、染団治も一枚看板となった。自分の弟子や関係者を率先して東京吉本へ紹介し、地盤を作り上げたのも大きな功績であった。染団治がいなければ、もしかしたら東京吉本の進出は失敗に終わっていたのかもしれない。

染団治も親分肌で面倒見のいい性格の持ち主で、多くの漫才師や漫才志望者を抱え込んだ。その一門は「林家会」と称され、全盛期は数十組の漫才師が会に籍をおいたほどであった。

多くの人気漫才師や幹部がドロップアウトする中で、昭和三十年代後半まで、第一線で活躍し続けた最長老でもあった。まさに生きた漫才史であったといっても過言ではない。

大道寺春之助・天津城逸郎

大道寺春之助・天津城逸郎は東京漫才に「スポーツ漫才」という芸風を定着させたコンビであ

る。漫才創成期に喜代駒と並んでレコードを積極的に吹き込み、多くの作品を残した。

大道寺春之助（本名・岸田金蔵）は、一八九七年四月五日生まれ。喜代駒、染団治などと比べると経歴には謎が多く、わからない点が多い。元々は曾我廼家小一郎と名乗った喜劇役者であったが、大正の中頃、活動弁士に転身。樺太に渡って現地の映画館に入社し、「菊田美水」の名前で映画説明をしていた。

上京を夢見ていたが関東大震災で計画が破綻。その後も樺太で弁士をやっていたが、一念発起して喜劇に復帰する。当時、樺太へ巡業に来ていた竹《たけ》の家雀右衛門《やじやくえもん》の一座に入るが、不入り続きで一座は解散。春之助は行き場を失った。

どん底の中で上京し、浅草の曾我廼家喜劇に入団。「曾我廼家小一郎」と名乗り舞台に出ていたが、周りから漫才を勧められて転身。関西から来た砂川豊丸とコンビを組んで、「砂川豊丸・曾我廼家小一郎」として初舞台を踏んだ。後に大道寺春之助と改名する。

相方の天津城逸郎（本名・影山太郎）は、生年月日・出身地ともに不明である。こちらは浅草で人気のあった曾我廼家《そがのや》五一郎《ごいちろう》一座の出身で、仲間に同行して渡米公演もしたことのある異色の人物であった。一九二八年頃、大道寺春之助とコンビを組んで「天津城逸郎」と改名している。

このコンビは、当時としてはハイカラな漫才を志し、スポーツや武道を取り入れた独創的な漫才で人気を集めた。

中でも「スポーツ漫才」は彼らの十八番で、抜群の人気を集めた。看板に「野球萬歳」「拳闘萬歳」などと記し、スポーツのユニフォームを着てコント風の漫才を展開した。ある意味では

「スポーツ漫才の元祖」と考えてもいいだろう。昭和初期に既に、ボクシングや野球を主体にした漫才があったことは驚きである。

また、戦前の漫才師には珍しく、暴力漫才、ドツキ漫才を否定したコンビとしても知られた。暴力やドツキに頼らず話術とネタで勝負する姿勢は、後進に大きな影響を与えたという。

このコンビはネタが豊富で喋りもうまかったので、東京漫才のレコード吹込みに大きな足跡を残した。一時期は東京漫才初のレコード会社専属漫才師、リーガル千太・万吉と並ぶほどのレコードでの人気があった。忘れられた功績といえるだろう。

朝日日出丸・日出夫

長らく閉鎖的であった寄席に「漫才」という演芸を定着させ、寄席漫才の花形として売り出したのが朝日日出丸・日出夫である。

朝日日出丸（本名・西川粂次郎）は、一八九九年頃、奈良県の生まれ。旧家に生まれ、高等教育を修めたが、芸人を志し、家を飛び出す。放浪の末に大阪市東区にあったカフェー「助六」に入店。達者な芸と人柄でメキメキと頭角を現し、店でも指折りの売れっ子になった。

相方の朝日日出夫（本名・宮川照夫）は、東京の生まれ。日出丸と違い、前歴に謎が残るが、元は東京の芸人であったそうである。

大阪へやって来た日出夫と出会った日出丸はたちまち仲良くなり、「芸人になろう」と約束する。神戸の芸能社・樋口興行の推薦を貰って上京。紆余曲折の末に、浅草の劇場で活躍していた女漫才師・中村種春《なかむらたねはる》に入門。「中村種太郎・種次郎」と名乗り、修業生活に入った。しかし、巡業での冷遇や種春との対立から師匠と仲が悪くなり、「中村種太郎・種次郎」の名前を返上、コンビを解消する羽目になった。

数年後、コンビを組み直し、「朝日日出丸・日出夫」と改名。名古屋経由で上京し、今度は売り出しに成功した。

このコンビもまたハイカラを売り物にし、派手な着物に三味線を抱えた日出丸とスーツにバイオリンを抱えた日出夫の対比が売り物であったそうで、ジャズや流行歌なども巧みに取り入れた。早くから寄席漫才として活躍し、落語家団体に入ったのも人気を得る要因となった。

全盛期の人気はすさまじく、一時は二千円の契約金を取り、「日出丸・日出夫」とデザインした自家用車で颯爽と東京市内を巡って楽屋や劇場入りするほどであった。

東喜代駒に次ぐ宣伝上手なコンビであり、「人気漫才師は儲かる」ということを体現してみせたコンビでもあった。また、浅草の劇場主たちと協力して浅草義太夫座、橘館などを漫才専門劇場に作りかえた功績もある。

二人とも面倒見が良かったので、多くの漫才師や芸人志望者が集った。弟子は「朝日」の屋号を受け継いだところから、「朝日一門」と呼ばれた。朝日日の丸、朝日日出奴、朝日照千代などの漫才師を輩出、戦前の一大勢力として全盛を築いた。

桂金吾・花園愛子

桂金吾・花園愛子は夫婦漫才であった。落語界と漫才界をつなぐ貴重なパイプ役として活躍を続けた。

金吾（本名・稲田清治郎）は、一八九九年二月九日、京都の生まれ。実家は染物屋だったそうで、裕福に育った。青年時代、家族の猛反対を押し切って上京。太神楽の社中に入ったが、すぐさま転身。東京で人気を集めていた落語家・三代目春風亭柳好《しゅんぷうていりゅうこう》の弟子となった。大正末に花園愛子と結婚し、夫婦漫才になった。

一九二六年頃、大和家三姉妹の一座を紹介され、浅草の諸劇場や寄席に進出。東京漫才の立役者の一組となった。

相方の花園愛子（本名・稲田ミサ）は、一九〇六年三月十五日、鹿児島県肝属郡大根占町《きもつきぐんおおねじめちょう》の生まれ。幼い頃に両親と死に別れ、苦労をしながら育った。大根占尋常小学校卒業後に芸人となり、各地を巡業。旅の一座で金吾と出会い、結ばれた。

金吾の軽妙なボケと愛子のきびきびしたツッコミ、それに金吾の音曲と愛子の三味線が売り物であった。二人は自身の漫才を「小唄漫才」と称したようであるが、粋で情緒のある小唄や踊り、洒落っ気のある小噺や都々逸を前面に押し出した舞台を展開した。

一九二〇年代後半には既に浅草の人気者としてラジオに出演したほか、東京吉本にも招かれて専属芸人となっている。一九三〇年初頭には既に「漫才界の泰斗」とまで宣伝されるほどの人気と実力を持ち、東京漫才界の顔役の一組であった。

松鶴家千代若が上京した際に面倒を見たり、桂喜代楽や玉川スミ（桂小豆）を身内として受け入れ名前を与えるなど、非常に面倒見のいい人物として知られた。

なお、この金吾・愛子はある事件を機に「悲劇のコンビ」として全国に知られることとなる。その詳細は後述させていただく。

その他のコンビ

その他にも、兄弟コンビ「玉子家《たまごや》源一《げんいち》・一丸《いちまる》」、ドツキ漫才の「玉子家《たまごや》源六《げんろく》・喜代志《きよし》」、八木節出身の「大正坊主《たいしょうぼうず》」なども東京漫才の立役者として活躍した。

兄弟漫才の玉子家源一・一丸は東京漫才の事務や交渉役としても有能な働きを見せた。源一は銀行員、一丸は会社経営者という異色の経歴の持ち主で売り出したコンビである。なお、一丸が兄、源一が弟である。

二人は俗謡の「どんどん節」を取り入れた歌入りの立体漫才で人気を集めた。一時期は「どんどん節の源一」と呼ばれるほどの人気を博していたそうで、その時々のニュースや世の中の噂を巧みにどんどん節の中に織り込んで観客を沸かせた。後年の「ノンキ節」やテツ&トモの「なんでだろう」といった音楽ネタに近いというべきだろう。

高学歴で理智的な人物だったので、何かとクセの強い芸人と興行師の間を取り持ち、帝都漫才組合や帝都漫才協会の発足に大きな役割を果たした。源一は政治家との付き合いも多く、政治家や興行師を漫才の味方に引き寄せることにも成功している。

源一・一丸の兄弟子、玉子家源六・喜代志も芸歴が古い人物である。震災以前からの漫才師で、一九三〇年には既に一枚看板であった。

このコンビの売り物は迫力のあるドツキ漫才であった。掛合やネタの最中に二人が殴り合ったり蹴飛ばしたりする。最後は拍子木や棒を持ち出し、相方の頭をひっぱたく――凄まじい芸を得意とした。

源六は、東京漫才には珍しい渡米経験者でもあった。一九二九年暮れから千代の家蝶九を座長とする「笑の王国・笑樂團」に加入し、半年近くアメリカを回っていた。この一座で同じ釜の飯を食ったのが、後の漫才王・横山エンタツであった。

大正坊主は八木節から漫才になったという変わり種であった。大正初期から東京の芸能界に身を置き、戦後まで活躍した。

群馬県館林市の出身で、学校の訓導をしていたが、教育よりも八木節が好きで、八木節の歌い手になった。盟友の堀込源太《ほりごめげんた》と協力して八木節の売り出しに力を注ぎ、後年上京して八木節ブームを巻き起こした。

ブーム終息後も東京に残り、漫才師に転向。八木節入りの音曲漫才を展開し、八木節時代の名声もあって根強い人気を集め続けた。

こうした人材の豊富さも、東京漫才の勃興に大きな役割を果たしたことであろう。

東京漫才の夫婦漫才コンビ

他人コンビや師弟コンビが次々と現れては消えていく中で、堅実な人気と安定した活躍を見せたのが「夫婦漫才」であった。

今日でも「芸人仲間で結婚して、夫婦漫才コンビを組んだ」という形でスタートするコンビもいるようだが、その昔はもっといい加減でもっと手軽であった。「相方に逃げられたから素人の妻を相方にした」などというコンビが何組もいたほどである。

そうした夫婦漫才の強さの背景には、「信頼関係」「ギャラや仕事の配分で揉めない」といった家族ならではのメリットが強く関係しているようである。

曲がりなりにも夫婦には一応の信頼があり、喧嘩や対立をしても「家庭」という存在がクッションになってコンビ解散という選択肢が選びづらくなる。また基本的に夫婦一組で行動するため、双方の手綱を握ることができる。さらには仕事や収入を分割する必要なく、全て自分達のモノにできる——といった要素は夫婦漫才の最大の強みであったといえよう。

東京漫才黎明期において夫婦漫才は大きな勢力を有した。離合集散の激しい漫才界において、十年、二十年選手として活躍したコンビの多くが夫婦漫才であった。

小桜金之《こざくらきんの》助《すけ》・桃《もも》の家《や》セメンダル、橘家花輔《たちばなやはなすけ》・デブ子、前田《まえだ》勝之《かつの》助《すけ》・隆《たか》の家《や》百々龍《ももりゅう》、砂川捨勝《すながわすてかつ》・

祇園《ぎおん》千代子《ちよこ》、松尾《まつお》六郎《ろくろう》・敷島《しきしま》和歌子《わかこ》、東亭《あずまてい》花橘《かきつ》・玉子家《たまごや》光子《みつこ》、笑福亭《しょうふくてい》茶福呂《ちゃぶくろ》・秋野《あきの》華枝《はなえ》、竹《たけ》の家《や》雀右衛門《じゃくえもん》・小糸《こいと》、永田《ながた》一休《いっきゅう》・繁子《しげこ》、玉子家《たまごや》辰坊《たつぼう》・八重子《やえこ》などは東京漫才における夫婦漫才の立役者という存在である。中には数十年近い芸歴を誇ったコンビもあった。

中でも小桜金之助・桃の家セメンダル、橘家花輔・デブ子、前田勝之助・隆の家百々龍は東京漫才における夫婦漫才の先駆けのような存在であった。

金之助・セメンダルは元々安来節の芸人であったが、夫婦漫才に転向。桃の家隆代と名乗っていた妻は、「桃の家セメンダル」と自虐的な芸名に改めた。セメンダルとは「セメント樽」のことで恰幅のいい人物を揶揄する時に使われていた。

花輔・デブ子に至ってはそのままズバリである。小柄な花輔と大柄なデブ子の取り合わせがよくウケた。花輔は元々落語の初代橘ノ圓《まどか》の門人であったが、大正期に漫才に転向。この二人は浅草三友館という小屋と契約を結び、同館の専属漫才師としても活躍した。

前田勝之助・隆の家百々龍は、東京における浪曲漫才の元祖的な存在である。八木節宗家・初代堀込源太の養子分だった前田勝之助と、女芸人・隆の家三姉妹の末娘、百々龍が一緒になって夫婦漫才となった。勝之助は声が自慢で、当時大流行していた浪曲師のモノマネがうまかった。百々龍の三味線と掛合のうまさも相まって、最初から最後まで浪曲の話題で聞かせる浪曲漫才を完成させることにも成功している。

他の夫婦漫才も昭和一桁代から東京漫才の担い手として活躍し、堅実な活躍を見せた。

砂川捨勝・祇園千代子は、名前の通り砂川捨丸の高弟である。東京に流れ着いた砂川一門のまとめ役としても活躍し、捨丸からあつい信頼を寄せられた。捨勝は人格者として知られたそうで、戦前戦後の漫才団体で幹部や理事を務めたほどである。

松尾六郎・敷島和歌子は、「剣舞漫才」という独特の漫才で人気を集めた。六郎は「漫才界の大久保彦左衛門」と呼ばれるほどの古老で、剣舞の腕前は芸能界でも指折りのものであったという。当初は安来節の一座で剣舞・舞踊を演じていたが、若き和歌子と結ばれて夫婦漫才を結成。以来戦後に至るまで三〇年以上の芸歴を誇った。

東亭花橘・玉子家光子は、高座の上で面白おかしく餅を搗く「曲杵」という江戸時代発祥の芸を見せる不思議なコンビであった。

こちらも安来節一座に加わり、餅つきを演じていたが安来節の衰退で漫才師に転身。漫才になっても餅つきを演じ続けた。戦後は「杵丸・臼五郎」(杵五郎とも)と改名し、進駐軍慰問やテレビでも活躍、コンビ歴四十年以上という息の長さを誇ることとなる。

笑福亭茶福呂・秋野華枝も戦前戦後にわたって、三十年近いコンビ歴を誇った夫婦漫才であった。茶福呂は元々落語家の出だけあって、話術が達者で、音曲漫才がまだ主流の時代にしゃべくり漫才に近い芸を演じていたというのだから、相当な先駆者である。

竹の家雀右衛門・小糸の雀右衛門はなんと芸歴六十年越えという驚異的な数字を叩き出した人物である。雀右衛門は顔のシワにキセルをぶら下げて踊るという珍芸や奇術、滑稽舞踊を得意とし、その珍芸だけで三十年以上活躍していたというのだから大したものである。

この雀右衛門という人は古今亭志ん生顔負けの波乱万丈の人生を経験した人物でもあった。旅回りの役者の倅として生まれ、舞踊家、落語家、幇間、また落語家、喜劇役者、漫才師――という凄まじい遍歴ぶりを残している。

永田一休・繁子は戦前、東京漫才の花形として知られた。一休の名の如く、坊主頭で厳《いか》つい一休がその風貌とは似合わぬ美声や浪花節を聞かせるのが売りであった。繁子は旅回りの喜劇役者の娘で、妹二人（女一休、小繁）、弟（和尚）も漫才師という元祖漫才ファミリーとしても名を轟かせた。

玉子家辰坊・八重子。玉子家円辰門下の辰坊と、琵琶奏者出身の八重子という異色の取り合わせが売り物であった。石川県の地主の令嬢だった八重子が旅芸人の辰坊と恋をして夫婦になるというラブロマンスも残している。

この夫婦は十人近い子供に恵まれた。長女の秀子と次女の信子は姉妹漫才「森信子《もりのぶこ》・秀子《ひでこ》」を結成、三女の百合子は世界的ボクサー・ガッツ石松や井岡弘樹のコーチ「エディ・タウンゼント」と結婚。末っ子の森サカエは歌手になって成功を収めている。

他にも探せば出てくるだろうが主なコンビはこんな所である。

こうした夫婦漫才師たちは漫才軽視の空気にめげることなく、劇場や寄席に出演し、漫才を演じ続けた。陰でバカにされようとも、夫婦揃って後ろ指を指されようとも漫才の定着と啓蒙のために奔走を続けた。これは東西の夫婦漫才すべてに言えることであろう。

そんな彼らの姿を見て、漫才界に飛び込む芸人や夫婦も多くなった。今日に至るまで夫婦漫才は、漫才の王道スタイルの一つとして認知されている。東京漫才もまたその夫婦漫才の恩恵を受

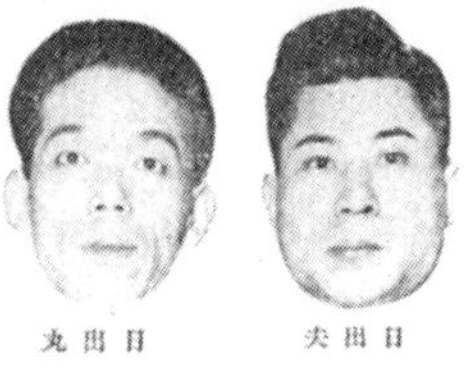

上から時計回りに林家染団治・小川雅子、朝日日出丸・日出夫、都家福丸・香津代
富士蓉子（右）・若葉サヨコ、林家染太郎（右）・染次郎。（著者蔵）

けたこと大であろう。

安来節スターたちの漫才参入

一九二〇年代後半に入ると、「安来節」の人気も陰るようになり始めた。ファンの多い大和家三姉妹などの劇場付きの安来節一座でさえも、漫才や雑芸の影響を無視できなくなり始めた。

これまでほんの余興であった漫才師の数や勢力が安来節と肩を並べるところにまで来た。中には、その人気や手軽さを目の当たりにして、漫才師に転じる者まで現れた。

安来節の芸人たちが次々と漫才師になった背景には、漫才師と親しく、その芸の構造ややり方をよく知っていた、といった実際的な面はあるだろう。人気やネームバリューを持った安来節芸人たちの漫才参入は東京漫才に取って大きなプラスであった。安来節から見れば、庇を貸して母屋を取られるような形ではあるが、東京漫才からすれば立派なネームバリューと人材を体よく得たということになる。

震災以前の安来節ブームを担った大和家春子《やまとやはるこ》、大和家《やまとや》かほる、大津検花奴《おおつけんはなやっこ》、大津《おおつ》お萬《まん》、富士蓉子《ふじようこ》――アイドル的な人気を博していた若い芸人たちが漫才師に転身している。

大和家三姉妹は安来節の傍らで漫才も演じていた。長姉の春子は、安来節一座にいた芸人・八木日出夫と結婚し、夫婦漫才を組んだ。大正末には既に漫才師として一枚看板であった。東京漫才における夫婦漫才の先駆けといってもいいだろう。二女の八千代も後年、剣劇役者の酒井義二郎と結婚し、「義二郎・八千代」の名前で戦後まで漫才を演じていた。

大和家三姉妹の妹分として人気のあった大和家かほるは、大和家三姉妹に認められて妹のすみ子とともに大和家の妹分となり、安来節の歌い手となった。

かほるの大正末から昭和初期の人気はすさまじく、日本のゴッホと称される画家・長谷川利行《はせがわとしゆき》もかほるのファンであったという。長谷川は漫才師になったばかりの彼女の姿をキャンバスにおさめ、画題を「大和家かほる」と名付けた。この絵は長谷川の代表作として多くの展覧会に出品され、書籍にも収められている。

かほるは大正末に、荒川末丸に先立たれた玉子家艶子とコンビを組んで、女流漫才師となった。後年、活動弁士出身の宮川貞夫《みやかわさだお》と結婚し、夫婦コンビを組んで長い間人気を保った。子供に恵まれ、上から大空みのる、大和ワカバ、二代目大和家かほると、みな芸人になった。

大津検花奴は、稀に見る美貌と美声で知られた安来節の大スターであった。その人気は大和家三姉妹と並ぶものがあった。

「大津検」とは「大津検番所属」という意味である。検番とは芸者を統括する事務所の総称で、「〇〇検」というのは大体芸者の出身だと思って頂ければよい。美貌と美声の芸妓として知られていたが、大和家三姉妹のスカウトを受け上京。一九二〇年代の安来節ブームを担った。

後年、一座で働いていた菊川時之助《きくかわときのすけ》という若手芸人と駆け落ちし、「花奴・時之助」の夫婦漫才を結成。六〇歳で引退するまでの間、東京漫才の大御所として堅実な活躍を続けた。

大津お萬は、男勝りの豪快さと浪曲物真似のうまさで売り出した女傑というべき芸人であった。花奴と同僚だったらしく、元は「大津《おおつ》検志満子《けんしまこ》」と名乗っていた。

長らく安来節の第一線で活躍していたが、震災後に漫才師へ転向。自慢の美声で浪曲の節マネや民謡を聞かせ、観客を手玉に取る豪快な芸風で知られた。面倒見のいい性格から多くの弟子を抱え、後年は「お萬一座」を結成。漫才を演じる傍らで歌謡浪曲の実演にも進出し、歌謡浪曲の第一人者として戦前戦後長らく活躍を続けた。人気歌手・村田英雄《むらたひでお》に歌謡浪曲を勧めたのはこのお萬だという。

富士蓉子はわずか六、七歳で安来節一座の大スターとなった、ちびっこアイドルの先駆けのような存在である。

三歳足らずで安来節の歌手としてデビューし、六、七歳の時には既に一枚看板となり、多くの男女が贔屓としてついて回っていたという伝説さえ残っている。

当初は親の命令でいやいや漫才師となり、年上の男とばかりコンビを組まされていたが、成人後に独立してレビュー女優出身のワカバサヨコとコンビを結成。「サヨコ・蓉子」のコンビは東京漫才の大輪の花として相当な人気を得るところとなった。

そんな人気と実力を持った安来節の大スターたちが続々と漫才師になるのだから、東京漫才がにぎわうのは当然であったといえよう。そして、安来節スターたちの漫才転身は、安来節一座で活動をしていた諸芸人たちにも大きな影響を与えた。

剣舞の松尾六郎、ハーモニカ漫談の松平操、安来節の伴奏として琴を弾いていた吉本萬公、同じく伴奏の大美不二なども、安来節の衰退を受けて漫才へ転身している。もっとも、漫才に転身をしても、やることは安来節時代から得意としていた芸や演奏であった。ここにも「漫才は何でもあり」という精神が現れている。

こうした安来節の一斉転身は、東京漫才の大きな追い風となった。女性漫才師の進出とその人気が一層の呼び水となり、「漫才は食える」ということを他の女性や夫婦者に知らしめる結果をうみ出したのである。震災から十年足らずで人気のある女性漫才師がこれだけ増えたのは、安来節のお陰であるといってもいい。

皮肉にも安来節の衰退と撤退は、東京漫才の大きな地盤と養分となったのである。

東京漫才の定着

安来節のスターや実力者たちと合流した東京漫才は新たな飛躍の軌道に乗り始める。

一九二五年時点で第一線で活躍していた東京漫才師は、東喜代駒、玉子家利丸、荒川末丸・玉子家艶子、小桜金之助・桃の家セメンダル、東亭花橘・玉子家光子——この程度であった。先に挙げた中村種春や砂川捨丸など、関西の漫才師が上京して出演してはいたが、まだ出稼ぎ漫才の傾向が強かったといえよう。このとき東京漫才に関与していた人材はこの程度しかいなかった。それが一九二八年になると、一気に二十数組にまで到達する。

この劇的な増加に伴い、東京漫才も上方漫才に拮抗できるのではないか、と自信を持ち始めるようになったのもムリはなかった。「関西漫才」に対抗して「関東漫才」の名称が盛んに使われるようになるのも丁度この頃である。

一九二八年七月には浅草市村座で「東西親交」と称した漫才大会が開かれている。

▲市村座　一日よりの萬歳親交記念大會に出演する関東関西の顔ぶれは直之助、朝日、かほる、春雄、保子、六郎、源六、清、啓之助、玉春、清子、染團治、芳春、芳丸、源一、友衛、小芳、染若、初江、日出男、静子、文雄、駒千代、喜代駒、金之助、セメンダル、秀千代、秀夫、花輔、デブ、清丸、玉奴、豊丸、小一郎、愛子、金吾、力春、力松、小徳、春夫、芳郎、千代治、愛子、秀丸、茶目鶴、仲路、こたつ、夢丸

（『都新聞』一九二八年六月三十日号）


傍点を打たれているのが東京側の漫才師である。当然、この舞台に出ていない漫才師も多数存在した。ここに記されているのは売れっ子の部類である。

昭和初期でこれだけの漫才師が揃っていたのは驚くというより他はない。

その後も漫才師の数は着々と増え続け、一九三〇年には四十～五十組近いコンビが揃うようになった。吉本や松竹が東京に進出し、漫才師の出入りが激しくなったのも大きな要因である。五年で約十倍とは芸能史上でも稀を見る増加率ではないだろうか。

一九三〇年八月には、新宿にあった大劇場・新歌舞伎座を一週間借り切って東京漫才師中心の漫才大会を開いている。

▲新歌舞伎座　七日より十三日まで變り種の諸藝人を網羅してナンセンス萬歳大會を毎夕五時に開演、出演者は
荒川清丸、玉奴、玉子家吉丸、久奴、松本三吉、政次、轟一蝶、二見家秀子、吉田明月、荒川芳坊、喜楽家静子、林家染團治、加藤瀧夫、瀧奴、東駒千代、喜代駒、大道寺春之助、砂川若丸、東明芳夫、堀込小源太、小幡小圓、清水小徳、八木日出男、大和家初江、大和家雪子、中村直之助、千代の家蝶丸、登美子、玉子家末廣、福丸、浪川奴風、松平操、梅若小主水、砂川雅春、大和家かほる、壽家岩てこ、富士蓉子、朝日日出丸、日出夫、一丸、金花丸、松尾六郎、和歌子、弟蝶、久次、力久、竹乃、亀八、三代孝、デブ子、花輔、正三郎、源一、菊廼家若雀、独唱白井順、混成舞踊石田擁、女坊主澤モリノ外支那曲藝一行等

（『都新聞』一九三〇年七月三十日号）

関西の漫才師や舞踊家や歌手が数組参加しているものの、八割方が東京漫才である。漫才人気は留まるところを知らず、年を追うごとに漫才大会数も増えていった。人気が上がれば上がるほど、新聞や雑誌にも漫才や漫才師の動向が取り上げられるようになる。ラジオやレコード吹込みも行われるようになる。

雑誌、新聞、レコード、ラジオ――様々なマスメディアや媒体を通して、東京漫才の動向や漫才師の記録が行われるようになるのは大体この辺りからである。『都新聞』をはじめとする新聞や雑誌資料などに広告や漫才速記、ゴシップを取り上げ、レコード会社も「萬歳」を主力商品として並べるようになり、ラジオ欄にも掲載された。

そこから終戦までの十五年間、東京漫才は破竹の勢いで躍進を続けた。漫才師は増える一方で、一時は一〇〇〇組と謳《うた》われるほどの人材を誇った。無論、「東京漫才師だけの数」である。さらにメディアやレコード業界にも次々と進出し、一九三〇年代中盤に入ると、かつてのライバルであった太神楽や茶番を駆逐し、落語の人気にも迫る勢いを持った。

エンタツ・アチャコやリーガル千太・万吉が出て来るまで東京漫才は無かった――と書かれることの多い東京漫才であるが、実際はこれだけの発展があった。裏付けのない通説だけで漫才を規定することは、それ以前の漫才師たちの活躍や苦労を愚弄すること以外の何物でもない。「千太・万吉が東京漫才の元祖」というような記述を、「間違ったことが書かれている」と一笑に付せるような時代になることを心から願う次第である。

寄席漫才の出現

一九二九年、アメリカ・ウォール街の大恐慌を発端に、世界恐慌が発生した。日本も昭和恐慌という形で大打撃を受け、多くの会社や銀行が倒産し、たくさんの失職者が出た。そんな不景気の波は文化不振へと繫がった。芸能もまたその不景気の大きな影響を受けた。

そうした不景気の中で台頭したのが、手軽で、すぐに笑ったり泣いたりすることの出来る手軽な芸能や娯楽である。そこにうまくハマったのが、漫才であった。

落語、講談、色物の多くが寄席不況に苦しみ、立て直しに奔走する傍らで、漫才は目覚ましい活躍を見せ、人気をかっさらっていた。文化人や古老はそうした風潮を嘆き、「古き良き寄席文化が滅びた」と攻撃したものの、寄席の衰退が収まるはずもなかった。選択の岐路に立たされた寄席や寄席芸人は、漫才軽視の風潮を改めなければならなくなっていった。当時の落語界事情を記した記事『寄席の色物はどう變るか——力強き萬歳の存在』(『読売新聞』一九三一年三月十六日号)に、漫才の躍進が生々しく描かれている。

「力強き存在は万歳で、捨丸とか菊春とか喜代駒とか、これ亦有名無名が何十組あるか判らない最初は浅草だけだつたのが客の受ける儘に市内へも漸次進出して来、落語家連中も圧倒されてゐる形」

そうした緩和策の背景には、大正以来の落語界の分裂騒動や行き詰まりがあったようである。長年の対立や分裂、さらに関係者の重なる死や引退によって、既に協会や寄席興行を成り立たせるだけの人材が減りつつあった。そこで新しい呼び物として注目されたのが、漫才というわけである。ここに寄席漫才という形が生まれたといってもいい。

ただ、ここでも東西ではっきりとした違いが生まれている。

関西は「落語から漫才に主役を移行する」ことを選んだ。一方、東京は「落語と漫才が共存する」ことを選んだ。その背景には、関西では大きな会社や経営者が芸人や寄席を一手に引き受ける方式で興行を行っていたことが大きい。芸人たちを一斉に専属にして「うちの仕事と劇場以外には出ない・出さない」と約束させ、芸人の生殺与奪を掌握した。吉本をはじめ、芸能関係者はこの方式をフル活用して、芸人たちを管理し、漫才を娯楽の王者に仕立て上げた。

一方の東京漫才が遂に娯楽の王者になり得なかったのは、こうした吉本や松竹といった他を圧倒する興行師や会社が存在しなかったのも大きく作用しているのではないだろうか。

東京の寄席や興行はあくまでも合議的な形で運営されている形が多く、それぞれの自主性があった。一社独占ではないのである。

席亭や劇場主は、ある程度の協力や結束は持つものの、どういう芸人や協会と手を結ぶかは、それぞれの寄席や興行者に委ねられていた。関西のように「この寄席には専属芸人しか出演させない」というわけではない。十五日または十日ごとに別々の団体に貸し出すのが普通であった。いくら分裂や対立がおきても、権力のゆるがない落語界や寄席に、後ろ盾のない漫才が勝つ術などなかった。故に漫才は寄席や落語との共存の道を選ばなければならなかった。見方を変えれば「主役になり損ねた」とも言うことができる。

ただ、寄席や落語との迎合と共存は、決して悪い話ではなかった。常打ちの寄席という場所を得ることで、安定した活躍の場と一定の収入を得ることができる。また信頼や実績を得られる。更に寄席の一員となれば、相応の権力を持てた。人気があればなおさらである。

ここにきて漫才師たちは、散々拒絶されてきた「萬歳」の使用を実現させた。漫才というだけで、「滑稽掛合」「滑稽茶番」と一方的に書き換えられる時代は過ぎ去ったのである。

震災以降、続々と漫才師が寄席に入った。東喜代駒を筆頭に、小桜金之助・桃の家セメンダル、前田勝之助・隆の家百々龍と人気漫才師が寄席の高座に現れるようになった。さらに、笛と三味線の音曲漫才を得意とした立美二郎《たつみじろう》・梅の家一徳《うめやいっとく》、兄弟漫才の玉子家源一《たまごやげんいち》・一丸《いちまる》、朝日日出丸・日出夫、大道寺春之助・天津城逸郎なども寄席でお馴染みの顔になった。

寄席に合流した漫才師たちは、寄席向きの漫才を開拓した。一口に言えば「邪魔にならない漫才」、他の出演者の邪魔にならず、協調性と節度を保ちながら、自分達の芸を見せるスタイルが構築されていった。

そんな漫才のスタイルは、「ウケてなんぼ」の上方漫才と比較検討をされる。すなわち、「アクが強いがボリュームのある上方」「節度があるがインパクトに欠ける東京」という一長一短の形での批評である。

一九三〇年代になると、「寄席漫才」を前面に押し出す漫才師が登場するようになる。朝日日出丸・日出夫、都家福丸《みやこやふくまる》・香津代《かつよ》などは落語協会への正式入会が認められ、一流の落語家や講談師と並んで寄席に出演できるようになった。

中でも福丸・香津代は、落語界と漫才界をつなぐ貴重なパイプ役として大きな成功を収めた。香津代は戦後も三味線漫談と女優の二足の草鞋で活躍した都家かつ江その人である。

香津代（本名・利根谷タキ）は一九〇九年三月十五日、東京生まれ。都家一座の座長・都家四郎を父に、義太夫語りの母を持ち、兄も姉も親戚も役者や芸人であった。幼い頃は「女医になるように」厳しく育てられたが、勉強より芸事が好きだった関係から芸人となり、父の一座に入って「都家勝代」と名乗るようになった。

相方の福丸（本名・利根谷福四郎）は、一九〇四年二月五日、東京生まれ。元々紙問屋の丁稚であったが、奉公先を飛び出して歌舞伎俳優の市川市十郎の弟子になってデビュー。旅役者として各地を回っている時に香津代と知り合い、紆余曲折の末にゴールイン。福丸は香津代の父から座長の株を譲られて、若座長として活躍するようになる。当初は茶番や喜劇を演じていたが、昭和初期に夫婦漫才に転身した。

漫才師になった二人は、当時売り出しの落語家・桂小文治《かつらこぶんじ》を頼って落語家団体「日本演芸協会」に入会、寄席の漫才師としてデビューを果たした。間もなく協会が分裂したため、福丸夫妻は落語協会に移籍、引き続き寄席の舞台に出るようになった。

このコンビは、東京漫才初の寄席生まれ寄席育ちの純粋な「寄席漫才」であったといえよう。華やかでありながら、共演者の邪魔にならない粋な話術や漫才の魅せ方は、後進の寄席漫才に大きな影響を与えることとなった。

中には、落語家から漫才師に転身する者まで現れた。戦後まで活躍したリーガル千太・万吉、物真似を得意とした関東猫八（江戸家猫八とは別人）、梅川玉輔《うめかわたますけ》、浅田家章吾《あさだやしょうご》などはそのいい例であろう。

寄席への定着に成功した漫才は、持ち前の柔軟性と「何でもあり」の精神を生かして、凄まじいペースで活躍の領域を広げていった。遂には太神楽や茶番の人気を抜き返し、色物の人気演目として躍り出たのであった。

女道楽の活躍

「女道楽《おんなどうらく》」と名乗る一団が寄席や劇場で、漫才風の芸を展開しての活躍も見逃せない。

正式に「漫才」と名乗ったわけではなかったが、ネタも芸風もどことなく音曲漫才や古風な漫才を感じさせる、いわば疑似漫才というべき存在であった。

「女道楽」と記すと、なんだか淫靡に聞こえるが、女性による演芸である。今も二代目立花家橘之助、内海《うつみ》英華《えいか》などが継承して演じている。

「女道楽」の芸を一言で説明するのは大変難しい。辞典には「女が二人連れで出て俗曲や踊りを演じ、その間に掛合などをする演芸」（前田勇『上方演芸辞典』）とある。ただし、女道楽が何を得意とするかは一座によって異なっており、踊りを得意とする一座もあれば、合奏をメインにする一座もあった。そして、一人で出るものもあれば、五、六人の大人数で出るものもあった。

なお、「女道楽」自体は古くからあり、女芸人や芸妓たちが「〇〇連」などと名乗って寄席や劇場に出ることはあった。その起源は古く、明治時代頃から確認できる。浮世節の名人として知られる初代立花家橘之助も「女道楽」といわれる。

ただ、その当時の女道楽はどちらかといえば生真面目で女の華やかさと音曲を主体にしており、爆笑させるようなものではなかった。

しかし、音曲や舞踊だけを演じる女道楽のスタイルだけでは限界があった。演芸が多様化する中で旧態依然とした芸では取り残される運命にあった。

そんな中で、女道楽は漫才や喜劇などの「お笑い」に注目するようになる。かつて「女が笑いをとるとは……」と白眼視された風潮も、漫才や喜劇の勃興で緩和されていた。ここに目を付けた新興の女道楽は掛合や笑いを持ち込んだ「お笑い女道楽」を展開していくようになる。

座り高座のスタイルは変えなかったが、掛合や都々逸の中に「夫婦喧嘩」「自由恋愛」などを盛り込んだり、踊りや唄で時事ネタを入れ込んだりする自由自在な芸風を獲得するに至った。

「○○連」と呼ばれるグループは雨後の筍の如くに続々と生まれ、落語家団体や劇場も女道楽の一団を次々と取り入れた。お彩りとしての活用や若い娘連中を看板にして注目を集めようという思惑もあったのかもしれない。

関西きっての名人・千葉《ちば》琴月《きんげつ》が率いた「琴月連」、繁千代が率いた「きらく会」、他にも「松の家連」「滝の家連」「春の家連」「鈴の家連」「浅草連」「博多家連」というグループも人気があった。

後年、戦時下の自粛要請や女道楽そのものの人気が下火になると、女道楽の中から漫才へと転身するようになる。隆《たか》の家万龍《やまんりゅう》・千龍《せんりゅう》・百々《もも》龍《りゅう》、〆の家〆蝶《しめちょう》（寿家岩てことコンビを組む）、滝の家鯉香《こいか》・お鯉《こい》、きらく会の繁千代（あした順子の実母で、波多野栄一の妻）、博多《はかた》家人形《やにんぎょう》・博《ひろ》次《じ》、三升三喜之助《みますみきのすけ》（一九四三年没）、春風枝左松《はるかぜしさまつ》（松平操《まつだいらみさお》とコンビ）などが挙げられる。

こうした転身組が、戦前戦後の東京漫才の人気や人材を支えることとなった。安来節の転身組同様、東京の女流漫才の輩出に大きな役割を果たしたといえるだろう。

浅草漫才の勃興

寄席漫才と並行して鎬を削ったのが、「浅草漫才」である。「浅草」とはいうものの、深い意味があるわけではない。浅草を拠点に活躍し、余り寄席には出なかったので「浅草漫才」と称する次第である。

この浅草漫才は、寄席漫才に比べると、よく言えば派手、悪く言えば泥臭い芸風を売りにしていた。

寄席のような厳しい不文律や節度がなく、来る客も「漫才目当て」が多かったことから、心安い間柄となっていた。安来節ブーム以来、浅草の各劇場や各寄席には東西の漫才師が出演していた。そうした漫才師への気安さも派手好みの芸風を構築する一因となったようである。

中には熱狂的な贔屓もおり、漫才鑑賞の目も肥えていた。人気者でも気に入られなければ容赦なく批判・罵倒された。一方、無名の新人でも当たれば祝儀がとびかったという。

故に、寄席で好まれるほどの良い綺麗な芸よりも派手で熱演の芸を得意とし、とにかくありったけの笑いや芸をぶつける漫才師が好まれた。そのため、寄席漫才では考えつかないような漫才が人気を集めた。

ゴリラの真似をする林家染団治、三味線の曲弾きと都々逸を得意とした林家染太郎《はやしやそめたろう》・染次郎《そめじろう》、新内流しと舞踊を得意とした吉原家《よしはらや》〆坊《しめぼう》・〆吉《しめきち》、ハーモニカを吹きまくる松平操、重ねた枡の上で踊りを踊る立美二郎・花柳とん子、膝頭に人の顔を描いて安来節を踊る「ひざ人形」の柳家語《やなぎやご》楽《らく》・大和家《やまとや》こたつ……浅草漫才の名人奇人を挙げると数限りがない。

もっとも、その中から寄席や劇場に見初められて、寄席漫才に転向した例も多々あるので、全部が全部「泥臭い漫才」というわけではない。当初浅草における漫才は、安来節や喜劇に挟まる余興だったのは先述の通りであるが、昭和に改元して間もなく、漫才の人気と流行を目の当たりにした浅草の興行者たちは続々と漫才興行を手掛けるようになる。

安来節中心であった「御園座《みそのざ》」「帝京座《ていきょうざ》」「遊楽館《ゆうらくかん》」。明治から震災前にかけて「江川《えがわ》の玉乗り」という名称で一世を風靡した玉乗り曲芸一座・江川一家がもっていた「江川大盛館《えがわたいせいかん》」。さらに、「義太夫座《ぎだゆうざ》」「橘館《たちばなかん》」「万成座《まんせいざ》」なども競うように漫才興行に乗り出すこととなった。

これらの劇場の多くは「安来節＋漫才」「漫才＋雑芸（小原節やレビューなど）」といった番組構成を採用し、漫才師をどんどん取り立てた。一九二九年には既にこの「漫才プラスアルファ」を主体とした興行体制が確立されていた。

こうして漫才興行が盛んになると、興行の競い合いが行われるようになるのは当然の成り行きであった。自分達の劇場や席に特色を持たせるには「ここでしか見られない」という芸や芸人を出さなければならない。

「安来節」や「小原節」はその芸の性質上、どうしても出演者が固定化する傾向にあった。悪くいえば、マンネリ化する危険性もはらんでいた。

そこで、「見栄えやセールスポイントを増やして客を呼び込もう」という動きが生まれた。少しでも長く興行を打つためには観客を動員して、生き残りをかけるのが一番重要であったのは言うまでもない。

「ここでしか見られない」といった雰囲気を作り出すためには、固定的な安来節や小原節よりも自由と入れ替えの利く漫才の方に利があったといえる。また、「二人だけ出せば漫才として成立する」といったコスト削減的な意味もあった。

昭和に入ると、安来節の小屋から「漫才専門劇場」へと生まれ変わるところが現れるようになる。太平洋戦争開戦直前には、浅草だけで漫才劇場が十館近くあったというのだから、驚くべき話である。この頃から「浅草に行けば漫才がいつでも見られる」環境が整うようになり始めた。

劇場が建つと興行社が参入するようになる。元芸人の静家金四郎が設立した「静家興行」を先駆けに、多くの芸能関係の企業が続々と参入し、浅草近くに事務所を設立した。一九三二年三月には「東京吉本」設立。続いて松竹演芸部、籠寅《かごとら》演芸部などの関西の大手興行会社が次々と浅草周辺に事務所を構えることとなった。

興行会社や劇場等が充実してくるようになると、専属として迎えられた芸人や東京に流れて来た漫才師たちがどんどん浅草周辺へとやってくるようになった。

そのうちに、浅草は一躍「芸人横丁」として機能するようになった。芸人横丁の中で生活も、仕事の交渉も、劇場の出演も済ませることができた。浅草漫才の発展が生み出した思わぬ副産物と言ってもいいのかも知れない。ひところは百組を越える漫才師が浅草・入谷周辺に居住し、数十件の芸能事務所や興行師が存在したという。

東西や地方の交流の場としても、浅草という土地は長らく重宝され続けていた。

東京大空襲で下町が焼き払われるまでの十数年の間、浅草は東京漫才の聖地として知られることになった。

いろいろと生まれる「漫才」たち

漫才師が増えれば増えるほど、どんどん新たな芸風やスタイルが構築されるのは当然のことある。これまでは「高級萬歳」「ハイクラス萬歳」などといった単純な表記でも客を呼べた。しかし、漫才の数が増えれば増えるほど、独自の肩書やフレーズの需要が高まった。

魅惑的な肩書やフレーズがあればあるほど、観客や周囲は注目するものである。

「漫才」だけでは何を演じるかわからないが、「浪曲漫才」「民謡漫才」「珍芸漫才」などと記しておけば、得意芸がある程度想像できる。「女流漫才」「親子漫才」とあればどういうスタイルで漫才をやるか把握することができる。芸の姿がある程度わかっていれば、客も興行師も芸人も円満に漫才を演じることが出来た。

昭和一桁には既に、「万才界の最高権威」「万歳界の驚異！」「全女流万歳の覇王名妓」などといったフレーズが新聞や雑誌の広告に掲載され、一つの呼び物となっていた（これは漫才のみならず、喜劇や歌劇、演芸各種にも言えるが）。さらに時代が進むと「ソルジャー漫才」「プリティ漫才」などというよくわからないうたい文句まで登場するようになる。

もっとも、その背景には「漫才への嫌悪」的な哀しい歴史があったようである。「萬歳」「万才」だけでは旧弊な感じと受け取った漫才師や興行師たちの血と涙の跡だったのではないか。「漫才」の上にあえて「高級」「ハイクラス」といった虚栄の名称をつけたり、「音曲」「浪曲」という名称をつけるのは、これまでの漫才への忌避とそこからの脱皮の表れである。

そのような形で生まれた名称・肩書の一部は定着し、漫才の芸風やスタイルを表すのに大きな役割を果たすこととなった。

この時期に生まれて、東京漫才に大きな影響を与えた漫才の名称をいくつか紹介してみよう。当時の漫才界におけるドル箱だったのは「音曲漫才」であった。読んで字のごとく、歌舞音曲を中心に演じる漫才である。

元来、漫才師は鼓以外の楽器は演奏せず、下座や一座の社中に三味線や鳴り物を伴奏させて、それに合わせて歌ったり踊ったりしていたようであるが、関西の橘家太郎《たちばなやたろう》・菊春《きくはる》や松鶴家千代八《しょかくやちよはち》・八千代《やちよ》などが三味線を高座に持ち込んで演奏するスタイルを登場させてから、「漫才師自らが楽器を弾いて歌う」弾き語りのスタイルが定着した。

当時、人々の道楽や稽古事の主流が三味線だったこともあり、芸人であれば三味線の一つ二つは弾ける人が多かった。三味線漫才を演じた人を数え出すと一冊の本が書けてしまうほどである。それくらい三味線漫才の勢力は強く、その影響は戦後まで続くこととなる。

その中で「三味線だけでは芸がかぶる、他の楽器を演じてやれ」と言わんばかりに、独自の楽器を持ち出して音曲漫才を展開した人もいる。

松島家《まつしまや》圓太郎《えんたろう》・色香《いろか》、天野操《あまのみさお》・金茶久《きんちゃく》などはバイオリンを持ち出して高座の上で演奏し、松平操・枝左松はハーモニカを携えて洋楽や浪花節や動物の物真似をする演奏芸を展開した。そうした漫才の人気はさらなる楽器が持ち込まれる契機となった。ラッパ、アコーディオン、太鼓、木琴といった楽器から、果ては台所用品をつかって演奏する漫才師も現れるようになった。

そんな音曲漫才に対抗する形で生まれたのが「兵隊漫才」と「時事漫才」である。

「兵隊漫才」は、兵隊生活の悲哀を受けたり鬱憤を漫才に昇華した戦前ならではの漫才である。当時、日本男性のほとんどは徴兵検査を受けたり、兵隊生活の経験があった。厳しい訓練や理不尽な兵隊生活、上下関係の悲喜こもごもは、誰もが知っている話題であった。

兵隊漫才の源流は柳家金語楼《やなぎやきんごろう》の「兵隊落語」にある。金語楼は兵隊生活の悲喜劇を落語『落語家の兵隊』としてヒットさせ、一躍落語界の大スターとなった。後年、「金語楼の兵隊さん」と銘打って喜劇やコントを公演するほど、これも大当たりをとった。そこに漫才が飛びつくには時間がかからなかった。

一番最初に兵隊落語を漫才にしたのは金語楼の友人・東喜代駒であった。喜代駒は済南《さいなん》事件や兵隊落語の漫才化を行い、レコード吹込みまで行ったが、喜代駒の兵隊漫才は一過性のネタであり、「兵隊漫才師として食っていく」という性質のものではなかった。

そんなネタを一つのジャンルにまで昇華したのが立花六三郎《たちばなろくさぶろう》と曾我廼家祐十郎《そがのやゆうじゅうろう》である。二人は別々のコンビで活動していたが、どちらも「うるさい上官とそれに逆襲する二等兵」というスタイルを練り上げ、兵隊漫才の型を完成させた。

立花六三郎は元々橘ノ圓門下の落語家であったというが、昭和初期に漫才界へ入り、兵隊漫才を演じるようになった。金語楼の落語をベースに様々なバリエーションを開拓した。兵隊漫才のために軍服をこしらえ、つけひげやメイクまでして上官役に徹するという気の入れようであった。相方は川路紫郎《かわじしろう》、北村栄二郎《きたむらえいじろう》と転々としているが、北村栄二郎とのコンビが一番長かった。

一九三〇年代前半の人気は目覚ましく、東京吉本から大幹部として迎えられ大切に扱われた。レコード吹込みやラジオ出演にも熱心で、今なお音源でその芸の片鱗をうかがい知れる。

曾我廼家祐十郎は「曾我廼家」の名の通り、喜劇役者出身の人物である。元々浅草曾我廼家の座員であったが、昭和初期に同僚の曾我廼家童三《そがのやどうぞう》などとともに漫才界へ移り、「兵隊漫才」なる藝を演じるようになった。こちらは三、四人の人数で兵隊漫才を演じるのが売り物だったそうで、一種のコントのような味わいがあったという。早くから浅草の人気者として君臨し、全盛期には「浅草名物・祐十郎の兵隊さん」というようなうたい文句まで出るほどであった。

この兵隊漫才に限って言えば、関西よりも東京の方が強かった。兵隊言葉が東京弁に近いこと、威勢のいい上官の怒号や文句が関西弁よりも東京弁の方が向いていたこと、兵隊経験のある東京市民や地方出身者が多かったことも挙げられるようである。

一時期は兵隊漫才だけで十組近いコンビがいたというのだから大変な人気であった。

「時事漫才」は、今なお演じられる漫才のスタイルだけあって、馴染み深いものではないだろうか。世間のニュースや流行を茶化したり、皮肉を言ったりする漫才を時事漫才という。

漫才の中に時事ネタを入れること自体は古くから行われていた。事件や災害が起これば数え唄や都々逸の文句の中にニュースが練り込まれ、舞台の上から世相をボヤくことは多かった。しかし、それらのネタはあくまでも一過性のものであり、徹頭徹尾時事ネタで構築された漫才が出るのには時間がかかった。

世相風刺や時事ネタを上手く取り込み、「時事漫才」を完成させたのは大阪の都家文雄《みやこやふみお》・静代《しずよ》だという。文雄は世相やニュースを「ボヤキ」という形で昇華して、「最近は気に入らんことばかり」と高座の上からボヤいて世相を切り捨てる芸を完成させた。一九二〇年代のことである。

この漫才は「ボヤキ漫才」と呼ばれ、都家文雄・静代は一躍吉本の大看板として君臨することとなった。彼らの芸を慕って時事漫才を演じる漫才師が増加し、いつしか漫才を時事ネタで全て展開する「時事漫才」が生まれるようになった。

東京では、大朝家五二郎《だいちょうやごじろう》・〆駒《しめこま》、桂喜代楽《かつらきよらく》・音羽愛子《おとわあいこ》、千代田松緑《ちよだしょうろく》・都路繁子《みやこじしげこ》の三組が「時事漫才」を開拓し、大きな影響力を持ったという。

大朝家五二郎・〆駒は東京漫才の先駆け的存在の一組といっていい。五二郎は元々、曾我廼家五九郎《ごくろう》一座の喜劇役者であったが、思うところあって漫才に転向し、「ニュース漫才」を自称した。元々喜劇作家を志しただけあってか、ネタ作りが非常にうまかったという。交渉上手で筆も立ったので、後年帝都漫才協会の会長に推薦されている。

桂喜代楽・音羽愛子も、東京漫才の先駆け的存在というべき一人である。喜代楽は関東大震災以前から東京に出入りをしていたのだから古株も古株である。こちらも昭和初頭に東京へ移住し、時事漫才を演じるようになった。喜代楽という人も頭がよく、朝見聞きしたニュースや事件を次々に数え唄や掛合に入れる即興的な舞台を売り物にした。

千代田松緑・都路繁子は、時事漫才を完成させると同時に「漫才師にもトレードマークが必要」というスタイルを定着させた人物である。

松緑は元々曾我廼家の喜劇役者であったが、放浪の末に漫才師に転向。当初は兵隊漫才を演じていたが、女剣劇出身の都路繁子を相手に時事漫才を演じるようになった。

この松緑は、顔の半分はあろうかという大きな伊達眼鏡を売り物にし、生涯のトレードマークとした。「大きな眼鏡といえば千代田松緑」というイメージを定着させた。このことは漫才師が眼鏡や服装をトレードマークにすることの大きな契機となった。

彼の一九三〇年代の人気はすさまじく東京吉本の大看板であった。また、インテリ風な芸や人柄が買われて、松緑は帝都漫才協会の副会長に就任している。

それ以外にも、浪曲ブームに便乗して人気を集めた「浪曲漫才」、舞台の上でアクロバットを見せる「曲芸漫才」、舞台でどつき合う「ドツキ漫才」、舞台でスポーツの真似事をする「スポーツ漫才」などといった名称やスタイルが定着したのはこの頃である。

最後に余談として「中華漫才」「国際漫才」「日英漫才」などという面白いジャンルが存在したことも付け加えておこう。今日の漫才のスタイルや演題にこそ影響を及ぼさなかったものの、戦前から外国人漫才師がいたことも紹介しておきたい。まだ漫才がアングラじみていた時代に外国人が関係していたというのだから恐れ入る。

宝家大坊《たからやだいぼう》・小坊《しょうぼう》は中国系外国人という立場を売りにした兄弟コンビであった。ちなみに、大坊の本名は趙武、小坊は福楽という。他にも数組ほど、中国系・朝鮮系の漫才師が実在した。

日本から遠く離れている欧米諸国出身の漫才師も存在した。

「ハッピー・光子」（ハッピーの本名はポリス・サリヤノフ）、「アールボンベイ・百合子」（ボンベイはインド人?）、「ウィリアムキング・マツノヤ勝丸」（キングがブラジル系アメリカ人）など、肌の色も目の色も違う芸人たちが漫才師として人気を集めていたというのだから、驚愕というより他はない。もっと知られるべき話であろう。

「漫才は一切のものを引き受ける」とは言い過ぎかもしれないが、その間口の広さと人材の多彩さは「漫才は何でもあり」という自由さを証明した。

ラジオ放送と東京漫才

少し脇道にそれるが、ここでラジオ放送と東京漫才の関係についても触れておこう。

日本におけるラジオ放送の起源は、一九二五年まで遡れる。二五年三月の試験放送を経て、二五年七月、芝浦から愛宕山に放送局を移し、「社団法人東京放送局」として本放送が行われた。これが今日のＮＨＫにまで続いている。

かくして誕生したラジオ放送であったが、当初の契約数は三五〇〇世帯と余りにも少ないものであった。

本格的なラジオの普及に乗り出したラジオ局は、一九二五年夏に「娯楽番組嗜好調査」なる調査を実施し、視聴者の要望の分析を行った。

ラジオ局は、一部落語家団体や吉本興業の放送出演拒否や対立などのトラブルを抱えながらも、歌舞伎に邦楽、浪曲に落語、演劇などを取り入れ、「家の中で演芸放送が聞ける」とさかんに煽った。こうした運動が功を奏し、同年十月には契約世帯が十万件を突破、新聞・雑誌に続くメディアとして注目を集めるようになった。

かくして第三の演芸媒体となったラジオであるが、当時は検閲が行われていたこともあって、「良俗に背く表現や発言」を放送するのは厳禁であった。何でも言いたい放題の漫才が忌避されるのも無理はなかった。特に東京放送局は「漫才」に対する忌避が強かった。明治末から漫才が根付いていた大阪放送局、芸人の出入りが激しい名古屋放送局は、放送開始直後から「萬歳」の名称を平然と使用しているが、東京で「萬歳・漫才」の名称が許されるようになるのは、一九三四年前後である。そのあいだ約十年間はほとんど「掛合噺」として扱われていた。寄席が「漫才」に門戸を開くようになった後も東京放送局は依然として「漫才・萬歳での名義での放送は基本許さない」といった態度を貫き通した。

一方で、「下ネタや放言は厳禁」「滑稽掛合でくくられる」といったデメリットを被っても、その恩恵は余りあるものがあった。

いずれの芸能・演芸に限らず、ラジオに出演できること自体、まずは珍しい話であった。放送局が数局しか存在しない上に、能楽もクラシックも邦楽も演芸もすべてまとめて「演芸放送」の時間に割り当てられていた時代である。

そうした中で出演時間を割り当ててもらったということは、ラジオ出演に値するだけの人気や名声、品格を持っていた証明になる。さらに、「この人たちに貴重な放送時間を与えても問題はない」というメディア側の信頼は、芸人全体の信頼度を高めることにも及んだ。

さらに、ラジオ出演の実績は、レコード吹き込みという新たな仕事を獲得するチャンスでもあった。ラジオでウケたネタを「そのままレコードに吹き込んでほしい」という依頼も生まれた。ラジオは一期一会の媒体であるのに対し、レコードは再現性のよい媒体である。拡散力はあるが再現性のないラジオの弱点を、レコードがうまくカバーしたというべきだろうか。

「ラジオでよくウケた演目やネタをそのままレコードに吹き込めば、安定した売り上げが見込めるに違いない」と、レコード会社が着目するようになった。

芸人側からしてみても、一からネタをこさえる必要がない上に、吹き込み料がもらえる。しかも、「レコード吹き込み」が実績として経歴に加えられるようになる。レコード吹き込みが信頼や人気のバロメーターにもつながった。

ラジオの演芸放送は、東京漫才の地位向上のみならず、演芸界全体に革命を起こしたのである。

第三章

戦前の黄金時代

1935年発足の帝都漫才組合に対抗してできた「漫才新興連盟」の記念写真。
喜代駒を中心に漫才組合に対抗意識を持つ芸人が集った。
漫才師たちが芸人団体を持ったことは大きな一歩であった。（東喜代駒ご遺族提供）

しゃべくり漫才の勃興

関西勢の東京進出は、東京漫才に大きな影響を与えた。本格的な東西交流がはじまったといえよう。そんな上方から漫才の概念を覆すような、新しい漫才が持ち込まれた。

「しゃべくり漫才」である。

先述の通り、これまでの漫才は、音曲漫才や芸尽くしの漫才が主体であった。楽器にせよ、張り扇にせよ、何も道具を持たずに出てくる漫才はいなかったといってもいい。

その中で現れたのが、スーツ姿で楽器も小道具も一切持たずに、世間のニュースやたわいない話題を淡々と展開していくしゃべくり漫才であった。その洗練された高座姿とたわいない話題から生み出される飄逸《ひょういつ》な笑いは、これまでの漫才とは一線を画すものであった。

そんな「しゃべくり漫才」を完成させたのが、横山エンタツ・花菱アチャコである。二人は元々別個に活動していたが、一九三〇年、コンビを組んだ。「新しい漫才を作りたい」と考えていた二人は東大出身の作家・秋田実《あきたみのる》と手を組んで、下ネタや暴力を排斥した「誰でも笑える楽しい漫才」を目指した。その集大成が一九三三年十月、六大学野球の「早慶戦」から着想を得た漫才『早慶戦』である。

一九三四年六月には、この『早慶戦』の口演が全国中継で取り上げられ、絶賛を浴びた。

この新しい漫才に影響を受けたのが、当時の吉本で活躍をしていた若手・中堅の漫才師である。中には音曲漫才や芝居漫才といったいままでの形を捨てて、しゃべくり漫才に転身したものまでいたというのだからその影響力の強さがうかがえる。

こうした「漫才流行」に注目したのが、彼らを抱える吉本興業であった。吉本は「萬歳を漫才に改める」と宣言し、果たしてその通りの改名を行った。「漫才」という名称が使われるようになった背景には幾多の説があり、これを書くだけでも相当な枚数になってしまうので省略するが、一九三三年に吉本社員の橋本鐵彦《はしもとてつひこ》が「漫才」という語を作って発表したとも、林正之助《はやししょうのすけ》が考案したともいう。

面白い説では、日本チャップリンが東京に出入りしていた時分、「滑稽掛合に変わる名称」を公募にかけたところ、「漫才」という言葉が当選した。ところが「漫才」のお披露目直前に関東大震災があり計画が破綻した――というものである。これは『都新聞』(一九三五年九月六日号)に掲載された記事「本家争いを解く漫才起源の説」や『キング』(一九三六年三月号)の『娯楽の王国・浅草人気者座談会』などで語られている。

その言葉の生みの親こそ謎に包まれているが、吉本が「漫才」という名称を育て、定着させた点は紛れもない事実であろう。

吉本は放送局や雑誌、レコードなどをフル活用し、自社の専属芸人が出る放送や記事での演芸の名称を一斉に「漫才」と記させた。この「漫才」の統一は関西の方が早く、一九三四年頃には既にある程度の定着がみられる。一方、東京は吉本と距離があったせいか「漫才」の名称で統一されるのは遅く、一九三五年後半になってからである。

何はともあれ、しゃべくり漫才という新たなジャンルと「漫才」という新しい名称が関西から東京へと持ち込まれた。そんな新しい漫才を目の当たりにした東京漫才は大きな衝撃を受けた。それと同時にこの「しゃべくり漫才」の導入と定着に勤しむようになった。

当初は関西のモノマネであったしゃべくり漫才もわずか数年のうちに、東京の舞台や寄席にあわせた芸風やテンポが生み出されるようになった。中でも、リーガル千太《せんた》・万吉《まんきち》、東ヤジロー・キタハチ、香島《かしま》ラッキー・御園《みその》セブン、浪速《なにわ》マンマル・シカクの四組は、「東京しゃべくり漫才の立役者」となった。

リーガル千太・万吉

リーガル千太・万吉は立川談志が高く評価していた漫才師として今なお語り草になっている漫才師である。おぎやはぎがM－1グランプリに出場した際、立川談志から「君たちの話術はリーガル千太・万吉をほうふつさせる」とほめられたのは、有名な逸話であろう。

千太（本名・富田寿）一九〇一年七月二日、東京の生まれ。元々は早稲田の古本屋の店員であったが、落語に興味を覚えるようになり、一九二六年九月、柳家金語楼に入門、「柳家金洲《やなぎやきんしゅう》」と名乗った。ただ、落語不況の最中で落語の出番は余りなく、もっぱら金語楼の兵隊劇や喜劇への出演が主だったという。間もなく「柳家緑朗《やなぎやろくろう》」と改名し、浅草の色物席に出演するようになる。

一九三一年には早くも兵隊漫才の曾我廼家祐十郎や林幹夫《はやしみきお》の相手役として浅草の劇場や寄席に出ている様子が確認できる。

一九三三年頃、兄弟子の柳家梧楼と正式にコンビを組んで、「柳家梧楼《やなぎやごろう》・緑朗《ろくろう》」。さらに一九三三年に発足したリーガルレコードと専属契約を組んで「リーガル千太・万吉」と改名した。

一方の万吉（本名・寄木昇）は、一八九四年十二月十二日、東京の生まれ。父は官僚という名門の家柄で、当人も東京市長・尾崎行雄の給仕をやっていた。仕事を転々とした後、新派俳優の村田正雄に入門。しかし、新派での出世が厳しいことを悟った万吉は方向転換し、一九一三年、落語の二代目談洲楼燕枝《だんしゅうろうえんし》に入門して、「柳亭雀枝《りゅうていじゃくし》」となった。数年後、二ツ目に昇進して「柳家《やなぎや》小團治《こだんじ》」。一九二五年五月、真打となって「桂やまと」と名乗った。同年十月、兄弟子の柳家三語楼の門下に移籍し、「柳家梧楼《やなぎやごろう》」と改名している。

しばらくの間、落語家として高座に出ていたが、一九三〇、三一年頃、金語楼一座にいた五街《ご》道乱歩《どうらんぽ》なる芸人とコンビを組んで、漫才師に転身。後年、乱歩が一座をやめたため、千太とコンビを組んだ。

コンビ結成後、しばらくの間は師匠・金語楼の兵隊落語を焼き直したようなネタや兵隊漫才をやっていたが、エンタツ・アチャコの人気や周囲の勧めでしゃべくり漫才一本に絞った。リーガルレコード専属という地位と定期的なレコード吹き込みが良い収入源と勉強の場となり、多くの作品に挑戦した。淡々とした話術と間《ま》の中から見事な笑いを生じさせ、話を転換させる。そうした漫才のスタイルは後進に大きな影響を与えた。

三〇年以上にわたって、コンビを解消することなく、しゃべくり漫才の発展と定着に寄与し、卓越した話術でその地位を構築した点からも、「東京しゃべくり漫才の元祖」の称号は与えられるところだろう。

一方、このリーガル千太・万吉に関して強く主張しておきたいことがある。

その話術といい、品格といい、人気といい、確かに東京漫才の大スターであったことには間違いない。しかし、リーガル千太・万吉は「東京漫才の元祖」ではないことは明言しておきたい。

一部文献では平然と「東京漫才の元祖」というように誤って紹介されているが、これはとんでもないことである。その誤認の問題点を逐一に挙げていくとキリがないが、中でも大きな誤りだと思うのは以下の二点である。

「一、東京で最初に漫才を演じたコンビである」「二、新宿末広亭の席亭・北村銀太郎が『聞書き・寄席末広亭』の中で二人を「草分け」と発言している」。

一に関しては言語道断である。そもそもリーガル千太・万吉がデビューした昭和八年の時点で、東京の漫才師は数十組近いコンビが存在していた。むしろどこからそんな考えが出てきたのか、知りたいところである。

二に関しては、「荒川清丸という存在」の項で論じた「インタビュー問題」と通じるものがある。確かにその文献の中で「草分け」と語られているのは事実である。しかし、北村銀太郎はあくまでも落語興行の人であり、漫才興行に深く関わったわけではない。当然間違いや誤認もある。千太・万吉が偉大なコンビであるのはゆるぎない事実であるが、彼らをさも東京漫才の本道のように扱うと東京漫才の歴史の軸がズレてしまうということを、改めて強く指摘しておきたい。

東ヤジロー・キタハチ

東《あずま》ヤジロー・キタハチは、浅草の劇場とラジオ放送でカリスマ的な人気を博したコンビである。太平洋戦争開戦直前の人気は特に高く、劇場では彼らを主役とした喜劇が上演され、『漫才タクシー』という主演映画まで作られたほどであった。

ヤジロー（本名・鈴木誠之）は、一九〇〇年、東京の生まれ。電気学校を卒業し、電気技師の資格を取り、長野県の発電所に就職。勤務中、旅回りの喜劇一座から照明係を頼まれ、手伝いに行ったところ、喜劇の面白さに目覚め、日吉良太郎一座に入団。俳優となった。

キタハチ（本名・本田浩一）は、一九〇七年、長野県の生まれ。実家は信州茅野で小料理屋を営んでいた。学校を卒業し、鉄道省へ入省。鉄道員として秋葉原駅の改札係をしていたが、思うところあって役者になった。なお、駅員時代に喜代駒に入門を申し込んだが断られている。

一九三四年頃、旅回りをやめた二人は、「漫才をやろう」と意気投合してコンビを組んだ。当初は「ゴールデン・バット」と名乗っていたそうであるが、すぐさま「本多弥次郎・川村喜多八」と改名。吉本の舞台に出るようになった。

一九三五年、喜代駒門下に入り、「東ヤジロー・キタハチ」と名乗った。喜代駒の後ろ盾もあって、浅草を中心に、明朗な話術とサービス満点ともいえる舞台で華々しく売り出し、浅草のうるさ型を唸らせた。大きな眼鏡をかけたキタハチが徹底的にボケて、二枚目然としたヤジローがやんわりと受け流す正統的で達者な話術が売りであった。

また両人とも役者出身だけあって、芝居がうまかった。一九三〇年代後半から戦時中まで、浅草金竜館を中心に「漫才ショウ」の主役を受け持っていたほどの人気である。このショウは浅草の名物として認知されていたそうで、長らく松竹演芸部のドル箱だった。

また、積極的にレコード吹き込みやラジオ放送に出演した。レコードでは安定した人気と売り上げが評価されて、キングレコードからスカウトを受け、同社の専属漫才師になっている。

作家の玉川一郎は「一時期、西のエンタツ・アチャコ、東のヤジロー・キタハチと呼ばれるくらい人気があった」と記しているが、その実力と人気は東京漫才でもピカ一であった。

香島ラッキー・御園セブン

香島ラッキー・御園セブンは吉本興業専属の新鋭であった。東京吉本で一番売れた漫才コンビといっていい。芸名「ラッキー・セブン」を林弘髙社長に名付けてもらったという伝説が残っているが、それだけ、吉本の期待を背負っていた。

千太・万吉が落語、ヤジロー・キタハチが喜劇で話術を鍛えたのに対し、ラッキー・セブンは演劇で鍛え上げた演技力と積み重ねた実績が売りであった。

香島ラッキー（本名・香島慶二）は一九〇九年四月十二日、北海道出身・東京育ち。十二歳から榎本芝水から琵琶の手ほどきを受け、「香島紫水」の名前で免状を許されたほどであった。

当時としては高学歴で、神田専修商業学校を卒業している。卒業後、三越本店に就職してデパートの係員に配属される。エリート街道を歩んでいたが、喜劇役者に憧れて数年で退職。当時、東西を行き来していた喜劇の大御所・田宮貞楽《たみやていらく》に入門し、「香島次郎」の芸名で舞台に立つようになった。

一方、相方の御園セブン（本名・八代喜三男）は、一九〇九年一月三十一日、東京生まれ。幼い頃から芝居が好きで、親の紹介で二代目市川猿之助《いちかわえんのすけ》の門下に入った。子役や下回りをやっていたが、間もなく廃業。一説には師匠の息子・三代目市川段四郎《だんしろう》と喧嘩をして歌舞伎界を飛び出したというが、詳細は不明である。歌舞伎廃業後、役者だった経験を生かしてレビューの座員や巡業の芝居を転々とする。日活俳優として活躍した森英二郎の門下で御園英二郎と名乗っていたが、のちに田宮貞楽の一座に入り、そこで香島次郎と知り合う。

二人は一九三三年にコンビ結成し、東京吉本へ入社。東京吉本社長の林弘高《はやしひろたか》から「香島セブン・御園ラッキー」の名を貰った。

なお、結成当初は「ラッキー・セブン」の名字が一定せず「香島ラッキー・御園セブン」「御園ラッキー・香島セブン」と錯綜している。「香島ラッキー・御園セブン」に統一されたのが一九四〇年代に入ってからというのだから、いい加減なものである。東京吉本入社後、吉本直営の劇場以外にも、吉本の友人・柳家金語楼の内輪に入って、日本芸術協会の寄席に出ていたこともある。

このラッキー・セブンの売り物は、そのテンポのよさと演技のうまさにあったそうで、ラジオで人気のあった実況放送をやったり、芝居の台詞回しをまねたりした。家に押し入る泥棒の様子を実況中継した『実況放送』や、『角力中継』などといった傑作を残している。

吉本興業のお気に入りのコンビだけあって、吉本の漫才大会などに出演。漫才大会に度々招聘されたほか、吉本がレコード会社と手を組んだ際、売り出しのコンビとしてレコードを多数吹き込んでいる。

浪速マンマル・シカク

浪速マンマル・シカクは一番デビューが遅かったが、売れる早さと人気は先の三組に勝るとも劣らない名コンビであった。

コンビ結成以来、ありきたりな音曲漫才や兵隊漫才を一切やらずにしゃべくり漫才だけで売り出しに成功した稀有なコンビであった。純粋培養のしゃべくり漫才師の先駆けといえるだろう。

マンマル・シカクの名の通り、でっぷりとしてふくよかなマンマル、角ばっていて少し老けているシカクの対比が売りであった。

浪速マンマルは、本名・泉理右衛門。時代劇に出て来るような名前である。兵庫県神戸市の出身で、一八九七年頃の生まれか。神戸商業学校を卒業後は貿易商をしていたインテリだったが、後に役者を夢見るようになり、喜劇の田宮貞楽一座に入団し、「松尾眞楽」と名乗った。喜劇俳優として舞台に出ていたが、一九三五年に漫才へ転向した。

浪速シカクは、本名・喜久住忠次郎。こちらも面白い名前である。大阪の出身。生年は不明であるが、デビューした時にはすでに中年であった。実家は大工であったが大工になるのが嫌で、京都の呉服屋に奉公に出る。この頃、京都の劇場で華々しく売り出していた曾我廼家五郎・十郎の喜劇に感動して、曾我廼家喜劇に入団。「曾我廼家満楽」という喜劇役者となった。

曾我廼家を出て地方回りの役者、幇間、置屋を経て再び曾我廼家に復帰し、上京。当時、東京で公演を打っていた曾我廼家一二三《ひふみ》一座に入り、再び旅回りをしていた。その後も喜劇一座を転々とした末にマンマルに誘われ、コンビを組むこととなった。

一九三五年八月に行われた都新聞主催の漫才コンクールで見事に優勝を果たし、華々しく売り出した。インパクトのある見た目や喜劇的な間としゃべくりを中心にした漫才でたちまち浅草の人気者となり、放送や名人会にも引っぱりだこになるほどの人気を集めた。

その他のしゃべくり漫才師

「しゃべくり漫才」の舞台や芸を目の当たりにした漫才師たちは、続々としゃべくり漫才に挑戦をし始めるようになった。その中から先の四組の人気に迫るコンビも現れるようになる。

アザブラブ・伸《しん》。東京初の「夫婦でしゃべくり漫才を演じたコンビ」と言っていいかもしれない。コンビ名の由来は「ラブシーン」、その芸名通り、男女の色気や都会的な感覚を漂わせる漫才を得意とした。

また、当時の東京漫才にしては珍しく「コンビ揃って高学歴」というのが売りであった。

ラブがイブニングドレス、伸がタキシードやフロックコートを着て舞台に上り、自由恋愛や家庭生活をテーマにした漫才を展開した。

このエロとナンセンスを体現したような漫才は主に学生とインテリ層に支持され、たちまち東京を代表する漫才師として注目を集めた。

この評判を聞きつけた東京吉本は、ラブ・伸と専属契約を結んでいる。吉本の後ろ盾を得た二人はレコードや大舞台で活躍し、東京吉本随一の人気者として評価を受けた。しかし、人気絶頂の最中、ラブが病気に倒れコンビ解消。伸は臨時の相方を立てて再起を図ったが往年のような人気は取り戻せなかった。「花の命は短くて」を体現したような悲劇のコンビであった。

青柳《あおやぎ》ミチロー・柳《やなぎ》ナナ。夫婦漫才の出世頭の一組で、東ヤジロー・キタハチに次ぐ副将格として浅草の劇場で売れた。

役者とアナウンサー出身だけあってとにかく滑舌とメリハリがよく、これが大きな売りであった。ともすれば「泥臭い」「やにっこい」という批判も浴びせられたが、いつも熱演をして見せる点では漫才界随一であった。

二人は文学作品やスポーツを主題にしたインテリ漫才と、水兵のドタバタを描いた「セーラー漫才」なる兵隊漫才の二刀流で活躍をした。

坂野《さかの》比呂志《ひろし》・小林美津子《こばやしみつこ》。この二組は落語家団体の花形として売れた漫才師である。坂野は晩年「大道芸漫談」を創始して、売り声や啖呵売の名人として知られた人物でもある。

坂野は活動弁士・熊岡天堂《くまおかてんどう》の弟子を振り出しに、レビュー、旅回りの役者、コメディアンと様々な芸種を渡り歩いて来た変わり種であった。けんかっ早い性格と言動で知られた半面、早稲田中学中退という当時としてはインテリであった。

一方の美津子は大阪の神主の娘であったが、レビュー女優を志し上京。女優の卵として働いていた。

メトロショウなる一座で出会った二人はたちまち恋仲となり、一座の反対を押し切って結婚し、夫婦漫才となった。コンビ結成後、落語家の桂小文治の身内となり、芸術協会へ入会。しゃべくり漫才をベースに、映画のあらすじやタイトルをもじって演じる「映画漫才」、それに物売りや啖呵売《たんかばい》の実演をしてみせる「テキ屋漫才」という独特の漫才で人気を集めた。

桂木東声《かつらぎとうせい》・春風小柳《はるかぜこりゅう》。このコンビは東京で高い人気を集めながら、吉本にも籠寅にも属さない孤高の芸人として知られていた。

弁士上がりの東声が朗々と芝居や映画の名台詞を謳い上げ、三味線の名手として知られた小柳がその伴奏や相手をする溌溂とした舞台が売りであった。インテリ層や学生層からカリスマ的人気を集めることとなった。東声は司会や漫談もうまかったそうで、司会者としても名を成した。東声の話の構成の手法や話術のテクニックは、戦後の司会漫才のベースになったという。

こうして定着したしゃべくり漫才は凄まじい勢いで拡大し、たちまち一大ジャンルとして漫才界を席捲することとなった。しゃべくり漫才の勃興からわずか数年で、音曲漫才の地位に迫ったところを見ると、相当な流行と人気があったことがうかがえる。ただ「しゃべくり」という言葉が東京では余り馴染みがないこともあったのか、「二人漫談」「立体漫才」といった不思議な名称で紹介されることもあった。「立ったままで演じる漫才」だから「立体」なのである（ただし諸説あり）。

また、一部文献や記事などでは「（しゃべくり漫才の誕生で）しゃべくり漫才が王道となり、音曲漫才はワキになった」と、漫才師の殆どがエンタツ・アチャコや千太・万吉スタイルになったと思わせるような記述が存在するが、それは間違いである。確かに「しゃべくり漫才」は漫才の一大ジャンルになり得た。優秀なしゃべくり漫才を演じる芸人が多数生まれたのも事実である。

しかし、それだけの流行を見せても音曲漫才の牙城が切り崩されることはなかった。どれだけしゃべくり漫才が受けようとも、三味線やバイオリン、アコーディオン等を持って舞台に出る漫才師がその途端に消えることはなかった。アコーディオンと歌を主体とした「ミスワカナ・玉松一郎」や楽器と音楽主体の「あきれたぼういず」などが一世を風靡した事実を見ても、如何《いか》に音曲が強いかを物語っているのではないか。

「歌謡漫談」「音楽ショー」「コミックバンド」と名称を変えながらも、おどけた音楽や演奏を主体とした音曲漫才は演芸として一流の位置を保ち続けていたのである。しゃべくり漫才の完成は一つの革命ではあった。しかし、漫才の芸やジャンルの秩序と根幹のすべてを覆すまでには至らなかった。

戦前の東京しゃべくり漫才確立に活躍した漫才師たち。右上から時計回りに
香島ラッキー・御園セブン（左）、浪速マンマル（左）・シカク、アザブラブ・伸、
千代田松緑・都路繁子、東ヤジロー（左）・キタハチ、リーガル千太（右）・万吉。（著者蔵）

帝都漫才組合の結成

メンバーや仕事が増えるとありとあらゆる問題が生じるようになるのは、どの業界でも同じことであろう。

漫才界も急激な漫才師の増加や仕事の急増、興行会社の勃興により、様々な問題が噴出するようになる。

偽の芸名や実績を騙って舞台に出る、下ネタや不謹慎なネタをぶっ放す、都合が悪くなるとトンズラしたり、契約反故《ほご》を平然と起こす。興行師の方では、漫才人気に乗じて変な人材を斡旋したり、法外な紹介料やギャラを要求する——などとやりたい放題であった。そして、漫才師の多くが所属先を持たないことが事態の悪化をひきおこす原因となった。キチンとした興行社に属していれば、クレームに対応したり、要請を入れられもするが、無所属の場合はそうした手段を取ることができなかった。

さらに、そうした問題を強く認識させるきっかけとなったのが、「漫才の検閲問題」であった。検閲と取締りの実施を官憲・警察側が要求してきたのであった。検閲官との交渉の円滑化のためにも、漫才組合結成は必要になったというべきだろう。

かくして、漫才師たちは官憲と興行師とが手を取り合って組合の設立を検討する——ところまではよかったが、如何《いかん》せん個性の強い漫才師たちのことである。芸人や興行師の団結は一筋縄では行かなかった。

興行師や幹部級の漫才師たちの所属先が皆バラバラだったこと、多くの弟子を抱える大所帯の一門がふえたことも足並みがそろわない要因となった。芸人たちは、それぞれの所属先に恩義や義理がある手前、どうしても会社や興行師の意向を尊重するようになる。また、一門が形成されているとなると、師匠を立てるのが師弟関係の常である。こうした事情が話をこじらせた。

一九三五年春から、組合結成の発議が始まったものの、統合のための議論は何度も挫折を繰り返し、集まっては先延ばしにする繰り返しであった。何度も対立と挫折のあげくに、何とか形になったのが、一九三五年九月。如何に離合集散が激しかったか、その苦労がしのばれる。

一九三五年九月十三日午前九時、浅草松屋六階演芸場で「帝都漫才組合」の発会が宣言された。会員は八十組余り、総数で百六十名余りだから大所帯である。発会と同時に興行師と漫才師の間から会長と幹部が選出された。以下がその顔ぶれである。

・組合長　大久保源之丞（東京府議会議員）・会　長　林家染団治
・理事長　渡辺正巳　・相談役　林弘嵩（吉本）、川口三郎（松竹）
・興行社代表　小山喜一郎、大森保、町田梅太郎、宮澤虎彦、松留幸太郎、戸張鐵太郎、沼田次男、古川彬高、外村禮文、山田剛

・漫才師代表　都家福丸、大道寺春之助、千代田松緑、大朝家五二郎、立花家六三郎、日本チャップリン、中村直之助、天野操、玉子家源一、朝日日出丸、川路紫郎

幹部は人気や実力のある漫才師が選出されることとなった。顔ぶれを見ても、その人気といい、実力といい、順当なものである。その中から林家染団治が会長に選出され、事実上のリーダーとなった。ただ、組合の経営や最終決定は組合長の大久保《おおくぼ》源之丞《げんのじょう》が担っていた。こうした二重運営が上手くいくはずもなく、すぐさま問題が露呈することとなった。

その不満が爆発したのは、一九三六年二月、明治座で開催された「帝都漫才組合結成披露大会」であった。結成のお披露目と記念大会が分裂の糸口になるとは何と皮肉なことだろうか。

関係者は二月二十六日から三月一日まで、明治座を借り切り、「組合結成披露大会」を行うこととなった。結成披露大会初日の二月二十六日、「二・二六事件」が発生し、突如休演となった。市内の交通網や道路が封鎖され、漫才どころの話ではなくなった。それでも翌二十七日には開催されている。一日短縮での開催という不本意な形であったが、戒厳令を物ともせず観客はやってきた。満員とまでは行かなかったが、会場にはファンの熱気と心優しい応援が満ち溢れていた。

大会は成功をおさめたが、大会が終わるや否や、漫才組合は窮地に追い込まれる。

この大会に出られなかった漫才師たちが「組合の運営や役員の選出に問題がある」と指摘し、漫才組合は組合派と反対派の二つの陣営に割れてしまったのである。漫才師に限らず、芸人は誰もが看板やプライドを大切にする。幹部かどうか、大会に出たかどうか――これらのことは芸人

の看板や序列、仕事の選択の正否にも関わってくる。これを大切にするのは当然である。

そうした芸人の心情が殆ど配慮されないとなれば、不満が爆発するのも当然である。興行師たちは自分たちに都合のいいように動き、芸人たちも自分のプライドや興行師への義理もあることから、結局適当に妥協をしてしまう。批判が続出するのは当然であった。

反対派は組合へ幾度となく抗議や運営の改善や幹部入れ替えを主張したが、組合側は鎮静化を図ろうと、「雪組」「月組」「花組」とそれぞれを選定することや幹部の再選挙など穏便な意見を出すばかりで、反対派と相いれることはなかった。

一九三六年三月、結局、帝都漫才組合に不満を持っていた日本チャップリン・ウグイス、大和家貞夫、笑福亭茶福呂、宝家小坊・大坊、桂喜代楽、市山寿太郎《いちやまじゅたろう》などの幹部・古老たちが組合から脱会。分裂した漫才師のうちの一部は、新しい組合を発足しようと考えていた。彼らが目をつけたのが、漫才稼業から足を洗い、漫談やコントをやっていた東喜代駒の存在である。

漫才こそやらなくなったが、弟子を多く抱え、官僚や興行師とも付き合いの広い喜代駒を説得して、「日本漫才協会」を設立する運びとなった。この喜代駒の斡旋の背景には、組合に冷遇された弟子の東ヤジロー・キタハチの存在があった。

この「日本漫才協会」には、喜代駒一門の他、桂喜代楽・愛子、叶家洋月《かのうやようげつ》・春木《はるき》艶子《つやこ》などが名を連ね、「帝都漫才組合」への牽制を行った。

しかし、この「日本漫才協会」も運営的にはうまくいかず、対立が続いた。担ぎ上げられた上に対立を見せられた喜代駒は嫌気がさして、すぐさま脱退して「漫才新興連盟」を結成している。

さらに「帝都漫才組合」の会長職に収まっていた林家染団治も、組合に所属する傍《かたわ》ら、自分たちの持ち場の確保や発言権を得るべく「林家会」を結成し、運営に乗り出している。

こうして検閲問題以来、まとまりかけていた漫才師たちの連合はまたもや分裂。群雄割拠の時代の続行となった。離れ離れになった漫才師たちが一通りのまとまりを見せるためには、「帝都漫才協会」発足まで待たねばならなかった。

戦前の東京漫才黄金時代

演芸の一角を担うほどの人気があり、多くの人材を抱え、更には組合まで発足させた東京漫才はここで一つの黄金時代を迎えるところとなった。

漫才の名称が使われ始めるようになった一九三五年頃より続々と漫才専門小屋が生まれ、東京は関西にも負けないほどの漫才激戦区となった。その人気と賑やかさは、当時の新聞や雑誌のネタになるほどであり、広告や宣伝も派手に行われた。「東京漫才はずっと冷遇を受けてきた。色物として細々と生きて来た」というようなよく耳にする言説は嘘である。

一九三五年から太平洋戦争開戦に至る五、六年足らずの間に、浅草橋館、浅草木馬館、昭和劇場、浅草金龍館、浅草松竹座、松竹演芸館などといった漫才劇場が続々と誕生している（再開場含む）。吉本、松竹、籠寅、根岸興行部、竹本駒若率いる駒若興行部などが激しく火花を散らし合った。こうした人気に乗じて、一九三五年八月には都新聞の主宰で「漫才コンクール」が浅草金龍館で開催されている。今日も何かと話題になる漫才のコンクールや賞レースであるが、昭和の初期から既に存在していたというのが驚きである。

十数組の漫才師が話芸を競い合った。審査と投票の結果、「三位　千代田松緑・都路繁子」、「準優勝　松平操・春風枝左松」、「優勝　浪速マンマル・シカク」と決まった。元祖漫才コンクールの一つだろう。

さらに雑誌や新聞、ラジオやレコードが漫才を取り上げ、これを放送し、商品を発売することで、地方にも伝播するようになった。

『キング』『週刊朝日』『講談倶楽部』などといった人気雑誌が、こぞって漫才師のゴシップや速記を取り上げるようになった。こうした速記や記事が、漫才師の芸風や人気を窺わせる貴重な記録になっている。

特に『キング』は東京漫才に強く、『サンデー毎日』は上方漫才に強かった。両者は今となっては貴重な資料である。

中でも、『キング』一九三六年三月号に掲載された『娯楽の王国・浅草人気者座談会』や、同じく一九三六年十月号に掲載された『漫才師ばかりの座談会』（日本チャップリン・うぐいす、菊川時之助・大津検花奴、大朝家五二郎・〆駒、永田一休・繁子、浪速マンマル・シカク、富士蓉子・サヨコが出席）などは、当時の浅草の芸能界や漫才師たちの本音を知ることができる貴重な記事である。

また、永田一休・繁子、松川家〆葉《まつかわやしめは》・鉢呂八重子《はちろやえこ》、中村目玉《なかむらめだま》、立美二郎・とん子、林家染芳《はやしやそめよし》・砂川捨夫《すながわすてお》、浮世亭銀猫《うきよていぎんねこ》・出羽三《でわぞう》、天野操・春ノ金茶久などの写真も掲載されており、ここでしか見ることができない人もいる。

そして、漫才の人気を受けて作家や芸人たちが「読む漫才」というべきユーモア文学を手掛け、漫才の発展を促す一助となった。

秋田実を筆頭に、辰野九紫《たつのきゅうし》、中村正常《なかむらまさつね》、サトウハチロー、小野寺秋風、田中比左良《たなかひさら》、吉本三平など、「漫才」の名を冠したユーモア文学や漫画を執筆し、大手雑誌に掲載した。時には覆面作家として新作漫才を作成し、雑誌に発表した。そうした「読む漫才」は戦後一時期まで、ユーモア文学の一翼を担うことになった。

漫才速記を掲載した雑誌は全国津々浦々に流通し、都会に住んでいなくとも漫才師の活躍ぶりを知ることが出来た。

またレコードの発展によって、どこにいても手軽に面白い漫才を聞くことが出来るようになった。漫才のレコードが全国のお店や喫茶店、縁日などで流れることで人気を一層煽った。戦後活躍するお笑いスターや芸人たちが、「幼い頃レコードや雑誌で漫才や落語を見聞きして育った」とその原体験を話すのをしばしば聞くことがある。多くの人に影響を与えたレコードについてはもっと論じられるべきではないか。

当初は冷遇されていた漫才のレコード吹き込みであるが、一九三〇年代に入ると徐々に売り上げを伸ばすようになった。これには漫才の人気やメディア出演の効果もあったことだろう。レコード目録をたどっていくと、一九三二年頃より吹き込み点数がグンと増加している様子が窺える。漫才のレコードが金になると見込んだレコード会社は、歌手や浪曲師同様、漫才師を専属として契約するようになった。

リーガルレコードのリーガル千太・万吉、キングレコードの東ヤジロー・キタハチ、アザブラブ・伸などはそのいい例である。

さらに吉本興業がレコード人気に着目し、テイチクレコードやニットーレコードと手を組んで、「傑作漫才集」「漫才全集」という形で専属漫才師によるレコードを次々と売り出した。東京からは桂金吾・花園愛子、立花六三郎・北村栄二郎、香島ラッキー・御園セブンなどが抜擢され、レコード吹き込みを行っている。

劇場・放送・レコードなどのジャンルに登場した漫才は、一躍流行の寵児となった。その人気は、まさに「東京漫才黄金時代」と称しても良いのかもしれない。名人会や演芸会にも漫才はお馴染の顔となり、放送の仕事も公演も段違いに増えた。落語協会や芸術協会に所属して、寄席に出入りする漫才師も目立つようになった。

そんな漫才の流行に着目したのが、東宝が興行を行っていた「東宝名人会《とうほうめいじんかい》」である。一九三四年に秦豊吉の主導で設立された「東宝名人会」は丸の内のインテリ層の絶大な人気を集めていた。しかし、東宝名人会は落語・講談団体と対立し、演者不足に悩まされていた。落語家団体や席亭が「東宝名人会に出演したものは如何なる事情があっても罰金と追放を行う」と声明を発表したことにより、芸人がボイコットに遭遇するほどのこじれ方をみせた。そんな問題を抱えた東宝名人会は苦肉の策に出た。その作戦の一つが漫才の登用であった。

協議の結果、東喜代駒とマンマル・シカクが選出され、一九三五年七月の公演に出演させることになった。いざ蓋を開けてみると、インテリ層も漫才を受け入れてくれた。これに味を占めた東宝名人会は、東亭花橘・光子、アザブラブ・伸、林家染団治・小川雅子など東京漫才の幹部を舞台に出した。後年、東宝は漫才や若手芸人たちのオーディションを兼ねて昼の部の公演として「東宝笑和会」なる会を設立する。

こちらは東宝名人会の本興行に比べるといささか低俗であったようだが、面白い芸がカジュアルに楽しめる、という理由から十年以上にわたって愛された。あまり知られていない会であるが、この「笑和会」で腕を磨き、出世した漫才師や落語家たちも多かった。

ボーイズ(歌謡漫談)の流行

少しわき道にそれるが、この黄金時代とほぼ同時期に生まれて一世を風靡した演芸「歌謡漫談《ボーイズ》」についても触れておこう。ただ、歌謡漫談といっても楽器を持ったピン芸人ではない。楽器を持った集団漫才、集団コントを「ボーイズ」という。「漫談」というものの一人ではなく集団で演じるのが基本である。

こうしたスタイルの演芸が「ボーイズ」と呼ばれるようになったのは、やはり「あきれたぼういず」によるところが大きい。

ただ、東喜代駒が娘や弟子に楽器を持たせ、「東喜代駒とその漫劇《まんげき》」という形で音楽コントを演じていた例もあり、あきれたぼういず以前に「集団音楽漫才」が存在しなかったといえば、嘘になる。

喜代駒は、一九三三年時点ですでにジャズ演奏と音楽コントを演じている。こうした喜代駒の人気や奇抜な発想を受けたのか、間もなく朝日日出丸ショウ、柳家三亀夫ショウなどといった類似のグループが現れ、音楽コントを演じていた。

もっとも、その人気や注目度は、あきれたぼういずには到底及ばぬところであった。あきれたぼういずは、古くからの集団漫才の集大成であり、かつ新たな芸の創始者という二つの側面で見ることが出来そうである。

あきれたぼういずは、川田《かわだ》義雄《よしお》（後に晴久《はるひさ》）、坊屋《ぼうや》三郎《さぶろう》、芝利英《しばりえ》、益田《ますだ》喜頓《きいとん》の四人で結成された。その磨き抜かれた音楽センスとお笑いは、昭和モダンを代表する芸として、今なお根強い人気を博している。

一九三七年、吉本専属の四人のボードビリアンが結成した「あきれたぼういず」の人気にはすぐさま火がつき、レコード吹き込みや実演が数多く行われた。全盛期には後楽園球場でリサイタルを行ったほどである。

旧来の漫才はおしゃべりの間にギターや三味線で唄や踊りにつなげることが多かったのに対し、あきれたぼういずは高い演奏技術と音楽センスで、唄や音楽をメドレーにし、芝居、浪曲に活動写真、漫画や流行歌まで巧みに取り込んで、一つの舞台にまとめ上げた。

あきれたぼういずの人気とハイカラさを目の当たりにした芸人や音楽家たちは、我も我もとこの「ボーイズ」を結成することとなった。あきれたぼういずが売り出してからわずか二三年の間に、十組近いグループが生まれたというのだから驚異的である。

あきれたぼういずの対抗馬として生まれたのが木下華声《きのしたかせい》率いる「ザツオンブラザーズ」であった。こちらは木下の物真似やハワイアンミュージックなどを前面に出した芸風で、あきれたぼういずとは違う人気を集めた。

また、池袋・豊島園少年音楽隊出身のバンドマンたちが結成した「ハットボンボンズ」も一世を風靡した。達者な演奏技術と「日用品で邦楽演奏」「ミニチュア楽器でジャズ演奏」といった奇想天外な演目を得意とし、人気を集めた。

他にも喜劇役者、高屋朗《たかやほがら》が中心になって結成した「あわてたバンド」、落語家・五明楼玉之輔《ごめいろうたまのすけ》と喜劇役者・田中志幸が手を組んで作った「日本ショウ」などがこの前後に続々と誕生している。そんな「ボーイズ」全盛のあおりを受けて、漫才師が黙っているはずもなかった。あきれたぼういずに便乗するようにボーイズグループを結成する漫才師が現れるようになった。

その先駆けと言えるのが、林家染太郎《はやしやそめたろう》・染次郎《そめじろう》の染太郎が結成した「お江戸ぼういずドッコイショウ」なるグループであろう。

昭和一桁より染団治門下の新鋭として浅草を中心に人気を集めていた染太郎・染次郎であったが、一九三七年、染太郎に召集令状が届き、コンビ解消。染太郎は中国戦線に駆り出され、戦地を転々とする。後年、芸能界に復帰するものの、染次郎は既に妻の小浪とのコンビで売り出しており、コンビ復活は叶わなかった。そこで染太郎は古い友人で、漫才仲間の砂川愛之助、泉新之亮、富士梅太郎を誘って、「お江戸ぼういずドッコイショウ」を結成することとなった。「お江戸ぼういず」と称しただけに、和風をモットーにした芸を持ち味とした。あきれたぼういず以下、多くのボーイズが洋楽や洋風の衣裳を基盤とする中で、彼らは和装に和楽器、邦楽というスタイルで売り出した。

しかし、ブレイク寸前の一九四〇年九月三日、リーダーの染太郎が兵隊時代の古傷を悪化させて、急死してしまった。残されたメンバーはしばらくボーイズを続けたものの自然消滅してしまった。

しかし、漫才師でもボーイズを組める、「漫才とボーイズは近しい間柄にある」ということを証明してみせたところに「ドッコイショウ」の値打ちがあったのかもしれない。

漫才師がボーイズを組み、またボーイズから漫才師に転身する、という例を顕著に示したのはこのドッコイショウであった。以降も、漫才師出身の高井カクテルが結成した「カクテルショウ」、籠寅演芸部所属の漫才師で結成された「ナンジャラホワーズ」などが生まれている。

「漫才師が心機一転をはかるために歌謡漫談へと転身する」といった風潮は、昭和の終わりまで長く続くことになる。

解散という問題

多くの新鋭コンビが売り出し、歌謡漫談まで現れて、様々に人気を集める一方で、東京漫才は大きな問題を抱えるようになった。

「コンビの解散」である。

漫才は二人以上で演じる芸である以上、どうしてもコンビやグループの解消は免れないところである。今も昔も変わらぬ宿命だろう。

円満解消や死別解消が理想的であるが、なかなかそううまくいかないのが現実である。

「漫才の解散なんて昔からあったんじゃないか？」

そんな疑問を抱かれる人もいるだろう。何故、ここで解散という問題を持ち出す必要があるのか。いうまでもなく、解散は明治時代から存在する。昔の漫才師などは「コンビ別れをして一人前」というくらいの気楽さで考えており、昨日と今日では相方が違うといった事例など普通にあった。

一方、「二人で一つのコンビ」という鉄則が生まれ始めたことも無視できない。この「二人で一つの漫才」の概念は、漫才がひとかどの演芸として認められたからこそ生まれたものであったといえるだろう。

これまでの漫才師はそれぞれがフリーランスのようなもので、各々が達者な芸や話術を持っていたところから、一匹狼のような側面を持っていた。自分一人でも舞台を持たせられる自信や芸の引き出しがあるため、相方がどんな人物でも構わなかった。よくも悪くも相方やコンビに対して、深い執着や関係を持つことはあまりなかった。

しかし、しゃべくりやネタという概念が重視されるようになり、「このコンビでなければこの芸はできない」といった十八番の話芸が練りあがってくるようになると、これまで通りの「一匹狼」では済まされなくなってきた。当人たち以上に、世間やファンが解散を惜しむようになり始めたのである。

その象徴というべき事件が、一九三四年のエンタツ・アチャコの電撃解散である。一九三四年八月の新橋演舞場の漫才大会直後、アチャコは持病の中耳炎を悪化させ、緊急入院となった。一命をとりとめたアチャコの元に届いたのがコンビ解消の通告であった。この事件を機にエンタツ・アチャコは袂を分かち、別の相方とコンビを組んで活動するようになった。

この事件によって「コンビはできるだけ別れるな」という合言葉が、漫才師の鉄則のようになったという。

しかし、どれだけ鉄則を守ろうとしても、コンビ解消の選択をせざるを得ない時もある。死や病気や不祥事、コンビ関係の悪化など、原因は数限りなくあるだろう。このような事情には第三者ではどうしようも出来ないことが多い。

東京漫才の黄金時代の蔭で、別れざるを得なかったコンビも多くあった。特に一九三八年は、東京漫才における厄年であった。

この年、朝日日出丸・日出夫、玉子家源一・一丸、大道寺春之助・天津城逸郎、浪速マンマル・シカクなどといった大御所たちが立て続けにコンビを解消してしまった。放送やレコードでもおなじみの顔であったコンビの解散は、東京漫才の大きな損失であった。

それらの解散騒動は『都新聞』(一九三八年十月六日号)にも取り上げられるほどであった。「呑気な商売に悩み在り　漫才に夫婦別れ続出　笑の世界に笑へぬ悲劇」と題して、漫才師の電撃解散による逸材の損失を報じている。

その中には「新しい漫才が出てきて、新しいファンと取り組む中で自分達は惰性的にコンビを続けている。そのマンネリに耐えられなくなる」「新しいことを模索するものの、既に種切れ状態で趣向も見いだせない。この際コンビ別れをして心機一転しようと考える」といったことに触れられている。今日もコンビ解散の原因として語られるコンビとしての限界や漫才の表現の限界が指摘されているのは興味深い。

「解散」という名の再出発を決めた面々であったが、かつての人気を取り戻すことは遂にできなかった。マンマル・シカクに至っては「コンビ解消」を宣言したものの、一年足らずでコンビを復活させるような始末であった。

その後も解散問題はおさまらなかった。上の記事から一年も経たぬ一九三九年八月二十八日付の『都新聞』に「漫才コンビ決裂流行」とまた煽られている始末である。記事を読むと、一九三八年冬から一九三九年夏にかけて、「文《ふみ》の家《や》一筆《いっぴつ》・かしくが解散。かしくはピンの音曲師に返り咲き。東秀 蝶《あずましゅうちょう》・林幹夫も一七年越しのコンビ解消。秀蝶は引退し、林幹夫は落語の雷蔵に林静美と名乗らせてコンビを結成。柳家金語楼門下の柳家夢路《やなぎやゆめじ》は、春風亭喜久枝《しゅんぷうていきくえ》と改名して漫才師に転向。夫婦漫才の関東猫八・照葉は離婚解散を遂げた」というように名コンビの解消が続出したとある。

解散が漫然と横行していた一昔前の漫才界ならば、記事になるほどのものではなかったかもしれないが、「コンビで一つ」という価値観やセールスポイントが高まれば高まるほど、解散問題は一つの事件として取り上げられるようになってしまう。

「別れて新しく組んでしまえばいい」旧来の漫才の常識と、「別れてはいけない」新しい漫才の常識に漫才師たちは困り果ててしまった　解散と結成を繰り返すコンビや、解散したかどうかもわからないコンビが増加したのも無理はない現象であったといえよう。

第四章

戦争と東京漫才

戦前一世を風靡したあきれたぼういず（左）と内海突破・並木一路。
（左）あきれたぼういず。後列より時計回りに益田喜頓、坊屋三郎、芝利英、石川壽（坊屋・芝の兄）、川田義雄　（胡弓かなた氏提供）
（右）突破・一路。眼鏡の方が内海突破、大柄の方が並木一路。（著者蔵）

漫才師引き抜き事件

舞台でも放送でもレコードでも漫才はドル箱となり、ボーイズや漫才ショウなど新しい分野が続々と開拓されるようになった。

こうなると、黙っていられないのが興行会社である。流行を目の当たりにして放置するような興行師は存在しないといってもいいだろう。すぐさま人材の確保と育成に乗り出し始めた。

当時の東京漫才の勢力は大まかに分けると、東京吉本、松竹演芸部、籠寅興行部、落語家団体、その他フリーの五つがあった。

東京吉本は林家染団治、桂金吾・花園愛子、香島ラッキー・御園セブン、アザブラブ・伸、千家松人形・博次と人気者が揃っていた。

籠寅興行部も、大津検花奴・菊川時之助、永田一休・繁子、出雲《いずも》友衛《ともえ》・北条恵美子《ほうじょうえみこ》など、東京漫才の中堅どころを抱えていた。

松竹演芸部は、浪速マンマル・シカク、東ヤジロー・キタハチ、玉子家源一・一丸などを抱えていた。ただ、この松竹演芸部はちょっと特殊で、当初は静家興行という会社と結託をして興行を行っていた。後年、静家興行の閉鎖に伴い、芸人を専属として抱え込んだ。

早くから漫才師のスカウトを行い、着実に東京漫才の専属芸人を固めていった吉本・籠寅に比べると、松竹演芸部は、どことなく出遅れている印象があった。時には駒若興行部と手を組んで興行を打っていたような状態でもあった。松竹演芸部の泣き所は、東高西低の専属芸人――「東京漫才では相応の人材を抱えているが、上方漫才ではいい人材を抱えていない」というところだった。

関東一円では興行が打てるが、それより西では吉本や籠寅の勢力に負けてしまうところに大きな悩みがあった。吉本や籠寅は東西で通用する専属芸人を抱え、自前で東西交流を行うことができた。そうした強みが松竹演芸部にはなかった。また、松竹演芸部には、一九二七年頃、漫才大会を巡る一件で吉本に出し抜かれ、漫才師の確保に失敗した苦い経験があった。

その後、漫才は怒濤の勢いで領域を拡大し、あれよあれよという間にひとかどの地位を築き上げた。吉本は名実ともに「漫才の吉本」として成功をおさめ、それを追うかたちで漫才を抱えていた籠寅興行部や駒若興行部、樋口興行部も吉本に続いた。

一連の漫才ブームを見ていて面白くないのが、松竹である。歌舞伎や映画で成功をおさめながらも、演芸業界に殆ど進出できていないのは痛恨の極みであったといえよう。ましてや吉本が映画業界にまで参入し、漫才映画や浪曲映画で人気を集め始めていたという要因もあったようである。そうした焦りや人材不足は、「新興演芸部《しんこうえんげいぶ》引き抜き事件」に発展することとなる。

一九三九年三月、松竹は事実上の子会社「新興キネマ」（松竹創業者白井松次郎の弟・白井信太郎が社長）に「新興演芸部」を設立し、人材確保に乗り出すこととなった。

同年春、ミスワカナ・玉松一郎《たままついちろう》、浅田家日佐丸《あさだやひさまる》・平和ラッパ、西川ヒノデ・サクラ、永田キング・エロ子、香島ラッキー・御園セブン、あきれたぼういずといった人気漫才師たちが突如出演を放棄し、雲隠れをしてしまった。そのキッカケとなったのが、香島ラッキー・御園セブンの失踪であった。

ラッキー・セブンの失踪と前後して、ミスワカナ・玉松一郎、浅田家日佐丸・平和ラッパ、西川ヒノデ・サクラ、永田キング・エロ子、あきれたぼういずなども次々と姿を消した。

この事件に驚愕した吉本は、背後に首謀者が存在することを察知して、芸人たちの捜索と首謀者の詮索に乗り出した。その結果、新興演芸部が芸人たちの引き抜き工作を行っていることが判明したのである。雲隠れさせたのは、秘密裏に契約を結ぶための新興演芸部の策略であった。

新興演芸部は、彼らに吉本の三倍近い給金と待遇を約束し、移籍するように求めた。多かれ少なかれ、現状に不満を持っていた芸人や金銭に困っていた芸人たちはこれを飲み込んだ。

これを知った吉本は激怒し、すぐさま新興演芸部を訴えた。一方、新興演芸部も吉本に真っ向勝負を挑んだ。

一九三九年上半期における芸能界の話題は、この新興と吉本の対立でもちきりであった。各新聞や雑誌に両者のコメントや芸人の意見が掲載され、その対立の深さを表面化させることとなった。また、吉本が雲隠れした芸人たちにも損害賠償を請求したことも大きな話題になった。

数カ月間にわたる談判や裁判の末、両者は和解を選択した。裁判所は「新興は一度契約を破棄し吉本に返却した上で、新興側の交渉を認める」といった判決を出した。両社はこれに従い、新興は芸人の契約を一旦棄却し、吉本も雲隠れした芸人たちへの賠償請求を取り下げた。

最終的に、ミスワカナ・玉松一郎、浅田家日佐丸・平和ラッパ、西川ヒノデ・サクラ、永田キング・エロ子、香島ラッキー・御園セブン、川田義雄を除いたあきれたぼういずは移籍し、新興演芸部の柱として活躍する。

東京吉本を拠点としていた音曲漫才の千《ち》家松人形《かまつにんぎょう》・博次《ひろじ》も、吉本から新興への移籍を選択。桂木東声・春風小柳、富士蓉子・若葉小夜子、隆《たかの》の家万龍《やまんりゅう》・妻《つま》の家《や》妻吉《つまきち》、桜川ぴん助・美代鶴《みよづる》、叶家洋月・春木艶子、山村豊香・花柳貞奴、ハットボンボンズといった東京漫才師が新興専属契約を結んでいる。

新興演芸部は、ワカナ・一郎、ラッパ・日佐丸、ラッキー・セブンを三本柱に、大阪・京都・東京の劇場で連日公演を打ち続けた。

新興演芸部は他の興行社を凌駕する給料と待遇で芸人を囲い、「軽演劇や歌謡ショーとの共演」「漫才師主演の喜劇や公演」といった多面的なバラエティをセールスポイントにした。ワカナ・一郎は喜劇をやり、ラッパ・日佐丸はマゲモノ芝居を演じ、あきれたぼういずに軽音楽を演奏させ、ラッキー・セブンは流行歌手の水島早苗と組んで「僕らの〇〇」と銘打ったコントを展開させるなど多角的な興行方針を打ち出した。

さらに、新興演芸部の母体が新興キネマという映画会社だけあって、漫才師を中心としたコメディ映画も製作して人気を獲得した。

これだけ見ると、新興演芸部は吉本や籠寅を凌駕してもおかしくないダークホースであった。巨額の資本と独創的な興行方針で興行師たちをアッと驚かせた。しかし、そのダークホース振りは決して長くは続かなかった。せっかく吉本や籠寅を出し抜いたにもかかわらず、移籍問題が収束すると勢いは頭打ちになってしまった。

その背景には興行の主体性のズレ、余りにも多面的で散漫な興行姿勢などといった問題があった。悪く言うと、バラエティ、音楽、喜劇、漫才——と余りにも手を広げ過ぎたが故に、漫才師や喜劇役者の持ち味を殺してしまう結果となったのである。

漫才師に喜劇をやらせたり、集団漫才をやらせてみたものの、その評価は芳しいものではなかった。あくまでも彼らの価値や真骨頂は漫才の掛合や息の合ったコンビのしゃべくりにあった。また、余計な音楽ショーやお芝居との抱き合わせも、漫才の印象を散漫にさせる原因となった。当時、吉本や籠寅が大劇場を中心に「剣劇＋漫才」「喜劇＋漫才」といった興行を行っていたことを受けて、新興もそうした興行体制を打ち出した。

しかし、ここで大きな誤算だったのは、「漫才専門の小屋を新興演芸部はほとんど持たなかった」という点である。

吉本は花月グループを持ち、籠寅も浅草の劇場を買収して独自の興行を行っていた。漫才専門劇場は、入場料も安く出演者も多いため、一日劇場に居座って漫才を見続けることも、「暇つぶしにちょっと覗こう」ということもできた。こうした漫才専門劇場の親しみやすさが、漫才の最大の強みであった。

一方、新興は余りにも過度なバラエティ路線のせいで漫才本来の「親しみやすさ」を薄めてしまった。漫才をやってこそ実力を発揮する漫才師たちと、一流スターや歌手とを共演させてみたところで中途半端さが残るだけであった。

結果として、吉本や籠寅を脅かすだけの経営手腕を見せながらも、遂に漫才界の全権を掌握できなかった。

もっとも、新興演芸部の方法自体が失敗だったわけではない。新興演芸部の引き抜き事件や興行体制は、他の興行師や会社の考え方を改めさせるきっかけとなった。

吉本も松竹も籠寅も東宝も、自社専属の芸人たちの行動にきちんと向き合うようになり、他の会社に引き抜かれぬよう自社タレントの待遇や給金の見直しを行うようになった。

引き抜き騒動の一件は、よくも悪くも漫才師には大きな「価値」があり、そのためなら巨額の資金を動かすだけのことのある「人材」だということを証明する結果になったともいえる。

ダークホース内海突破・並木一路

吉本と新興の対立や日中戦争の暗雲を背景に、東京漫才を揺るがす名コンビが現れた。

内海《うつみ》突破《とっぱ》・並木《なみき》一路《いちろ》である。

漫才の大手であった吉本にも松竹にも恩恵を受けることなく、東宝の権威と自らの腕だけで満都の人気を掌握して見せた。意外なところから現れたダークホースである。「老舗企業にいないとダメ」「東京の漫才師は色物扱い」といったこれまでの漫才界の常識を破ってみせたのである。漫才一本だけで、ここまで派手に売り出した存在は東喜代駒以来であったといってもいいだろう。

ボケ役の内海突破（本名・木村貞行）は一九一五年二月二十五日、愛媛県の生まれ。父・助六は建築業を営んでいたそうで、幼い頃から愛媛県各地を転々として育った。兄の力馬は脚本家・作家として知られた御荘金吾《みしょうきんご》、弟・三郎も後に漫才界に入り、笹山タンバと名乗った。

小学校卒業後、奉公先を転々とした末に大阪市役所港湾局へ入局。役所に勤めながら浪華商業、関西大学専門部を卒業している。卒業後も引き続き港湾局に勤めていたが、俳優を志して退職し、旅回りの劇団に身を投じ、「水谷正吾」として舞台に立った。

一九三六年二月二十六日、浪華商業時代の友人であった漫才師・西条凡児《さいじょうぼんじ》に入門して「西条凡凡」と名乗る。同年四月、「凡児・凡凡」の名前で初舞台を踏むが、半年足らずで凡児の元を飛び出してしまった。独立後、故郷の「内海村」と当時人気を集めていた喜劇俳優の「古川ロッパ」を足して、「内海突破」と改名。この名前で東京に上り、東京漫才の世界に入った。

ただ、突破は強烈な個性と完璧なツッコミを相手役に求めたせいで、コンビを結成しては別れる、を繰り返して、「コンビ別れの名人」とまで揶揄されるほどであった。一路以前のコンビで一番長く続いたのが「ハトポッポ」という名の相方だという。

ツッコミ役の並木一路（本名・松村興優）は、両親が旅役者であった関係から、子役として舞台に立つようになる。以来、新劇の栗島狭衣《くりしまさごろも》一座、剣劇の不二洋子《ふじようこ》一座、梅島昇《うめしまのぼる》一座と様々な芸種の一座を転々とした。

一九三八年、栗島一座にいた村瀬という男とコンビを組んで「大山キリン・ビール」を結成。一路は長身であったため、「キリン」の名前を取った。キリン・ビール時代は兵隊漫才やコント風の漫才を演じていた。

一九四〇年、太神楽の鏡味《かがみ》小《こ》仙《せん》・鏡味鉄奴の斡旋で内海突破とコンビを結成。当時流行っていた「一路突破」という言葉と山本有三の小説「真実一路」から名前を取って「並木一路」と改名、「内海突破・並木一路」となった。

内海突破の洒落と軽妙な話術、並木一路の間の巧さが評価され、結成して間もなく人気コンビとしてめきめきと頭角を現した。その芸や面白さに惚れこんだ東宝演芸部は、彼らをスカウトし、同社の専属として抱え込むことに成功した。解散するまでの十年近い間、突破・一路のコンビは東京漫才の大スターとしてリードを続けることになる。

そんな突破・一路の最大の功績は「しゃべくり漫才のあり方を変えた」点にある。一言で言えば、突破・一路は「ストーリー展開を否定した漫才」を構築したのである。

これまでの漫才は、しゃべくりでも音曲でも一貫性のあるテーマや時事ネタが中心であった。起承転結がハッキリしていて、ネタや話術も「オチまでどうストーリーを持って行くか」に重点が置かれていた。

そうした「ストーリー性」を突破・一路は見事に破壊してみせた。一応のテーマはあるものの、ギャグや洒落の連発で次々と話題をずらし、ギャグを投げかけて漫才を構築するという新たな手法を試みたのである。今日、話題が次から次へと飛ぶ漫才や筋のない漫才が行われているが、それらに似たようなことを既に行っていたのである。

とにかく陽気にしゃべり倒す内海突破と、やれやれといった風情で突破をツッコむ並木一路のコンビは絶妙な味わいを持っていた。この独特の漫才はインテリ層や学生層から熱烈な支持を受けて、突破・一路の漫才は一世を風靡した。人気を得た背景には、戦時下という暗い世相も反映されていたようである。映画や舞台、演芸も戦時色一色に染まり、落語や漫才でさえも国策に便乗するようなネタがかけられた。

その中で突破・一路は、国策に便乗しないユーモアとおとぼけにあふれたネタや舞台を展開した。観客は国策に殆ど関係ないジョークや駄洒落に喝采を送った。官憲も検閲官も呆れながらも「問題はない」と基本的にお目こぼしを続けた。特に放送局から重宝がられたので、定期的に漫才を放送できたのは、彼らにとって幸せであった。

イデオロギー臭くなく、古臭くもない、明るくスマートで軽妙なネタの数々は、暗い世相に灯った癒しの火であったのかもしれない。

そして、早くからのメディア進出は、戦後の放送ブームにおいて大きな武器となった。多くの漫才師がバラエティ番組や演芸番組の変更に戸惑う中で、突破・一路は放送局の要望や指示通りに動けた。元祖放送演芸スターと言ってもいいのかもしれない。

人気、実力、影響力――どれをとってもダークホースにふさわしい存在であった。

演芸慰問の勃興

東京漫才の黄金時代とは裏腹に世相はどんどん悪化の一途をたどっていた。「満洲事変」以来、国際社会から孤立し始めていた日本は戦争への道を着実に進み始めていた。「国民精神総動員運動」「国家総動員法」などといった運動や法令が続々と成立。戦争は確実に世相や文化を蝕み始めていた。

そして、一九三七年七月七日、盧溝橋事件が勃発。一時は和平の道を進んだものの決裂し、以来、日本軍は日中戦争の泥沼へと突き進んでいった。この日中戦争前後にさかんになったのが芸人たちによる「皇軍慰問《こうぐんいもん》」であった。

日中戦争以来、南進や北進を続けていた日本軍は満洲や南方各地に駐留していた。年々増加する部隊のために、陸軍恤兵部は芸人や作家、芸術家たちを積極的に派遣し、兵隊のために演芸や慰問を届け続けた。これはどこの国にもあったことだろう。

もっとも、皇軍慰問そのものは満洲事変直後の一九三三年から行われている。演芸慰問の第一陣は一九三三年四月に派遣されたもので、メンバーは漫談の西村楽天《にしむららくてん》（作家・野坂昭如の義祖父）、太神楽の丸一小鉄《まるいちこてつ》、講談の桃川若燕《ももかわじゃくえん》、三代目桂三木助《かつらみきすけ》（当時、春風亭小柳枝）。東京漫才における慰問の第一号は、一九三四年五月、竹の家雀右衛門・小糸のようである（漫才界全体で見ると、一九三三年十一月、吉本興業が派遣したエンタツ・アチャコの慰問が最初か）。日中戦争以来、軍部への協力や士気高揚の名目で、慰問団が率先して派遣されるようになった。

こうして派遣されて行った漫才師たちは戦地で得意の芸を披露し、祖国を離れて戦う兵隊や将校の心を慰めた。その時の所感や経験が新聞や雑誌に掲載された。当然のごとく、漫才師の話す談話やその記事は基本的に前向きで戦争賛美的なものばかりである。あくまでも命を懸けて慰問をしたことだけがピックアップされて、一切の惨状が伏せられたという側面は正に負の遺産であろう。検閲や自粛などあったとはいえ、戦意高揚の一翼を担ったことは否定できない事実である。

しかし、こうした慰問団を単なる戦争の悪しき遺物と一蹴するわけにもいかない面もある。ましてや、十数年前まで軍部はおろか、マスコミや大衆から歯牙にもかけてもらえなかった漫才が、国家の興亡を担う兵隊や関係者の為に慰問を続け、一躍花形として取り上げられていることを考えると、なかなか深い意義を持っているように思われてならない。

演芸慰問のピックアップや奨励は、よくも悪くも、当時の漫才師にとっては大きな自信になったのではないだろうか。「お国のために慰問に出掛ける」という大義名分は皮肉にも世間から冷遇されていた漫才師や芸人に大きな役割意識を持たせることとなった。

さらに慰問のメリットや大義名分に気づいたのは、芸人だけではなかった。吉本、松竹、新興演芸部、籠寅といった興行社や、コロムビア、キング、ビクターといったレコード会社、各地方自治体まで続々と慰問団を結成するようになり始めたのである。

一九三八年から敗戦までの七年余り、漫才界では異常なまでの慰問旋風が吹き荒れることとなった。

慰問に出ているうちは「お国の兵隊さんを慰問する」と世間に胸を張ることができた。また慰問先では物資も豊富で、皇軍批判と士気低下につながるネタ以外は基本的にどんなネタでも許されたというのも魅力だった。内地ではちょっとしたことでも「中止！」と検問官に叱られる中で、戦地ではお目こぼしを受けた。

国家や軍部による戦意高揚の推奨、世間の目、「芸人」という稼業――こうした様々な要因が芸人たちを積極的に慰問へと赴かせることとなった。

しかし、いくら物資が豊富で報酬が多く優遇される慰問であっても、当然危険は付きものであった。むしろ、過酷な環境であったといってもいいだろう。異国の風土病や伝染病にかかるリスクや、輸送時の敵襲・事故、前線慰問の場合は敵襲や戦闘も視野に入れておかねばならなかった。

慰問先での死というと、どうしても敵襲や撃沈などの悲劇ばかりを取り上げがちであるが、一番の猛威は、風土病や伝染病であったようである。慣れぬ土地で病にかかり、現地でまたは帰国後間もなく死亡する例があった。アザブラブ・伸のラブも慰問先の中国で風土病に倒れ、現地の病院に入院。アザブ伸とのコンビを解消。林家染太郎・染次郎の染太郎も中国戦線で負った傷や病が元で一九四〇年に夭折している。

大和家かほる・貞夫で活躍していた宮川貞夫も慰問先でマラリアに罹患し、帰国後間もなく亡くなっている。

当然、このような事例はほんの一握りで、判明しているだけまだマシな部類であろう。その他、

戦時中、時局に便乗して皇軍慰問が行われた他、漫才師の出征もあった。
上は大和家八千代一行の皇軍慰問の写真（前列右二人目が八千代）。
下は大和家貞夫の出征。右端に立つスーツ姿の男が大和家貞夫。（酒井義直氏提供）

幾多の無名芸人や関係者が戦地での病や怪我で命を落としたことか——語られるべき戦争の暗部ではないだろうか。

東京漫才の戦争協力

戦争と漫才の関係は非常に複雑で、今なお解釈に難しいところがある。

ここでは、主に「演芸を通しての戦争協力」「非常時の自粛」「不謹慎なネタや演者の態度に対する取り締まり」と、当時の漫才に課せられた三つの制約や協力体制を簡単に説明して、東京漫才の戦争協力とは何かを考えてみる。

一、演芸を通しての戦争協力

これは人気のある演芸の話術を通して戦争遂行や時局への協力を煽るものである。戦時歌謡や愛国浪曲、日本軍賛美のネタや芝居、そして皇軍慰問や演芸慰問などは皆これに当てはまるのではないだろうか。舞台の上から勇猛果敢な日本軍の姿を描き出し、非常時の心構えや戦争協力を呼び掛けるものである。

漫才師たちもまた例外ではなく、時事ネタや新作漫才を通して、非常時の心構えを論じ、軍部や国策を賞賛し、蔣介石率いる中国国民党やアメリカ・イギリスなどを批判するネタを展開した。

国際情勢が悪化し、戦争が近づくと一層の国策協力色を前面に押し出し、さながら時局講演会のような演題まで書かれるほどであった。実際、香島ラッキー・御園セブンは十八番の「実況放送」を改作し、日本軍や艦隊が登場する「太平洋相撲戦」「太平洋野球戦」として発表している。実在する戦艦や軍人を登場させて、相撲や野球の試合で米英を駆逐する——というトンデモなネタであったが、凄まじい人気を誇った。この作品は大阪海軍情報部の推薦を受け、「漫才界初の栄与・大阪海軍情報部御推薦」と広告に銘打たれるほどであった。

これ以外にも、「非常時〇〇」「銃後〇〇」と名づけられた国策的な作品が次々と作られ、ラジオやレコードに吹き込まれた。

また、慰問の旅とタイアップして「日本の兵隊さんはこれだけ頑張っている」という代弁者になった点も見落とせない。当時のレコードのタイトルやラジオの番組表を見ると「慰問土産」「南支の想い出」「北京見物」といった作品が演じられている。すごいものになると「わらわし隊帰還報告」「従軍土産」といったタイトルがついている。慰問が一つのステータスになっていた証拠ともいえよう。

これらのルポ漫才というべき「慰問土産」の数々は、遠い中国戦線の活躍や戦線事情を知る一助となった。当然、その内容は脚色だらけであり、日本軍の汚点や戦争の汚さ、やるせなさには触れていない。負の遺産と言えば負の遺産であるが、漫才がこうした役割を担っていたのは紛れもない事実であろう。そんなネタがラジオやレコード、舞台で演じられては庶民の国策協力を煽り、非常時の心構えを説いた。さらに、一部のネタは書籍にされ、慰問用の読み物としても機能するようになった。ユーモア文学・読む漫才という領域からも、国策協力を行った。

今となっては笑うにも笑えない代物揃いであるが、非常時の心構えや挙国一致体制を知る上では貴重な資料になるだろう。

また、軍人や警察との意見交換会を行い、国策や時局柄にあった漫才の方針のお伺いを立てていたことも忘れてはならない。定期的に会合を催し、軍人や警察から漫才の芸や態度についての忠告や訓戒を受けた。そうした会合はいくつかあったようであるが、特に大きな会として有名なのが一九三八年に立ちあがった「漫才家懇談会」であった。

この会は、「漫才家をして社会教化人として自覚せしめ、健全なる民衆娯楽として国策の線に副《そ》ふやうにとの見地から発足したもの」であった。如何に人気のある漫才と言えども、軍部や警察から「無用の長物」呼ばわりされることを一番恐れていたのだろう。卑屈といえば卑屈であるが、そうでもしなければ非常時下の一員として認められない芸人の悲哀が感じられてならない。

二、非常時の自粛

これは戦争や非常時に向かないネタや芸名の自粛や改名を行い、芸人たちが率先して非常時協力を行って見せるというものである。

ここで注目すべきは、その自粛の多くは、民間や団体主導で行われたものであったことだ。民間サイドやメディアの自主規制や協力体制が暴走した、というべきであろうか。もっとも軍部や警視庁が警告や訓示を与え、それに従って行動を起こした自粛もある。全てにおいて、「非常時」が最優先され、その為ならば民間も軍部も強硬手段をいとわないような時代であったというべきであろう。

漫才でも自粛が行われた。これまでのような牧歌的なネタや時局を茶化すようなネタは敬遠され、先述のような国策ネタが演じられた。

「豪華な服装や着物は非常時には合わない」と、漫才師たちはスフや国民服姿で高座に上がるようになった。

さらに、「敵性語芸名の追放」も盛んに行われた。この「敵性語追放」は、市民やメディアが生み出した悪しき自粛運動の一つとして、今なお語りつがれている。日中戦争以来、米英との関係の悪化や統制の強化から、「米英の言葉を使うのはよろしくない」「日本から敵性語を追放しよう」といった声がメディアや市民の間からあがるようになった。

街頭や紙面からは徐々に英語由来の言葉が消え、社名や雑誌名なども、「日本蓄音」（＝コロムビア）、「日本音響」（＝ビクター）、「雑誌富士」（＝雑誌キング）などと続々と改名・改称を行った。その敵性語排斥運動は芸能界や映画界へも波及する形となった。外国語由来の名前を名乗っている歌手や俳優は改名を行った他、天皇家や天皇の忠臣を想起させるワードも不敬の対象としてすべて改名対象となった。

それは漫才界も例外ではなかった。ミスワカナは「玉松ワカナ」、香島ラッキー・御園セブンは「香島楽貴・矢代世文」、あきれたぼういずは「新興快速舞《しんこうかいそくぶ》隊《たい》」、ハットボンボンズは「愉快な楽人」と改名している。また、東喜代駒は娘の東キミ子、マツ子の二人を「楠木正子《くすのきまっこ》」、「新田《にった》貞《さだ》子《こ》」と改名させた。これは忠臣・楠木正成と新田義貞から命名されたものであった。

ただ、こうした一連の改名騒動は結構いい加減だったようで、実際に改名されたのは太平洋戦争勃発後だったりで、最初から一斉に改名したというわけではなかった。他の芸能界に比べると改名・自粛は案外遅く、一九四三年頃まで平然と横文字芸名を使っていた。

現に香島ラッキー・御園セブンはその最たる例である。一九四〇年にセブンが「世文」と改名しているが、ラッキーは改名せず、セブンも公演によってはカタカナの名前で出ていた。両人が「楽貴・世文」になったのは、一九四三年末であったのだから、実にいい加減である。

リーガル千太・万吉も同様である。屋号の「リーガル」は敵性語として扱われたが、会社専属の肩書を盾にして平然と「リーガル」を名乗り続けた。二人が「柳家千太・万吉」に改称するのは、太平洋戦争勃発後であった。

一方、無理やり国策に協力しようとして失敗した例もある。東ヤジロー・キタハチは、一九四二年に「本田浩一・鈴木誠之」と本名に改名することを発表して舞台に出た。しかし評判が悪かったために、二人はすぐさま「ヤジロー・キタハチ」に戻している。

また、改名は強制ではないため、改名しない芸人も数多くいた。戦時中の名簿や広告を見ると、「ヨシロー山田」「山根ミチル・ハチロー」などとカタカナ芸名は普通に存在しているほか、「大空ヒット」「森ダットサン・トラック」「山川ハイキング」などという横文字由来の芸名まで登録されている始末である。わずかに大空ヒットが「大空飛人」と改名した程度で、それ以外は特に取締りを受けず、改名した様子もない。

所詮は軍部・政府命令ではなく、市民主体の社会運動であった関係もあるのだろうか。中には「強制ではないから」と開き直る例もあったという。ただ、日に日に厳しくなる戦況や世間の風潮を受けて、あえて自粛の選択をした芸人たちが実際に存在したのも事実である。

三、不謹慎なネタや演者の態度に対する取り締まり

これは「時局にあわないネタや舞台を取り締まり、中止に追い込む」というものである。「演芸の人気や拡散力」を見込んである程度のお目こぼしを与えていた官憲や軍部であったが、非常時にあわない問題発言やネタ、あるいは軍部を揶揄するような漫才は厳しく取り締まった。皇室批判、軍部批判、政府批判、敵国援護などは全てご法度で、ちょっとでも口を滑らせた瞬間に中止命令が下された。

戦前、寄席や劇場には「臨監席《りんかんせき》」という見張り役が陣取る席があった。「臨監席」では、警官や憲兵が顔を出して、演芸や芝居の監視を行った。当初はエロ・グロ・ナンセンスや左翼系の芝居や演芸の監視のために置かれていたわけだが、戦時中は戦争批判や軍部批判といったところにまで対象が広げられた。この臨監席に役人がいる間は、芸人も席亭も戦々恐々とするより他はなかった。

少しでも見張りの機嫌を損ねたら最後、「中止！」と怒号が浴びせられ、官憲の権限で終演を命じられた。その後、出演者と席亭・劇場主に出頭命令が下され、訓諭と罰金の処罰が科せられることが多かった。場合によっては、新聞や雑誌で批判にさらされることもあった。信用第一の

芸人からしてみれば、官憲の監視は本当に怖かったものであろう。

また、担当する人物によって、摘発を受けるかどうかが違っていたことも二枚舌作戦を生み出した原因であったという。官憲のお目こぼしを受けられるかどうかは、監視官の個人の判断に任されていた。以前の監視官は許しても、今度の監視官は許さないという事例もあった。さらに、お目こぼしの対象は、担当の部署や都道府県によっても大きな差異があった。

そんな中で、芸人や席亭たちも監視に対する方策を講じた。官憲が入ってくるとこれまでのネタを打ち切って「非常時に供えましょう」と都合のいいことをまくしたて、官憲が去ると「先ほどの続きですが」と平然とネタに戻った。無節操と言えば無節操であるが、明確なルールがない以上、芸人たちも「官憲に全てを牛耳られてたまるか」と開き直っていたのかもしれない。

中でも兵隊漫才は標的にされた。最終的には日本軍の雄姿や美談を紹介したにもかかわらず、前ふりの二等兵と上官の件が「軍人を愚弄している」と槍玉にあげられ、兵隊漫才はレコードや放送の表舞台から姿を消した。

実演の方ではその後もしばらく残っていたものの、戦争が激化するに従い、「兵隊漫才や兵隊喜劇そのものを演じることが国策的ではない」といった批判を受けるようになった。兵隊の士気の向上が求められる敗戦直前に、兵隊漫才の殆どが駆逐されたのは皮肉といえば皮肉であった。

さらに、戦線にいる師団の慰問や日の丸の御旗がたなびく軍部・官僚のお座敷、会合の場においては「兵隊批判以外はなんでもあり」といった風潮さえあったのもまた皮肉であった。庶民には国策・時局という名前で自粛や我慢を強いておいて、軍部や官僚の席においては自由自在にネ夕を披露できたというのも、何とも皮肉であった。

花園愛子の戦死

戦地慰問の悲劇ということで絶対に無視できないのが「花園愛子の戦死」である。NHKの朝の連続テレビ小説『わろてんか』（二〇一七年）でも、この花園愛子の戦死と思《おぼ》しきシーンが登場したが、それほど衝撃的な事件であった。

一九四一年六月二十日、広島県宇品港から塘沽に向かって、慰問団十名が出発した。団長は東京漫才の人気者であった桂金吾。団員は金吾の妻で相方の花園愛子、同じく東京漫才の大和家かほる・宮川貞夫。それに、奇術の松旭斎清子《しょうきょくさいきよこ》（四十七歳）。小清（十八歳）・清美（十八歳）、声帯模写の西村定夫《にしむらさだお》（二十一歳）、浪曲の筑紫富士夫《つくしふじお》（三十一歳）、三味線の新山愛子（二十二歳）であった。桂金吾・花園愛子は東京に娘を残して、戦地へと赴いていた。慰問に出る際、愛子は金吾に向かって「家と同じように貴方と呼ぶのではおかしいから、慰問に出る以上は団長さんと呼びます」と誓いを立てて、他人に徹していた。

宇品港から海を越え塘沽港へ降り立った一行は、北京、開封の師団司令部から北支一円を巡演していた。済源の小林部隊を訪ねた後、封門口から大店の警備隊を慰問する予定で、七月二十二日八時半、四両編成のトラックで出発した。封門口に通じる峠を移動中の連隊と慰問団の前に、突如二〇〇名あまりの敵兵が襲い掛かってきた。敵は無線を遮断し、トラックへの攻撃を行った。その激戦に巻き込まれた一行は、自らも銃や手榴弾を持って応戦に出た。銃撃戦の中で愛子は重傷を負った運転手の救助を試みた。運転手に近づいた瞬間、敵の銃撃によって倒れた。

猛攻の中を何とか運び出され、すぐさま応急処置を受けたが、愛子のケガは致命的であった。敵襲を何とか撃破したものの、愛子は出血多量のために息を引き取った。

亡骸は輸送上の関係から、他の戦死者と一緒に荼毘に付され、金吾に手渡された。金吾は小清を臨時の相方にして慰問を続けた。戦死の悲しみをこらえて、遺骨を抱きながら各地を回る様子はたちまち戦時美談として、各部隊や本土に喧伝された。

部隊長や高官たちは慰問団を厚遇し、敬意を表した。八月に北京へ赴いた際には官民一体の愛子の追悼式まで行われた。陸士三羽烏のひとり岡村寧次大将をはじめ、多くの高官が列席し、生前の功績を称えたというのだから破格の待遇であった。

そうして帰国をしてきた慰問団を、多くの新聞記者や軍事関係者が出迎えた。愛子の無言の帰還はすぐさま新聞や雑誌に取り上げられ、「芸人の誉れ」といった形で賞賛された。当時の新聞や雑誌を見ると「妻の遺骨携へ前線慰問　郷里の愛娘から激励の手紙」、「桂金吾涙の帰還」「死の慰問の遺骨帰る」といった見出しで、その美談が大々的に取り上げられている。

陸軍は花園愛子の死を「軍属の戦死」と認定し、改めて浅草東本願寺において、「帝都漫才協会葬」という形で本葬が行われた。

この葬儀には三〇〇〇人近い弔問客があり、その中には東条英機の妻・かつ子、恤兵部監藤村益蔵、高官や士官、多くの芸人が列席した。かつ子は直々に金吾夫妻へお悔やみと慰めの言葉をかけ、藤村益蔵は立派な弔辞を読んで関係者を感涙させた。

軍部や民衆の大きな話題となった花園愛子の戦死は、一躍「軍国の母」「日本女子のあるべき姿」といった戦意高揚や戦争協力といった面が付加され、大々的に持て囃された。新聞報道は言うまでもなく、雑誌や書籍にも花園愛子の悲劇や奮闘が「美談」として続々と掲載された。山路幸雄は『国民娯楽演芸読本』なる芸能本の中で、愛子の戦死を劇的に記し、作家の山本初太郎は『漫歳師一家』と題して、愛子を失った金吾と娘の健気な姿を記した。

婦人雑誌はこの花園愛子を、「銃後女性の見本」と高く評価をしていた。『日本女性』（一九四一年十月号）に、「魂魄兵と共に生く　慰問團の草花園愛子の戦死」と題し、漫談家・西村楽天の追悼文を掲載、『婦人倶楽部』（一九四一年十一月号）も「戦死に輝く妻の霊を護りて」と題した桂金吾の談話を掲載している。

その流行は、大人・婦人向けの雑誌に留まらず、他のメディアや舞台へも広がっていった。吉田春・佐藤大朗子は花園愛子をモデルにして「母は漫才師」と題した紙芝居を発表、紙芝居屋がこれを口演し、子どもたちへ花園愛子の美談を伝えた。また、この戦死を扱った演劇やドラマなどが舞台で上演されることもあった。

これだけ漫才師が大々的に取り扱われた例はかつてなかった。当時、日本は太平洋戦争開戦直前、国家的なまとまりも軍隊も一番勢力を持っていた時代である。さらに太平洋戦争突入寸前の高揚感が、花園愛子顕彰を盛り立てる契機となったのではないか。

これがもし数年ズレていたら、花園愛子の戦死はこれほど大きく取り扱われはしなかっただろう。無論、今日的に見れば、戦争に利用された一面は否定できない。当時の記録や小説を見ると、花園愛子の中にあった銃後の妻の鑑、戦時下の芸人の美談ばかりを誇大化して、取り上げている。実際の花園愛子は温厚で子煩悩で、コーヒーが好きな女性であったという。巨大なイデオロギーや理念とは縁がなかっただろう。

一方、花園愛子の戦死は漫才界に多大な恩恵を与えることにもなった。花園愛子の戦死を知った漫才師たちは、彼女の死を悲しみ、惜しむと同時に「漫才師もお国のためになれた」「漫才師も表を歩けるようになる」と自信をつけるようになった。皮肉と言えば皮肉である。

ちなみに生き残った桂金吾は、一人娘を育てる傍ら、松本アオバなる女性とコンビを結成し、漫才師を続けた。

一九四三年一月、南方慰問の途中で乗船していた平陽丸が米軍の魚雷で撃沈、海に投げ出される災難に遭遇している。溺死寸前のところを味方の船に救い出され、命拾いをしている。

二度も命拾いした金吾であったが、帰国後は思うところあって漫才界から距離を置くようになり、敗戦後は事実上廃業している。その後は旧知の漫談家・柳家三亀松《やなぎやみきまつ》のマネージャーをしたりして娘の成長を見守っていたが、後年、再婚をして「浅井清治郎」と姓が変った。

晩年は伊東温泉近くで芸者屋を経営。一人娘も六代目古今亭志ん馬に嫁いで孫にも恵まれた。最晩年は芸者や孫に囲まれて、平穏無事な日々を過ごしたそうで、一九八一年八月十八日、八十二歳の天寿を全うして花園愛子の下へと旅立った。

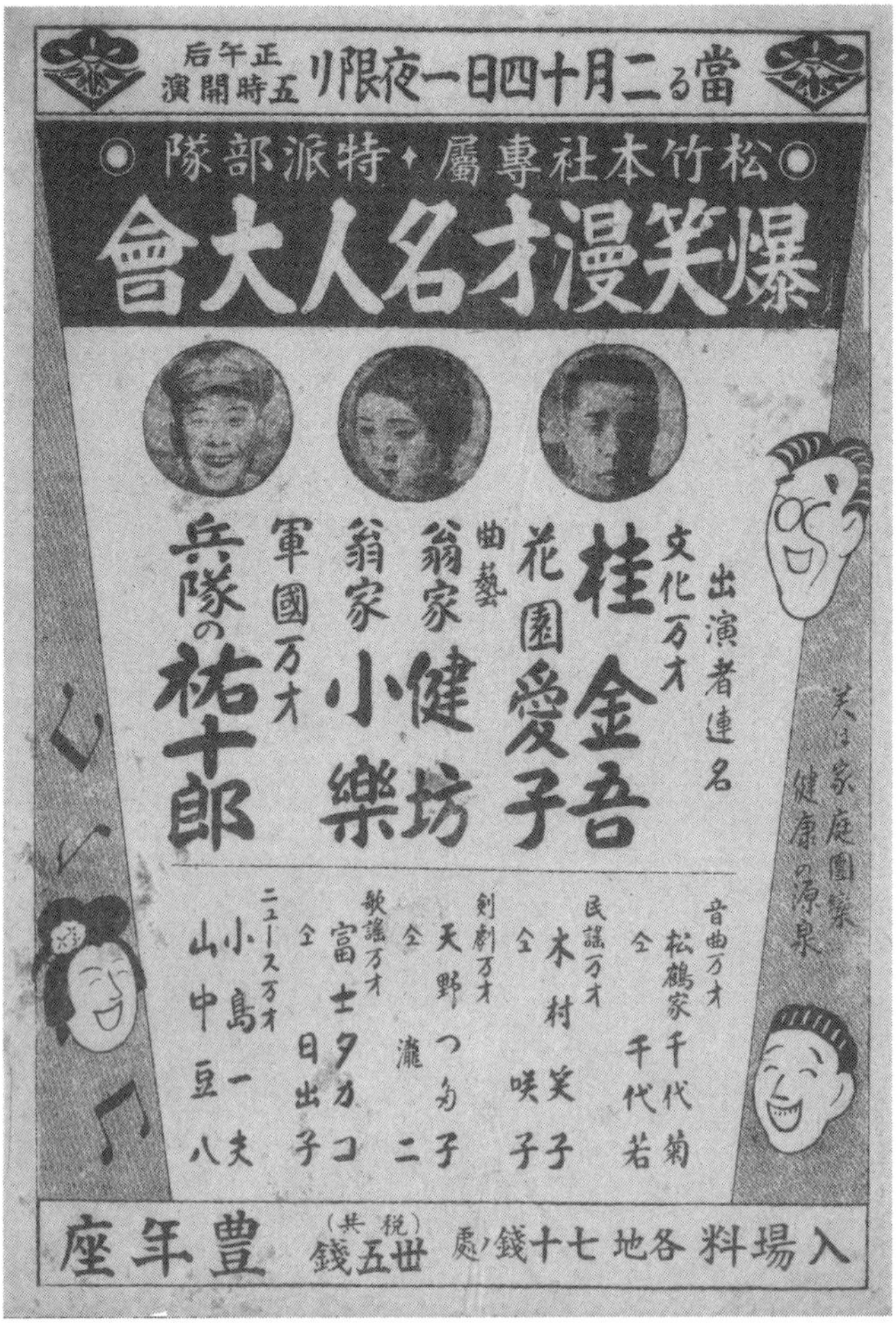

桂金吾・愛子を座長とした漫才大会の広告。
丸枠の顔写真は右から桂金吾、花園愛子、兵隊漫才で売った曾我廼家祐十郎。
出演者には金吾を兄貴分と慕った松鶴家千代若・千代菊の名前も確認できる。
(著者蔵)

挙国一致と帝都漫才協会

戦地へ慰問に出ることだけが戦時協力ではない。漫才界も非常時を建前に、様々な協力や統制を実施し、体制の強化を計った。

まず着手されたのが「帝都漫才組合の再編」であった。

一九三五年の帝都漫才組合結成後、運営の問題や諸般の事情ですぐさま分裂し、群雄割拠のような有様になっていた漫才界にとって、業界の統合と協会の再編は急務であったといえよう。

警視庁や役所は戦時中を盾に、「芸人たちは、警視庁公認の協会に所属し、身元を証明せよ。協力しないものは鑑札免許を発行しない」と、国家や軍部への協力を建前に強気な姿勢を見せた。数ある団体の統合や合併を推し進め、巨大組織が次から次へと出来上った。当然、漫才師たちもこの要請には従わざるを得なかった。これまで無所属だった漫才師たちも、協会や団体へ入会するようになり始めた。

中には本職は漫才師ではないものの、漫才師という形で帝都漫才協会に入った変わり種も存在する。戦後落語協会で活躍した曲芸師の東富士夫《あずまふじお》、粋な音曲で人気のあった落語家・二代目文の家かしく、チンドン屋で活躍した瀧の家五朗八、春日井声昇（小幡欣一）、民謡出身の夫婦漫才、和田如月・永澤千恵子（本名は和田定治と松村千恵子）などである。

自分達の芸ではどこの協会にも入れてもらえない、更には戦争や不景気で生活ができないので、漫才協会に入った苦労人も多かった。

一九四〇年九月、これまで分裂していた漫才師たちは再び手を組んで「帝都漫才協会」を立ち上げた。

当時の新聞や資料を見ると、会員は四三〇名あまり。五年前に帝都漫才組合が出来た時よりも二倍近くの会員数になっている。『都新聞』（一九四〇年九月二十三日号）に、帝都漫才協会結成の理念と幹部の顔触れが掲載されている。

漫才協會結成　クスグリも國策極力　各自の生活も刷新

警視廳統制下の技藝者團体の一翼たる帝都漫才協會は廿一日午後十時より浅草松屋六階特別食堂を會場に創立総会、続いて発会式を挙行、新体制の発足を踏出したがこの傘下に集まる漫才實に四百三十餘名、大久保源之丞を名誉會長に、戸村禮文氏を相談役に、會長以下の役員は次の通り選任された

（會長）林家染團治　▽（副會長）大朝家五二郎、大道寺春之助、千代田松緑　▽（會計）玉子家源一、前田勝之助

（理事）天津城逸郎、荒川小芳、桂喜代楽、浮世亭銀猫、砂川捨勝、小櫻金之助、松島家圓太郎、勝昌介、松尾六郎、小山慶司、荒川清丸

なほ漫才ではない曲技、漫藝等も更にこの協會の一翼として全藝部を組織、この會員五十名、

その理事として日の出家笛亀、曾我廼家祐十郎、桂一奴の三名が選ばれた、ところでこの漫才協會が採つた新体制的な仕組といふのは殊にもこれからの漫才は、舞台にあつては常に国策順應の心構へを忘れないと共に下品なクスグリや卑猥な藝を避け、舞臺外にあつても世の指導を受けるやうな生活をして行かなければならないのは言ふを俟たないが、それには従来のやうな取締当局や協会側の選示にはかり頼つてゐては効果が挙らないといふ譯で案を優つた結果、全會員を地域的に十二部に分け、これに前記十一理事と會計係の玉子家源一を加へた十二名がそれぞれ部長となつて、自分の部に属する會員達の行動共にそれの責を任じて、他部に負けないやうにして行かうといふ譯で、この効果に對しては、取締当局も相当期待を掛けてゐるやうである

文中にあるように、この帝都漫才協会再編に伴い、「全芸部《ぜんげいぶ》」という新しい団体も組織された。「全芸」とは、雑芸・珍芸全般を指している。この部には、どこの協会にも入っていない色物芸人――百面相、奇術、アクロバット、曲独楽、音楽漫談、珍芸、役者などが入会した。嫌な言い方をすれば、どこの協会にも入れない雑芸人の最後の受け皿のような機能もあったようである。そんな芸人たちもすべて受け入れたこともあって、帝都漫才協会は演芸団体の中でもずば抜けて会員数を誇るマンモス団体へと成長した。

一九四三年には「帝都漫才協会」が発展・再編される形で東京支部・関西支部が置かれた。東京支部の会長には大朝家五二郎が選出され、副会長には千代田松緑、林家染団治が就任。さ

らに、評議員、区部長、幹事といった新しいポストを設置している。評議員は古老の名誉職だったようなので割愛するが、ここで注目すべきは「区部長・幹事」という職種である。

帝都漫才協会は会員たちの住所を十二等分にし、それぞれを一区として管理を行った。区の中の有識者や人気者を「幹事」として取り立て、他の会員たちの監視や統制に当たらせた。幹事たちは、本部から出されたお達しや取り決めを全員に連絡し、スケジュールや会費を管理する責務を負った。そして、幹事の中から「〇〇区部長」と称する役員を選出し、本会議や寄合へと出席させた。今日でいえば、町内会の役員から選出される代表や区長のようなものであろうか。

しかし、この統合や再編でもとどまらないのが、戦争の恐ろしいところである。敗戦色が濃厚になればなるほど、一層の統合強化が推し進められた。講談落語協会、漫談協会、奇術協会、大日本太神楽曲芸協会も合併して「日本演芸協会」と味気ない団体へと変貌した。そして、漫才界の中にも、「東西の漫才を統合しよう」という動きが現れた。

一九四四年四月、「大日本漫才協会」が設置され、東西漫才は事実上の統合を行った。会員数は東京側だけで約一四〇〇名、関西はそれを上回ったのだから、芸能団体随一の大所帯だった。本部の会長は帝都漫才組合以来の重鎮、大久保源之丞。副会長は東京支部の元会長・大朝家五二郎、関西支部の元会長・浅田家日佐丸、芦《あし》の家雁玉《やがんぎょく》。相談役にはエンタツ・アチャコが置かれ、常務理事には林家染団治など東京勢三名、林田五郎など関西勢三名……とそれぞれ名のある漫才師たちが幹部を務めた。しかし、こうした統合や合併がうまくいくはずもなく、大日本漫才協会は大きな足跡も残せないまま終戦とともに瓦解した。

終戦直前の東京漫才

一九四四年頃に入ると、敗戦の気配がちらほらと目立ちはじめ、舞台や公演も不自由この上ない翳りを見せるようになる。

戦況の悪化や本土決戦の噂が現実味を帯びるようになると、これまで慰問や年齢でお目こぼしを受けていた漫才師たちにも赤紙が届くようになった。本土の部隊に回され、防空壕や軍事訓練を命じられた漫才師たちはまだ恵まれた方であった。

ソ連国境や南方に送られたものは悲惨以外の何物でもなかった。都上英二はビルマ戦線、宮田《みやた》洋容《ようよう》は沖縄戦に送り込まれている――ただ、それでも生き残った面々はまだ幸運な方であった。

あきれたぼういずと人気を競い合ったハットボンボンズのメンバー、丸の内街男は一九四二年に召集され、北支に送られたが病に倒れ、一九四三年五月、野戦病院で戦病死。あきれたぼういずの初期メンバーであった芝利英も、一九四五年五月に中国で戦死。さらに、川田義雄が結成した「ミルクブラザーズ」のメンバーで川田の弟でもあった岡村龍雄《おかむらたつお》も一九四四年、グアムで玉砕。

戦前を代表するボーイズの三つのグループのメンバーがそれぞれ戦死という最期を遂げたのは大きな損失であったのはいうまでもないだろう。

一九四四年に入ると空襲が頻繁になった。日本軍の拠点が奪われるほどに、その数は増し、遂には大空襲へと至った。空襲の被害は数限りなくあるが、その中でも特に悲惨だと語りつがれているのが、三月十日と五月二十五日の東京大空襲である。三月は下町を中心とした地域が爆撃され、五月は山の手を中心に爆撃された。死者は十万を超え、多くのけが人も出た。こうした空襲は当然、漫才師たちの身にも降りかかった。

特に被害が大きかったのは下町の爆撃が行われた三月十日の大空襲である。浅草・入谷・深川近辺の爆撃は、甚大な被害を及ぼした。浅草近辺は芸人たちの一大集落である。そこを集中爆撃されたのだから、ひとたまりもなかった。戦前の東京漫才の資料や写真が少ない背景には、こうした空襲や火災が大きく影響している。

空襲が終わった後、残っていたのは一面の焼け野原と数えきれないほどの死体であった。作家の高見順は日記の中で「(三月)十日の空襲で、貞山、李彩、扇遊、岩てこ、丸一丸勝、梅川玉輔が死んだ。講談の燕樂、浪花節の愛造、越造等行方不明。」と記しているが、これ以外にも罹災死を遂げたものや、家族を失ったものも多数いたのはいうまでもない。

寄席の色物として人気のあった寿家岩《ことぶきやいわ》てこ、帝都漫才協会の幹部だった梅川玉輔《うめかわたますけ》の死は大きな痛手だった。

寿家岩てこ(本名・佐藤岩二)は、一八九六年四月十四日、東京生まれ。父は初代岩てこ、先祖は伊勢派大神楽宗家佐藤斎宮という名門の出身であった。幼くして「寿家小岩」として舞台に立っていた。長らく茶番の名手として知られていたが、後年〆の家〆蝶(本名・宮崎きく。一八九八年八月三十一日生まれ。)とコンビを組んで、漫才師に転身。古風な話術を得意とし、色川武大や小沢昭一も愛した、寄席には欠かせない芸人だった。

梅川玉輔（本名・梅川正三郎）は、一八九四年生まれ。元々四代目桂文都《かつらぶんと》と名乗る関西の落語家であった。父は上方落語の名手とうたわれた三代目桂文都。こちらもサラブレッドであった。当初は落語家で、御曹司として相応の地位に就いたが、当人の気質の問題と廃れ行く上方落語の中で落語家を廃業し、漫才師に転向。後に東京へ移住している。親の名跡を継ぎながらも漫才で成功した稀有な存在であった。

米軍の空襲は連日のように繰り返され、寄席や劇場は灰燼に帰した。当時の寄席広告を見ていくと凄まじい勢いで閉鎖、移転を繰り返している様子が窺える。焼け残った寄席や劇場は空襲や火災に怯えながらも興行を打ち続けたというのだから驚異である。

家や財産を焼かれた芸人たちの多くは物資や資金を確保しに地方巡業に出るか、縁故を頼って郊外や田舎へと疎開をすることとなる。

八月六日には広島に原爆が投下された。この時、市内で巡演していた関西の松鶴家《しょかくや》団之助《だんのすけ》・華井秀子、市川歌志《いちかわうたし》、更に少年兵として陸軍兵舎にいた荒川芳坊（喜味こいし）が被爆をしている（全員一命はとりとめている）。さらに九日には長崎に原爆が投下された。

一九四五年八月十五日。日本は無条件降伏を受け入れ、長い長い戦争が終わった。

第五章

焼け跡から立ち上がる

トップ・ライトと道郎・昭二の出現は漫才界における大きな衝撃であった。
左よりコロムビアトップ、コロムビアライト、南道郎、国友昭二　（著者蔵）

敗戦と漫才

八月十五日の終戦と同時に平和が訪れ、空襲や召集におびえることはなくなったものの、これまで「勝利」を信じて一致団結をしていた日本国民からすれば、敗戦は大きな衝撃と落胆であった。建物という建物は徹底的に焼き払われ、鉄道網や流通網も復興ままならぬ状態が続いていた。戦時中より続いた配給や物資統制は既に機能せず、人々は買い出しや闇取引を余儀なくされた。漫才界における太平洋戦争の傷跡は決して小さなものではなかった。そんな「敗戦」の現実は、漫才師たちに大きなダメージを与えるのに十分過ぎた。特に大きな悲劇として記録されるのは、敗戦による満洲の崩壊とシベリア抑留である。満洲からの引き揚げについては、本人の自伝や井上ひさしの戯曲『円生と志ん生』、NHK大河ドラマ『いだてん』に登場する古今亭志ん生の逸話が有名であるが、漫才師たちもまた引揚げで大きな苦労をした。

朝鮮・中国・満洲に取り残された漫才師や関係者は、富士廼家《ふじのや》幸三郎《こうざぶろう》・愛子《あいこ》、英伊佐男《はなぶさいさお》・川畑《かわばた》やなぎ、坂野比呂志・小林美津子、荒川芳夫《あらかわよしお》・千枝子《ちえこ》、上方漫才の浅田家日佐丸・平和ラッパ、秋田実、作家の瀬戸口寅雄《せとぐちとらお》。また若き日のリーガル天才、新山ノリローなどがいる。

曲芸漫才の富士廼家幸三郎・愛子（戦後曲独楽の芸人に転身）、英伊佐男・川畑やなぎ一行は、河北省張家口で終戦を迎え、取り残された。この時、慰問団の引率者として付いていたのが、戦後、大衆作家として活躍した瀬戸口寅雄であった。

彼らは自警団を結成し、敵襲を警戒しながらその日を送っていたという。幸い、彼らのいた地域が国民党の支配下にあり、国民党が「日本人の引き揚げに協力する」という方針を取っていたこともあって、他国に移送されることなく、引き揚げることができた。

一方、満洲に取り残された慰問団は悲劇の連続であった。

坂野比呂志を団長とする慰問団は、新京で敗戦に遭遇している。坂野を団長に、荒川芳夫・千枝子、講談の国井紫香《くにいしこう》、それに落語家の古今亭志ん生、三遊亭圓生が一座のメンバーであった。坂野は自伝『香具師《やし》の口上《たんか》でしゃべろうか』の中で終戦と引揚げの経緯を語っているが、そこには凄惨な現地の様子が生々しく描き出されている。

満洲入り当初は平和な環境を満喫していたが、終戦に遭遇し、急に暗雲が立ち込めるようになった。慰問芸人を統括していた満洲映画協会の理事長・甘粕正彦は服毒自殺を遂げ、協会は自然消滅。芸人の多くは路頭に迷う羽目になった。慰問団はバラバラになってしまい、坂野は病身の妻・美津子を抱えながら、愛人のノイ子、それに荒川夫妻と一緒に満洲各地を逃げ惑った。

満洲に取り残され、引揚げを待つ人々も悲惨であったが、もっと悲惨であったのはロシア軍に連行され、シベリアに抑留された人物である。有名無名を問わず、多くの日本人が極寒のシベリアに送られ、強制労働や過激な思想改造によって命を落とした。

中でも、東キタハチのシベリア抑留は東京漫才にとって大きな痛手であった。キタハチは生きながらえて復員したものの、この抑留が原因で戦後大きく出遅れることとなった。他にも戦後活躍した美田朝《みたちよう》かんなども抑留されている。そんな辛い経験を心にひめながら、彼らは舞台に上がっていたのである。

一方、国内は国内で大変な状況が続いた。度重なる食糧難にインフレ、見通しが立たない日本の未来――不安や苦労の積み重ねは漫才師の寿命を縮めることとなった。さらに、苦労から逃れるために乱用された覚醒剤（ヒロポン）やメチルアルコールなども命取りとなった。

敗戦から僅か十年足らずの間に東京漫才の担い手が次々とこの世を去っている。

終戦直後には千代田松緑、林家染次郎、関東猫八。一九四七年十二月には都家福丸、一九四九年五月には東キタハチ、同年十二月には中村目玉が亡くなり、一九五〇年には青空ライト、一九五二年には港家柳歌《みなとやりゆうか》――と、大看板が立て続けになくなっている。

こうした芸人の死は、漫才界のみならず、芸能界全体の損失だった。ただ、混乱状態にあった敗戦直後の情勢の中において、死亡が判明しているだけまだマシな部類なのかもしれない。誰にも看取られないで、亡くなったことさえも知られていない芸人もまだまだいることであろう。

実際、一九四四年には一四〇〇名（七百組超）と言われた漫才師たちは、たった五、六年の間に一〇〇組足らずに激減した。

如何に戦中及び戦後の生活や生き残りが難しかったかを物語っている。

東京漫才の混乱と生き残り

敗戦直後、芸人たちは、劇場も寄席もない、金も食料もない、家も仕事もないというナイナイ尽くしに悩まされた。

そうした仕事不足や混乱は、芸人たちを都市部以外の地方へと赴かせるきっかけとなった。地方巡業には食料の確保と仕事をまとめてできるというメリットがあった。出演料や契約金の代りに物資や食料と交換することもあった。

芸人たちは地方巡業をしては食料や物資を仕入れ、東京で待つ家族や仲間たちの生活を賄った。中には田舎や地方に移住してしまう者もいた。

東京漫才の立役者の一組である桂喜代楽・愛子は、空襲で家を焼け出されたのを機に、故郷である三重へと疎開をした。戦後は名古屋に引っ越し、そのまま移住した。以来、東京に戻ることはなく、名古屋の芸人として後半生を過ごした。

戦前、安来節と漫才で大変な人気を博していた大和家八千代・酒井《さかい》義二郎《よしじろう》夫妻は敗戦直前に八千代の地元・島根へ疎開。戦後も東京には戻らず、七年もの間、山陰山陽地方を巡業して暮していた。安来節の名手で大スターであった八千代からすれば、地元のファンや贔屓連は古い仲間のようなものであり、気心も知れていた。地元では大スターの一座として優遇されていた。

安来節関係者は、地元の安来節一座と縁故を持っていたこともあってか、多くの人が地方へと戻った。大美不二《おおみふじ》・石谷紀美、吉本萬公《よしもとまんこう》・近江近枝《おうみちかえ》なども、戦中戦後に山陰地方へと戻っている。大美不二と石谷紀美は、安来節出身の夫婦漫才である。不二のとぼけた話術が売り物で、浅草では相応の人気があった。不二は帝都漫才協会の幹部に就任したものの、戦中の空襲や動乱を避けて故郷の山陰地方に戻ってしまった。

吉本萬公・近江近枝も安来節の芸人で、萬公は安来節界きっての琴の名手であり、琴の演奏を得意とした。こちらも安来節の衰退とともに漫才に転身している。お得意の琴を高座に持ち込んで、流行歌や民謡、俗曲などを巧みに演奏して見せるのが売り物だった。

戦前は松竹演芸部に所属し、萬公は帝都漫才協会の幹部も務めていた。しかし、戦争で家を焼け出された上に、松竹演芸部から事実上の契約解除をされたことにより、東京を離れた。

また、東京から遠く離れた九州に疎開をして、そのまま移住してしまった漫才師もいる。大空マナブ・ハマ子である。

マナブ（本名・志賀学）は、大分で竹細工の職人をやっていたが芸人を夢見て上京。同郷の先輩・大空ヒットの門下となって、漫才師となった。ヒットの斡旋で東京吉本に入社している。ハーモニカを曲弾きする漫才で人気を集めたマナブであったが、空襲の激化を避けて、大分に疎開した。戦後も東京には戻らず、長らく九州一帯を巡演して暮らしていた。戦後は大分ラクテンチの専属となり、その地で余生を送った。

こうした地方巡業や帰郷の激増により、東京から芸人たちがいなくなる現象が起こってしまった。さらに、疎開や引っ越しで、浅草や入谷などの芸人村が消滅したのも大きな変化であった。中には漫才では食えずに、廃業や転業を余儀なくされた漫才師も数多くいた。

仕事を失った漫才師のよくある転身先は興行師とマネージャーであった。昔から芸能界に身を置いていれば、その伝手《つて》がすぐさま反映できるこの仕事は正にうってつけであったといえよう。

帝都漫才協会会長を務めていた大朝家五二郎は敗戦後に一線を退き、興行師に転業している。弟子であった大朝家富久娘《ふくこ》を女番頭として使って、名興行師として辣腕を振るった。

同じく東京漫才の古老であった玉子家源一も相方の引退や諸事情から舞台を退き、興行師に転業。「玉子家芸能」の社長として、昭和五十年代まで芸人の斡旋や紹介業に力を注いだ。この他にも源一の兄、玉子家一丸や林家染松《はやしやそめまつ》も芸能社を設立し、昭和末まで活躍している。また、妻・花園愛子を失った桂金吾は柳家三亀松のマネージャーとなり、兵隊漫才の松川洋二郎は大空ヒットのマネージャーとして活躍をしていた。

さらに、自らの得意芸や出身を生かして転身を試みた漫才師もいた。

市村寿太郎（本名・河野春夫）は日本舞踊の師匠に転身している。しかも、江戸時代から続く日本舞踊の流派「江戸市山流」の師範代、家元代理にまでなった。他にも、日本舞踊や邦楽の師範として活動していた坂東多見子《ばんどうたみこ》、同じく舞踊の師範になった吉原家〆坊・〆吉、寄席の下座になった中村玉千代《なかむらたまちよ》など、自身の得意芸やポテンシャルをうまく利用した転職例であろう。

転業に成功した例もあれば、失敗した人もいる。中には、敗戦後の混乱に乗じて悪事に手を染め、逮捕されるというひどい例もある。

東京漫才黎明期より活躍していた浮世亭銀猫がその一例である。

一九五三年九月二十四日、「元漫才師がニセ医」という衝撃的な見出しが「読売新聞夕刊」に掲載された。

浮世亭銀猫（本名・肥後盛勝）は、一九〇四年の生まれ。戦前は浮世亭出羽三とのコンビで人気を集め、バイオリンを弾く漫才を売りにしていたが、一九四九年にコンビを解消。以来、生活に支障をきたし、闇医者をはじめるようになった。

横流しの医療品や薬を使って医者を詐称、無断で診療報酬を受け取った罪であえなく御用となった。

この他にも薬や物資の運び屋をやって御用となったもの、麻薬に手を出して生活を破綻させたもの、芸能界と縁を切ってしまったものなど、数多くいたことだろう。しかし、そうした芸人たちは何も言い残さず、何処かへと消えていった。

復興する東京漫才

再三述べてきたように、人材はいなくなり、物資調達も仕事もままならず、劇場や寄席は焼けてしまい、税金や検閲も厳しい。日本の未来が憂慮されていた時代であった。しかし、東京漫才はしぶとく頭を持ち上げ、復興の道を歩みはじめた。

彼らは焼け残った人形町末廣、神田立花亭、東宝笑和会、浅草大都、浅草松竹演芸場、東横地下演芸場などに出演するようになった。

ただ、どの会社も興行師も、専属の芸人や関係者だけで公演を成り立たせるほどの力はなかった。度重なる協会や団体の合併などによって、専属契約も契約金も曖昧になってしまったのも原因の一つであった。

何としてでも公演を復活させたい会社や興行師たちは、芸人の貸し借りや特別出演という形で混合公演を実施。所属や専属に関係なく、芸人たちをかき集め、演芸会を立て直した。東横地下演芸場などは吉本から芸人を借りて「吉本提供・東横演芸会」などといった形で興行を打っていた。芸人の貸し借りやカケモチ出演などは日常茶飯事であり、会社も芸人も「お互い様」の精神で興行を成り立たせていた。

そうした特例も幸いしたのか、終戦の翌月にはすでに数カ所で名人会や演芸会が開催されていた。終戦の年の暮れには「東宝名人会」「東宝笑和会」「東横有名会」「浅草松竹演芸場」の四つが定着したのだからたくましいものである。

また、戦後のラジオ放送の復活も大きな原動力となった。

戦時中、ラジオ放送は統制が敷かれ、演芸・娯楽放送は激減。放送できても空襲警報が入ればすぐさま中止になるような始末であった。しかし終戦を迎え、ラジオ放送に制限がなくなったことを知った大衆は、演芸や娯楽番組を放送に求めるようになった。

戦後しばらくの間は進駐軍の検閲があって関係者を当惑させたが、朗らかなネタや健全なネタはある程度お目こぼしを受けられ、空襲警報や臨時ニュースによる中止に振り回されることがなくなったのは大きな進歩だった。

人気者だったリーガル千太・万吉、東ヤジロー・キタハチ、内海突破・並木一路、青柳ミチロー・柳ナナ、叶家洋月・春木艶子などが再び演芸番組に出演するようになった。依然として突破・一路の人気は高く、混乱の情勢下で、一時間の特別番組が用意されたほどであった。

さらに世相が安定するに従って、ＮＨＫ第二放送や地方放送局が復活。多くの演芸番組やバラエティ番組が誕生した。

また、女流漫才師の活躍も見逃せない。戦後、女流漫才は凄まじい躍進を遂げた。

かつて女性漫才師は、夫や師匠といった男性漫才師の下につくか、若い女性同士で組んで売り出すより他はなかった。舞台では女性優位の漫才を演じていても、家庭では旦那を立てねばならず、女性同士で対等なコンビを組んでみても、結婚や出産、加齢などによる引退がつきまとい、長く続くコンビは稀であった。

それが「男女同権」「女性進出」といった女性の権利が謳われ、父権社会・家制度が強く根付いていた日本に大きな改革がもたらされた。当然それは漫才にも反映される。

隆《たか》の家栄龍《やえいりゆう》・万龍《まんりゆう》、森信子・秀子、大朝家《だいちようや》美代子《みよこ》・三桝《みます》静代《しずよ》、マキノ葉子・日の本照美、大江《おおえ》笙子《しようこ》・内海《うつみ》桂子《けいこ》、西〆子《にししめこ》・東和子《あずまかずこ》、春日《かすが》淳子《じゆんこ》・照代《てるよ》といった女流コンビが雨後の筍のように誕生した。無論、彼女たちの多くは家庭の事情や生活難といった問題を抱えており、「女流漫才で革命を起こしてやろう」という目論見は余りなかったようである。生きるために女流コンビを結成した一面も否定できない。

しかし、これまでワキに追いやられていた女流漫才がこれだけ人気を集めるようになったのはかつてない現象であったといえよう。そうした漫才の台頭に一部の知識人や古老は眉をひそめたが、大衆はこれを受け入れた。

また、進駐軍キャンプへの慰問という活路を見出して生き残った漫才師もいる。

敗戦後、日本にやって来た進駐軍は、各地にキャンプやクラブを構えた。そして、進駐軍はキャンプの娯楽場やパーティーなどで芸や踊りを見せてくれる芸人を求めるようになった。これが「進駐軍慰問」のはじまりである。外国人相手の慰問という特殊な条件こそ付いたが、高額な謝礼に加えて進駐軍キャンプ内で出される豪華な食事やおみやげは、大きな魅力であった。

進駐軍慰問でよく受けたのは、楽器演奏や踊り、それに曲芸と奇術であった。要するに「言葉がわからなくても見て楽しめる芸」がもてはやされた。

進駐軍への慰問を目の当たりにした漫才師たちは、「曲芸漫才」「珍芸漫才」と名前を変えて、進駐軍慰問の審査に望んだという。ちょっとした発想の転換ではないか。

その中で、大津検花奴・菊川時之助、春の家金波《きんぱ》・銀波《ぎんぱ》、森ダットサン・トラック、太刀《たち》村一《むらかず》雄《お》・筆勇《ふでゆう》、高波《たかは》志《し》光児《こうじ》・光菊《こうぎく》などはその技芸が認められ、進駐軍キャンプへの出入りを許された。花奴・時之助は、太神楽風の傘の曲芸やバチと鞠の曲芸を得意とし、金波・銀波は逆立ちやバク転などのアクロバットを得意とした。

森ダットサン・トラックはちょっと特殊で、「お笑いボクシング」なるコント風の漫才を得意とした。両人ともボクサー姿で舞台にあがり、ボクシングの真似事をする。小柄な女性のダットサンが大柄な男性のトラックを翻弄するボクシングコントで人気を集めた。ボクシングさえ知っていれば、言葉が通じなくとも理解できる芸とスタイルが進駐軍慰問で受けるのも当然である。

一方、太刀村一雄・筆勇は、「相撲漫才」という純和風の漫才を得意とした。肉襦袢に大銀杏、褌を身に着けた二人が、舞台で四股を踏みながら、相撲の四十八手を演じる身体を使った漫才であった。顔も恰幅も良い筆勇が、痩せた一雄をどつき倒す痛快さが売りであったという。

この一雄・筆勇は古い漫才師で、一雄は玉子家円辰や、東喜代駒とコンビを組んでいたこともある。筆勇は元々女道楽の花形であったが、一雄と結婚してコンビを組んだ。

高波志光児・光菊は、トランペットの演奏と奇術を得意とした芸尽くしのコンビであった。所作が華やかだったから進駐軍でもウケた。

光児・光菊の当たり芸は、マイケルジャクソンで名高い「ゼロ・グラヴィティ」風の曲弾きであった。斜め四十五度近い角度を保ちながらラッパを吹き続け、徐々に元の姿勢に戻っていく、という驚異的なパフォーマンスを得意とした。

他にも若い娘漫才師たちがグループを組んで「女性バンド」として進駐軍に出入りしたり、「日本舞踊」という形で舞踊を得意とした漫才師が審査に合格する例もあった。

敗戦国民からしてみれば悲喜こもごもの進駐軍慰問であったが、そこから芸の力で厳しい時代を乗り越え、一躍名声を確立した芸人が出てきたのである。そして進駐軍慰問のおかげで芸を続けることができた芸人がいたのも、また紛れもない事実であろう。

ラジオ復興期における東京漫才のスターたち

次に、戦後のラジオブームにのって大活躍した漫才師たちを紹介しておこう。

今でも語り継がれている漫才師たちがメキメキと売れ出したのは、ちょうどこの頃である。敗戦によって言論に自由がもたらされ、長らく抑圧されてきた笑いが解放され、お笑いを担う芸人たちは大きな飛躍を遂げることとなった。

都上英二・東喜美江

ギターとハーモニカ、三味線を合奏する漫才と文芸作品をテーマにしたネタで一世を風靡したのは、都上英二・東喜美江である。

都上英二（本名・股村太三夫）は、一九一四年十二月一日、福岡県久留米市の生まれ。独身時代は「淵上太三夫」と名乗っていた。

学校卒業後、奉公に出て商売をしていたが、歌手になりたい夢を持ち、大阪へ上った。そこで荒川芳丸一座の世話になり、「荒川龍一《あらかわりゅういち》」という芸名をもらった。この関係から荒川芳丸門下と書かれる場合もあるが、英二自身はレコード『東京漫才のすべて』の対談の中で「芳丸には殆どあったことがない」とあまり縁がなかったと明言している。

その後、相方をとっかえひっかえして、「ドロンの龍一」とあだ名されるほど、一座や相方を転々としたが、一九三三年頃、相方を探していた大空ヒットにスカウトされ、「青空クリーン・ヒット」を結成。間もなく「大空クリーン・ヒット」と改名している。ヒットからはギターとハーモニカを一緒に演奏する芸を習い、これを後年の当たり芸に仕立て上げた。

その後、民謡の正司利光一座の座員となる。座長の三人娘が歌江、照江（後に照枝）、花江――後の「かしまし娘」であった。

この一座で喜美江と出会う。大空ヒットとのコンビを解消し、「都上英二」と名を改めた。喜美江と結婚するまでの間は正司歌江とコンビを組んでいたこともある。

相方で妻の東喜美江（本名・股村喜美江）は、一九二六年一月十五日、北海道の生まれである。両親は漫才師で東若丸・君子（股村勘次郎・キエ）といった。東喜代駒の名前弟子に当る。母・キエの従姉妹に塚田ムメという女性がおり、彼女の娘は東和子という漫才師になっている。「東喜美江と東和子は親戚」ということになる。

両親が芸人だけあって喜美江は幼くして厳しく芸を仕込まれた。その甲斐あって、わずか十歳にして天才少女の名をほしいままにし、一座の花形となった。正司歌江をして「この人には負けられない」と奮起させるほどの才能の持ち主であった。

一座にいた二人は、若丸・君子の承諾を得て結婚。一九四一年、上京して、夫婦漫才「都上英二・東喜美江」を結成。喜代駒一門という形で売り出した。美人で小柄な喜美江が、二枚目で大柄の英二を徹底的にやり込める女性優位漫才と達者な音曲漫才で注目を集めた。

二人が東宝笑和会からスカウトされ、大劇場に進出した矢先の一九四一年冬、都上英二に召集令状が届き、コンビはいったん解消。英二は南方戦線に送られ、喜美江は父・若丸と臨時コンビを組んだり、一人で三味線漫談を演じたりして、夫の帰還を待った。

英二の復員後、コンビを復活。明るく達者な漫才はラジオや寄席で歓迎され、一躍スターダムに上りつめた。

「君と一緒に歌の旅、唄えば楽しユートピア、昨日も今日も朗らかに、陽気な唄の二人旅、ギター弾こよ三味弾こよ、弾けば一人で歌が出る」

中野忠晴のヒット曲『バンジョーで唄えば』（作曲＝服部良一）を替え歌にしたテーマ曲は英二・喜美江の代名詞とまで謳われたほどである。

全盛期の二人は、ＮＨＫの専属漫才師のような扱いを受けた。その人気はすさまじく、映画出演やテレビの試験放送に抜擢されるほどであった。さらに雑誌や新聞にも英二・喜美江の姿が大きく掲載され、家庭や芸歴に密着したドキュメンタリーラジオ番組にも取り上げられた。

宮島一歩・三国道雄

楽器も歌も一切用いない立体漫才で、千太・万吉、突破・一路と並ぶほどの人気を集めたのが宮島一歩《みやじまいっぽ》・三国道雄《みくにみちお》である。

喜劇で鍛えた間と演技力をたくみに生かした漫才が売りで、アメリカの喜劇やコメディ映画に強い影響を受けた都会風のネタを得意とした。二枚目然とした一歩が突拍子もないボケを連発し、デップリ太った三枚目然の道雄がこれを諫める、凸凹コンビぶりも売りであった。

　ボケ役の宮島一歩（本名・三島末治）は、一九〇六年十月七日、大阪府の生まれ。元々は俳優で、喜劇の田宮貞楽一座の二枚目として活動していた。その後、吉本に入り、喜劇出身の林百歩《はやしひやっぽ》とコンビを組んで「宮島一歩・林百歩」として漫才師になった。

　後に、貞楽一座の同僚の三国道雄を誘ってコンビを結成。「一歩の道を進む」という言葉を芸名にして「一歩・道雄」と名乗った。

　ツッコミの三国道雄（本名・三岡濱雄）は一八九六年二月六日、兵庫県神戸市の生まれ。田宮貞楽一座では女形として働いていた。

　二人は当初は大阪で活躍していたが、後に東京吉本に移籍し、吉本の劇場に出るようになった。明るくハイカラな漫才で注目を集め、東京漫才の新鋭として評価されていたが、諸事情によりコンビ活動を休止した。

　一歩は先輩の浪速マンマルにスカウトされ、「浪速マンルイ」と改名。「浪速マンマル・マンルイ」のコンビで放送や慰問を中心に華々しい活躍を続けた。一方の道雄も別人とコンビを組んだり漫談で舞台に出ていたが、二人ともコンビ解消を明言することはなかった。

　二人はその後、「何度も別れてはコンビを復活させる」という変則的な活躍ぶりを見せた。ちなみに敗戦後にコンビを復活させた後は、一線を退くまでの間、一緒に行動をした。

　関西訛りの残る口調が玉にきずであったが、卑しいところがなく、間の取り方がうまくて、勉強熱心だったところから重宝がられた。

十返舎亀造・菊次

如何にも粋でイナセな掛合と「アッシは旅なれてますから」のフレーズで人気を集めたのが十《じっ》返舎亀造《ぺんしゃかめぞう》・菊次《きくじ》である。リーガル千太・万吉、都上英二・東喜美江と並んで寄席漫才の大家として知られた。日本芸術協会に所属し、大看板として活躍した。

今日では、立川談志が敬愛した漫才師としても知られているようである。談志の著作を読んで亀造・菊次の存在を知った人もいるのではないだろうか。なお、一部文献などでは「夫婦漫才」とあるが、これは誤解である。亀造・菊次は一切の血縁も婚姻関係もない他人コンビであった。赤の他人でありながら、夫婦以上の息の上手《うま》さを見せたのも高評価の一因だった。

ボケ役の十返舎亀造（本名・石橋諦治）は、一九〇〇年十二月十一日、千葉県千葉市の生まれ。実家は農家であったが、小学三年生の時に上京。一九二一年に五代目三遊亭圓生に入門して、落語家になった。関東大震災後に太神楽の鏡味小仙の門下へ移籍、「丸一亀造」の名前で太神楽の口上や後見役として高座に上がるようになった。

一九四一年頃、丸一一門を離脱して、漫才師に転向。縁起物の「十返の松」から着想を得て「十返舎亀造」と名乗り、友人の紹介で「十返舎亀造・住江」のコンビを組んだ。このコンビで敗戦後まで活動していたが、一九四六年、住江が結婚することとなったために解散。隆の家万龍とコンビ別れしたばかりの山路はるみをスカウトし、「十返舎亀造・菊次」として再出発を図った。

ツッコミの菊次《きくじ》（本名・山下富美江）は、一九一二年、東京の生まれで、両親ともに芸人であった。幼い頃から舞踊や音曲を仕込まれ、女道楽「春本連」に加入し、活動していた。後年、漫才界に入り、牧タンゴという漫才師と結婚。コンビを組んで「牧タンゴ・山路はるみ」と名乗った。浅草で人気を集めていたが、タンゴと死に別れている。

タンゴ亡き後、大倉寿賀若という先輩漫才師と再婚。寿賀若（本名・一菊丸二）の戸籍に入り、「一菊富美江」となった。一部資料で「十返舎菊次　本名・一菊富美江」とあるのは戦前の名簿や資料を元にしている可能性が高い。

戦中戦後の一時期、隆の家万龍とコンビを組んでやっていたが、十返舎亀造に請われて「亀造・菊次」のコンビを結成。ヌーボーとした亀造をキビキビと諫めるツッコミで人気を集め、一九五三年に亀造が急逝するまでの数年間、大スターにふさわしい活躍を続けていた。

隆の家栄龍・万龍

戦後の女性進出、男女同権という波に乗って、彗星の如く現れたのが、隆の家栄龍・万龍である。「女流漫才といえば音曲漫才」という当時の常識を打ち破り、しゃべくり一本だけで一世を風靡した。女流しゃべくり漫才の元祖、といってもいいかもしれない。

なお、二人は親子と自称していたが、実際は義母・養女で血縁関係はなかった。

隆の家万龍（本名・佐藤由乃）は、一九一一年九月、新潟の生まれ。実家は豪農であったが後に没落。父・隆治の提案で「隆の家万龍・千龍・百々龍一座」を結成し、浪曲と女道楽の二枚看板で人気を集めていた。一九二七年に漫才界へ参入した――というから経歴は古い。戦前は女道楽出身の妻の家妻吉とコンビを組み、「妻吉・万龍」のコンビで人気があった。男勝りの万龍が喋り倒し、大和なでしこ然とした妻吉がやんわりたしなめる対比が売りであったという。

ところが敗戦直前、妻吉が行方不明になってしまいコンビ解消。その直後に敗戦を迎え、新興演芸部も活動休止同然の状態になってしまった。敗戦後しばらくの間、同僚の山路はるみ（十返舎菊次）とコンビを組んで、一年半ほど活動をしていた。

相方で娘の栄龍（本名・飯田三栄子）は、一九二四年二月二十五日、千葉県の生まれ。万龍の夫であった佐藤康成の連れ子であった。元々工場の女工として働いていたが、戦時中、母親の万龍に入門。「隆の家栄龍」と名乗る。隆の家錦龍や浮世亭銀猫とのコンビを経て、一九四七年頃、母とコンビを組んだ。

小柄ながらも粋な風貌を持ち、男勝りのだみ声と毒舌を武器に豪快な喋り方をする万龍、グラマーでおっとりとした栄龍の対比が売りであった。万龍が主導権を握り、男や世間をコテンパンにやっつける漫才を得意とした。男女同権やウーマンリブといった新しい思想や概念を巧みに取り入れ、これまでの習慣や世間の鬱憤を「ガハハハ」と、笑い飛ばして見せた。

ラジオを通じての人気は凄まじく、全盛期には何軒も劇場を掛け持ちし、放送局にも顔を出すなど多忙な日々を過ごした。

一九五五年に漫才研究会が設立された時には、女流コンビの漫才師としては唯一、幹部に選出されている。

戦後、ラジオや高座を中心に活躍した人気漫才師たち。右上から時計回りに
都上英二・東喜美江、隆の家万龍（左）・栄龍、宮島一歩（左）・三国道雄
青柳ミチロー・柳ナナ、宮田洋容・布地由起江、大空ヒット・三空ますみ　（著者蔵）

かくしてラジオ放送によって人気と知名度を得た漫才師たちは、東京漫才の復興や啓蒙に力を注ぎ始めた。そして、全国津々浦々に届くラジオ漫才の存在によって、「漫才は面白い」「漫才師になってやろう」といった考えを持つ若者やファンが現れるようにもなった。

もし、ラジオがなければ、ラジオのスターが生まれなければ、東京漫才は敗戦とともに下火となり、そのまま消えていたのかもしれない。

二つの暗雲

戦後間もない一九四九年。東京漫才に二つの暗雲が襲いかかった。

東京漫才の大スターとして君臨していた内海突破・並木一路が突如、解散を宣言したのである。余りにも唐突であっけない解散宣言はまさに「電撃解散」であったといえよう。

敗戦後、先輩のリーガル千太・万吉や東ヤジロー・キタハチを差し置いて、ラジオに映画に大劇場の実演にと八面六臂の活躍をして全国的な知名度を得ていたコンビの解散は、東京漫才に大きな衝撃を与えた。

コンビ解散を宣言した突破・一路は、当然周りやファンから翻意を懇願された。しかし、二人は宣言通りに解散をしてしまった。

この解散をビッグニュースと捉えたカストリ雑誌や芸能誌はこの一件を盛んに書き立てた。「ワンマンの内海突破が増長し、並木一路と反りが合わなくなったから」「独立したい内海突破とコンビでいたい並木一路の喧嘩」と各々推測を掲載し、この電撃解散の謎を一層煽った。

独立願望のあった内海突破はNHKと専属契約を結び、コメディアンに転身。ラジオ番組『陽気な喫茶店』のメインパーソナリティーや歌番組の司会などを勤め、人気タレントとして活躍するようになる。中でも漫談家の松井《まつい》翠声《すいせい》とコンビを組んだラジオ番組『陽気な喫茶店』は目覚ましい人気を集め、戦後NHKを代表する名番組にまで成長した。番組内で発する「ギョッ」というギャグが流行語にもなった。

一方の並木一路は、漫才界に残留し、同僚の宮田陽一とコンビを結成。宮田は「宮田洋々」と改名し、「洋々・一路」と名乗った。こちらも「一路突破」同様に「洋々と一路を行く」とコンビ名で一つのキャッチフレーズを作り上げた。

二人は、喜劇の間や呼吸を生かした男性的で迫力のあるしゃべくり漫才を展開した。話術とエスプリだけで笑いを誘う上品で知的な漫才を目標にした。間の取り方や話の振り方には定評があり、「話術の面白さは突破・一路以上のものがある」「うまい漫才」といった高評価や絶賛を得た。突破・一路の解散が、意外な名コンビを生んだというべきだろう。

一路・突破の電撃解散から間もない一九四九年五月、今度は東キタハチの死が報じられた。

戦後の東ヤジロー・キタハチは悲惨な運命に振り回された。満洲へ出征したキタハチはシベリアに抑留され、三年近く暗く辛い強制労働の日々を送った。極寒の環境と重労働は確実にキタハチの体を蝕んでいた。

死去する前年の一九四八年秋、復員をしたキタハチは「ヤジキタコンビ」の復活宣言を行った。復員当時、相方のヤジローは太神楽出身の後輩・小林宗太郎にキタハチを名乗らせ、「二代目ヤジキタコンビ」として活動をしていたが、初代キタハチの復帰を知り、小林宗太郎のキタハチは不平不満をいわず、潔く身を引いた。

こうして復活した元祖ヤジキタコンビは、さらなる飛躍と新しい漫才への挑戦を目標に掲げ、華々しく復活公演を行った。放送局は二人の出演枠を設け、「キタハチ復員第一声」という形で取り上げてくれた。彼らの復帰を待ち望んでいたファンや関係者から喝采を浴びた。

ヤジロー・キタハチはこれからの東京漫才の大黒柱になる――そう期待された矢先、キタハチは倒れてしまった。キタハチに告げられた病名は重度の心臓病であった。キタハチの体は既に限界に達しており、いつ死んでもおかしくはなかった。

コンビを復活したにもかかわらず、キタハチは徐々に衰弱をはじめ、病の床に付くようになってしまった。一九四九年に入ると高座に立てないほど衰弱していた。それでもキタハチは家族を養うために、病身に鞭打って放送に出続けた。

そうした無理が続くはずもなく、一九四九年五月末、キタハチは息を引き取った。かつての大スターにはふさわしくない、余りにも儚い死であった。残されたヤジローは、戦時中から組んでいた小林宗太郎を引き戻して再スタートを切るものの、往年のような話術や覇気を取り戻すことは出来なかった。

一九五三年七月にヤジローは脳出血で倒れ、療養生活に入った。相方の二代目キタハチや師匠の喜代駒が面倒を見て、復帰を強く望んだが、結局彼が漫才界に復帰することはなかった。ここに一世を風靡した「ヤジキタコンビ」は消滅してしまった。

突破・一路の電撃解散と東キタハチの夭折の二つは、正に東京漫才に大きな打撃を与えた事件であったといえよう。

超新星の誕生

しかし、そんな低迷をいつまでも嘆くような東京漫才ではなかった。この人気者不在の状況の中で、若手芸人や漫才志望の青年たちが、次世代のスターを目指して続々と漫才界に参入してきたのである。その中で、東京漫才に革命を起こした二組の超新星が現れた。

コロムビアトップ・ライトと南道郎《みなみみちろう》・国友昭二《くにともしょうじ》である。

この二組は若さとフレッシュさを売りにした漫才で人気を競い合い、東京漫才の一時代を築いた。その芸風と人気は後輩の若手や新人たちの目標や指針になった。まさに「超新星」にふさわしいカリスマたちであったといえよう。

コロムビアトップ・ライト

コロムビアトップ・ライトは、敗戦直後から平成まで東京漫才の第一線に立ち、多くの後継者を育てた功労コンビであった。コロムビアトップは参議院議員としても活躍。多くの政策に関与し、芸能界全体の地位向上に大きな貢献をした傑物であった。

なお、ライトは二人存在する。今、書籍やテレビで取り上げられるのは二代目の方である。それぞれの経歴を追ってみよう。

コロムビアトップ（本名・下村泰）は、一九二二年五月六日、東京都台東区の生まれ。実家は呉服問屋であったが、父の代に家が没落。父は失踪し、母も夭折するなど、孤独な幼少期を過ごした。北辰電機青年学校を卒業後、北辰電機の工員として勤務。その傍らで演芸に親しんだ。

戦時中、応召を受けて東南アジアの戦線を転々とした。タイで終戦を迎え、捕虜として抑留された。収容所では毎週土曜日になると演芸会が行われた。トップはそこで、落語や漫談を演じるようになった。

この演芸会で、日本橋の染物屋の倅で、演芸マニアの池田喜作《いけだきさく》と仲良くなった。池田・下山コンビで即席漫才を演じたところ、大ウケを取り、一躍収容所の人気者として持て囃された。

一九四六年八月、復員を果たしたトップは池田喜作とコンビを組んだ。戦友の父親が俳優の藤《ふじ》村梧朗《むらごろう》だった関係から、藤村の弟子のような形となり、「青空トップ・ライト」と名乗る。藤村から大朝家五二郎を紹介してもらい、漫才師としての活動を始めるようになる。

一九四六年秋、五二郎の紹介である芸能一座に入った二人は地方巡業で細々と生計を立てながら漫才の腕を磨いた。リーガル千太・万吉のしゃべくり漫才を基礎としながら、明るくフレッシュな漫才を展開するトップ・ライトの存在は徐々に知れ渡るようになった。

また、司会術も覚えたが、一九四九年にライトが腸結核で倒れてしまった。闘病もむなしくライトは、一九五〇年三月二十八日、夭折してしまう。

相方を失ったトップは、「突破と別れた並木一路とコンビを組まないか」と誘われ、交渉の段階まで入ったが行き違いがあって結局破談となった。その後、彼の相方として志願をし、お眼鏡に叶ったのが柳家亀二――二代目ライトであった。

コロムビアライト（本名・鳥屋二郎）は、一九二七年三月三十日、東京青山生まれ。赤坂の履物問屋「上州屋」の二男として生まれ、幼い頃から裕福に育った。大倉商業学校に進学するものの、在学中、結核と診断され中退を余儀なくされた。

父の故郷である高崎・榛名山のサナトリウムに入院し、療養生活を送った。暗い青春時代の中、ラジオから流れて来る演芸番組を手本にして漫談や物真似を演じるようになった。

敗戦後、地元の演芸会で腕を磨き、「のど自慢大会」に出場。一九四七年九月には群馬県代表として全国大会にも出ている。これに自信をつけたライトはプロの芸人に転身。間もなく尊敬していた柳家三亀松への弟子入りが叶い、「柳家亀二《やなぎやかめじ》」の名をもらっている。

一九五〇年、コンビを組んだ二人は、先輩漫才師の桜川ぴん助の家に居候をしながら芸を磨いていた。唯一の財産だったラジオから聞こえてくる国際放送からヒントを得て、『おとぼけ国際放送』なるネタを考案した。米国、朝鮮、中国、ソ連、フランスなど各国の言語や文化を面白おかしく演じ、最後はハワイのフラダンスを踊る――国際放送や外国語が流行の先端であった当時、観客は『おとぼけ国際放送』の新しさや面白さに驚いた。

以来、二人は新しい漫才の開発に力を注ぎ、遂には「司会漫才」の型を完成するに至る。この司会漫才によって全国からオファーが殺到し、歌手や役者ともつながりを持つようになった。

そんな二人の人気と実力を見込んだのが、コロムビアレコードであった。コロムビアはトップ・ライトをスカウトし、専属契約にこぎつけた。当時、コロムビアは多数の専属歌手を抱え、歌謡ショーも熱心に行っていた。その司会・引き立て役に抜擢されたわけである。

一九五二年、トップ・ライトは正式にコロムビアと専属契約を結び、「コロムビアトップ・ライト」と名を改めた。リーガル千太・万吉に続くレコード会社の名前を屋号にしたコンビであった。コロムビアの後ろ盾を得た二人は大スターの道を歩み始めるようになる。

南道郎・国友昭二

トップ・ライトの対抗馬として、これまた颯爽と現れたのが、南道郎・国友昭二のコンビである。

道郎・昭二コンビは「学生漫才」「アプレゲール漫才」というキャッチフレーズで人気を集め、トップ・ライトと人気を競いあった。

ボケ役の南道郎（本名・根岸貞二）は、一九二六年九月二十五日、東京・品川で生まれた。

実家は建設業を営んでいたが、幼い頃から兵隊に憧れ、一九四三年、明治大学専門部在学中に航空士官学校へ入学。陸軍見習操縦士に任命され、終戦間際に満洲白城子へ配属されるも終戦を迎えてしまう。なお、配属先の上司の機転でシベリア抑留は免れている。

復員後、知人の紹介で「第一新聞社」に就職し、下回りとして働いていた。一九四六年冬、第一新聞社主催の試写会が行われた際、交通トラブルでイベントに来られなくなった司会者・松井翠声の代理を務めたことが認められ、芸人の道を志すようになる。

間もなく新聞社を辞め、司会者「南太郎《なんだろう》」としてデビュー。しばらくこの名前で司会や漫談をやっていたが、新聞社時代に可愛がってもらった作家・邦枝完二から「南太郎では曲がない。南道郎の方が良かろう」とアドバイスを受けて「南道郎」と改名している。

一九四九年五月、国友昭二とコンビを結成。「学生漫才」として鳴り物入りで売り出されることとなった。

ツッコミの国友昭二《くにともしようじ》（本名・稲山昭二）は、一九二七年六月十五日、東京生まれ。國學院大学在学中の一九四七年、同級生の斎藤和央《さいとうかずお》とコンビを組んで「のど自慢大会」に出場。学生服姿で達者な漫才を披露し、審査員やアナウンサーを驚かせた。翌年、のど自慢全国大会の本戦に出場したのを機にプロの漫才師になった。落語家の初代柳家権太楼《やなぎやごんたろう》に誘われて、彼の主宰する「土曜会」という勉強会に出入りをして腕を磨いた。

間もなく相方の斎藤の引退のため、コンビ解消。東京漫才の長老・浪速マンマルにスカウトされて一時期コンビを組んでいる。

一九四九年、南道郎とコンビを結成するにあたって、マンマルとのコンビを円満に解消。一部文献では、国友昭二がのど自慢に出場した直後に南道郎とコンビを組んだ——とされているものがあるが、それは間違いである。

二人は「ステッキなコンビ」を自称し、派手なカラーのスーツに立派なステッキがトレードマークであった。

「とにかく周りが驚くようなことをしよう」を合言葉に、橋の上や電車の中でハプニング漫才を行ったり、舞台衣装のままで往来を闊歩するなど、これまでの常識にとらわれない芸風に世間は驚いたり呆れたりしながらも賞賛を送った。

コロムビアトップ・ライトが国際放送をネタにしたのに対し、道郎・昭二は「日系二世や進駐軍」をネタにした。今なら差別問題になりかねないネタであるが、当時は日本国内における二世の進駐軍や日系人へのコンプレックスや恨みも強く、複雑な感情が渦巻いていた。

「二世まかり通る」はタイトルそのままに、日系二世が日本人をふりまわす作品であった。南が軽薄な二世を演じ、いい加減な日本語やボケを喋り倒す。それを国友が呆れたようにツッコむ――という勢いのある漫才が売り物であった。

辛口批評で知られる立川談志はこの二人を振り返って「若くて人気があった」と評し、演芸作家の松浦泉三郎《まつうらせんざぶろう》も「最近の漫才の傑作のひとつ」と「二世まかり通る」を絶賛している。かくして人気を得た道郎・昭二は、東宝芸能からスカウトを受けた。コロムビアからスカウトを受けたトップ・ライトと似たケースであった点も「ライバル」とされる理由のひとつのようである。

一九五二年、東宝と正式に専属契約を結んだ二人は、東宝自慢の日劇ミュージックホールで行われていた「日劇レビュー」や日本劇場や東宝系の喜劇映画に出演を果たすこととなる。以来、二人は東宝の劇場の公演には欠かせない名コンビとして大切に扱われた。

一方、どれだけ忙しくなっても二人が漫才を忘れることはなかった。忙しいスケジュールをぬって漫才大会や演芸放送に出演し、面白い漫才を演じ続けた。レビューや喜劇に出演しつつ漫才も演じる――コメディアンと漫才師の二足の草鞋をはく姿勢は後進のよき手本となった。

「第二次戦後世代」の有望株な漫才師たち

コロムビアトップ・ライトと南道郎・国友昭二の火花の散らし合いによる、寄席漫才の復興は後進の人々に影響を与えた。

若者たちが漫才に興味を持つようになり、彼らを漫才界へ引き込むことに成功したのである。戦後、漫才師の存在は夢も希望も失いかけていた若者たちに笑いと希望を与え、図らずも「漫才師は食える、人気者になれる」といういいイメージを世間に定着させることとなった。

さらに、一九五三年一月二十五日、帝国劇場で行われた「関東漫才大会」の成功も大きな要因となった。

ミチロー・ナナ、栄龍・万龍、亀造・菊次、英二・喜美江、染団治・美貴子、一歩・道雄、ヤジロー・キタハチ、洋々・一路、千太・万吉という当時の超一流メンバーを並べた豪華漫才大会はたちまち帝都の話題となり、大会当日は千五百人とも二千人（最大定員は千三百人）ともいう観客が押し寄せた。

松浦善三郎（泉三郎）が『アサヒ芸能新聞』（一九五三年二月三週号）に寄稿した記事『帝劇の関東漫才大会』によると、学生や若い女性の観客が目立ったことは関係者を大いに驚かせたという。松浦は、「懸念していた青年層は男女共相当の数を見せていたし（女性が断然多い）、学生（制服の大学生）の姿も大分あった」と、記している。

観客の中にはこの成功を目の当たりにして、「漫才師になってみよう」と奮起するものまで現れた。実際、一九五三年前後を境にして、その後、昭和から平成の東京漫才を支える人気コンビが次々と誕生している。トップ・ライトや道郎・昭二世代を「第一次戦後世代」と称するならば、彼らは「第二次戦後世代」というべき存在であった。あるいは、「ポスト・トップライト」「ポスト道郎・昭二」といったところである。

とにかく、日本の独立を前後して生まれた新しいコンビは東京漫才のニューパワーとして大きな影響を及ぼすこととなる。

第二次戦後世代の筆頭と言える存在として、獅子《しし》てんや・瀬戸《せと》わんや、リーガル天才《てんさい》・秀才《しゅうさい》、晴乃ピーチク・パーチク、木田鶴夫・亀夫がいる。彼らは「第二次戦後世代」として、戦前以来の大幹部、第一次戦後世代の事実上の後継者として東京漫才の屋台骨となった。

獅子てんや・瀬戸わんや

獅子てんや・瀬戸わんやは、漫才師としては無論のこと、タレント、司会者、歌手と八面六臂の活躍を続けた元祖マルチタレントである。

ノッポで男っぽい獅子てんや、ハゲチャビンで可愛らしい瀬戸わんやという如何にもの凸凹コンビ。そのくせ、真面目そうなてんやがボケ、三枚目然としたわんやがツッコミといった立ち位置の意外性も爆笑を呼んだ。「らしくない芸人」の先駆けでもあったというべきか。

ボケのてんや（本名・佐々木久雄）は、一九二四年六月二十五日、東京品川の生まれ。実家は魚屋であったが、父親とは早くに死別している。尋常高等小学校中退後、電機工場の社員となる。十八歳の時に、海軍志願兵となり、予科練に入学するも終戦。復員後は警察官を志し、丸の内警察署に入署した。一九五〇年には設立されたばかりの警察予備隊の分隊長に任命されるほどであったが、訓練中に大怪我を負い、辞職してしまった。

ケガ中に内海突破の芸と出会い、芸人を志すようになる。退院後に内海突破へ入門を乞い、一九五〇年に突破の門人となった。

ツッコミのわんや（本名・妹尾重夫）は、一九二六年三月十日、大阪市南区の生まれ。高等小学校卒業後、大阪市役所の給仕として就職しながら夜は関西工業学校へ通っていた。戦後は大阪港湾局の測量士に転職し、公務員として真面目に働いていた。一九五二年三月に港湾局をやめ、先輩の紹介で内海突破に入門。師匠から兄弟子のてんやを紹介され、コンビを結成。

同年夏にコンビを組み、「獅子てんや・瀬戸わんや」を結成、同年七月二十七日、大塚天祖神社の演芸会で初舞台を踏んでいる。

芸名を付けたのは師匠の内海突破だったそうで、当時流行っていた獅子文六のユーモア小説

「てんやわんや」から、作者の獅子文六の「獅子」、小説の舞台が「瀬戸地方」であることを踏まえて、「獅子てんや・瀬戸わんや」と名付けた。

凸凹コンビぶりを売りにしつつ、上品で嫌味のない漫才を心がけた。そうした芸風で早くから頭角を現し、結成数年にして、サンケイ新聞主宰の若手漫才コンクールとNHK漫才コンクールで二冠を達成。早くからレギュラー番組を持ち、漫才協団（現・漫才協会）幹部からも未来を嘱望された。

時事ネタや過激ネタにはほとんど興味を示さず、市井の風景や日常を写したネタや言葉遊びに徹した点も「てんや・わんやは綺麗な漫才を演じる」といった評価につながった。「世界旅行をかえりみて」「なんでいったの」「ひよこと卵」「歯医者」「池田屋騒動」「世界食べ歩き」「イートコハートコ」など、当たりネタの数は漫才界随一であった。特に「ひよこと卵」の中で用いられた「ぴ、ぴ、ぴーよこちゃんじゃ、あひるじゃガーガー」というギャグは、てんや・わんやを代表するフレーズとして知られ、「ぴよこちゃん」と題したコミックソングが発売されるほどの人気を博した。後年、このフレーズは人気番組『俺たちひょうきん族』の中に受け継がれ、片岡鶴太郎の当たり芸となった。

漫才界きっての人格者としても知られ、内外の信頼も厚かった。後年は漫才協団の理事長や監査役を歴任。一九八七年にコンビ活動休止に至るまでの三十五年間、東京漫才の大幹部として活躍することとなる。

リーガル天才・秀才

リーガル天才・秀才は、千太万吉の「リーガル」の屋号を受け継いだ東京漫才の本流を自認する貴公子的な存在であった。

天才（本名・曾我忠二）は、一九二四年二月二十六日、東京の生まれ。早熟な子供だったそうで家出と放浪を繰り返した。漫才師になるまでの間、「ペンキ屋、炊事夫、配達員、給仕、職工、バーテン見習等々」と、数えきれないほどの職種を経験している。

一九四三年、浅草の喜劇団「笑の王国」の幹部俳優・横尾泥海男《でかお》の弟子となり、初舞台を踏む。間もなく、応召されるものの、現職が評価されて演芸慰問団に回された。慰問団員として満洲一帯を周っていたが、満洲で敗戦。引き揚げで大変な苦労をしたという。

復員後、「劇団やまびこ」を結成し、座長として旅回りの日々に明け暮れた。この一座で出会ったのがリーガル秀才であった。

相方の秀才（本名・高橋章）は、一九二六年十月二十九日、こちらも東京の生まれ。父も親類も公務員一族の息子に生まれ、厳格な家庭に育った。戦時中は王子工業高校に通っていたが、空襲や敗戦で進級がうやむやとなった。

敗戦後、親の承諾を得て、俳優・千秋実の『薔薇座』に入団して役者修業に励んだ。後に、ここを飛び出して天才が座長の「劇団やまびこ」に入った。

長らく天才と行動していたが、一座の解散で俳優を廃業。キャバレーに就職し、集金係として働いたが、芸人になる夢をたちきれず、同じく役者をやめて西荻窪で有線会社をやっていたリーガル天才を訪ねてコンビを結成。「曾我天才・坂東秀才」と名乗った。

二人はリーガル千太・万吉の芸を目標に鍛錬《たんれん》をつづけた。

その結果、東京漫才の本道というべき「ほどが良く、下衆《げす》ばったところのない品のある朗らかな笑い」のある芸風に至った。

二人は「しゃべくり漫才」一本で勝負し、司会漫才やドサ廻りには殆ど加わらなかった。こうした本気な姿勢が評価され、一九五六年に都上英二の仲介でリーガル千太・万吉と師弟の契りを結ぶに至った。千太・万吉は彼らの芸を認め、「リーガル」の屋号を許した。

第三回NHK漫才コンクールで優勝を果たしてからは幹部扱いになり、漫才研究会の運営にも携わるようになった。

後継者育成にも熱心で、多くの漫才師・芸人志望の若者を育てて「高峰一門」を作った。ケーシー高峰（大空ヒット門下からの移籍）を筆頭に、高峰東天・愛天、高峰和才・洋才、高峰青天・南マチ子、高峰祝天・祭天などを輩出している。

晴乃ピーチク・パーチク

てんや、わんや、天才・秀才に少し遅れて、売り出したコンビに晴乃《はるの》ピーチク・パーチクがいる。コンビ結成は古く一九五三年六月。

コンビ結成当時は「直井オサム・大沢ミツル」と名乗っていた。オサムがピーチク、ミツルがパーチクである。

ボケ役のピーチク（本名・直井利博）は、一九二五年九月二十八日、東京北千住の生まれ。父親は栃木の田舎から上京して区役所職員になったという苦労人であった。この父親の関係から一部文献では「栃木出身」と書かれることもある。幼い頃に母と生き別れ、辛い少年時代を送る。その反動で映画や演劇にのめり込むようになり、役者を夢見るようになった。

戦後、俳優を志し、旅回りの一座に入団。俳優と司会の二足の草鞋で様々な劇団を渡り歩いたが一向にうだつが上がらず、司会漫才の真似事をするようになる。喜劇役者の大先輩であった小《こ》宮凡人《みやぼんじん》とコンビを組んでいたこともある。

ツッコミ役のパーチク（本名・手塚清三）は、一九二六年十月二十六日、山形県の生まれ。出身が出身だけに生涯東北弁のイントネーションが残り、これが長所にも短所にもなった。敗戦前後に喜劇俳優の森川信《もりかわしん》一座に入団してデビュー。ピーチク同様、様々な一座を渡り歩き、生計を立てていた。「沢清」の名前で歌手としても活動していたこともある。

一九五三年にコンビを結成。浅草の演芸場や余興などで漫才の腕を磨いた。ピーチクが立て板に水の勢いで喋り倒すのを、東北訛りの残るパーチクがおっとりと受け流すという独特のしゃべくり漫才を展開した。ピーチクは頭の回転が速く「聞いたかや」「行ったかや」などの造語を次々と生み出し、これを舞台で多用した。明るい芸風で注目を集め、トップ・ライトに続く超新星として人気を集めた。

明るい芸風は司会漫才にも生かされ、多くの歌謡ショーに出演。後に、ビクターにスカウトされ、ビクターの専属となっている。中でも橋幸夫とは縁が深く、彼がデビューして間もない頃から専属司会としてリサイタルや全国ツアー公演に同行した。

一九六〇年に「お子さんや若い層にも覚えてもらいたい」という願いを込めて、「晴乃ピーチク・パーチク」に改名。「ピーパーさん」の愛称で仲間からも慕われた。

木田鶴夫・亀夫

てんや・わんやに並ぶ東京漫才の優等生と謳われたコンビに、木田《きだ》鶴夫《つるお》・亀夫《かめお》がいる。安定した漫才と温厚な性格から尊敬を集めたが、余りにも人が良すぎるのと慎重すぎる芸風故、遂に大幹部になり損ねた、という惜しい一面を持ったコンビであった。

ツッコミ役の木田鶴夫（本名・山田常博）は、一九二七年六月二十五日、東京生まれ。実家は貿易商を営んでおり、当人も商人になるべく大倉商業学校に進学。戦時中、少年航空兵として教育を受けるも敗戦。ポツダム昇進を受けて中尉に昇進している。

ボケ役の亀夫（本名・水崎二）は、一九三〇年七月十五日、東京生まれ。鶴夫とは幼馴染の関係であった。父は曾我廼家蝶平という喜劇役者で、当人も子役として舞台に立っていた。旧制郁文館中学に進学するものの、在学中に終戦を迎えてしまった。

戦後、再会した二人は軽演劇一座に入って役者をやっていたが、偶然知り合った並木一路・宮田洋々に「漫才師にならないか」とスカウトされた。一九五二年、正式に一路・洋々門下となった。

コンビ結成にあたって、師匠の屋号である「並木」と「宮田」を一文字ずつ取り、「木田」。大きい山田は「鶴夫」、小さな水崎は「亀夫」と名乗った。小柄で饒舌な亀夫がボケ、大柄の鶴夫がおっとりツッコむ――東京漫才の理想を体現したようなコンビであった。

一九五六年秋に行われた第二回NHK漫才コンクールで優勝。以来、東京漫才の次期幹部候補として順調に出世の道を歩み始めた。

人気も実力もあり、コンビ仲も良好で人柄もいい、三拍子も四拍子もそろったコンビであったが、惜しむらくは、余りにも慎重すぎた。人格者であるがゆえに人と争ってまでも売れることが苦手で、自己主張も控えめであった。それゆえに大スターになり損ねた。一方で、幕内の評判は良く、律儀で面倒見もいい所から、早くから漫才協団の運営の柱になっていた。戦後東京漫才の隆盛の陰の功労者というべきだろう。

以上、東京漫才の屋台骨となった当時の有望株を紹介したが、これ以外にも第二次戦後世代というべきコンビが存在する。

コロムビアトップ・ライトの一番弟子と自称した「青空東児《あおぞらとうじ》・西児《せいじ》」、太刀村一雄・筆勇の娘二人が組んだ「春日《かすが》淳子《じゅんこ》・照代《てるよ》」、筆勇の弟・春日章が妻を誘って組んだ「春日章《かすがあきら》・チエミ」、都上英二の弟子と大和家かほるの息子の大空ゆたかが組んだ「都《と》上《がみ》ゆたか・大空みのる」、スティールギターをかき鳴らし、ハワイ漫才と自称した夫婦コンビ「條アキラ・條あさ子」、元歌手と元演奏者同士の夫婦コンビ「富岡豊《とみおかゆたか》・花村いせ路」など、一九五〇年代初頭にデビューした漫才師は多い。

当然、結成・解散といった離合集散は激しかったものの、こうした新人たちの誕生と勃興は、東京漫才の勢力の拡大へと繋がった。そんなマンパワーが後の漫才研究会設立へと展開するわけである。

幹部や中堅たちの再出発

東京漫才の新コンビ誕生は新人に限った話ではない。既に名声のある実力派漫才師が新コンビを結成することも流行っていた。

敗戦による世相の混乱や相方の引退、戦前戦後の価値観の変化など、様々な理由が解散と新コンビ結成を促した。中には往年の名コンビの解散もあり、古いファンを悲しませたりもしたが、一方で東京漫才が新陳代謝を行ったといった側面も見逃せない。コンビの盛んな流動化によって、東京漫才はマンネリ化から逃れられた、と評するべきだろうか。

特に、この時期「一門や血縁関係のない新人を発掘してコンビを組む」形が増えたのは特筆すべきだろう。

一部では「師弟制度の希薄化」とか「漫才は近い存在と組むべきである」と批判されたともいうが「歳の差があっても対等な相方としてお互いにぶつかりあう」という無遠慮なスタイルは、

東京漫才にみずみずしさを与えることとなった。

そうした風潮の中で生まれた「大御所・ベテランと新人・若手」の凸凹コンビは数多くいる。中でも大空ヒット・三空ますみ、宮田《みやた》洋容《ようよう》・不二《ふじ》幸江《ゆきえ》、内海《うつみ》桂子《けいこ》・好江《よしえ》などは戦後の東京漫才を支える大黒柱として活躍した。

大空ヒット・三空ますみ

大空ヒット・三空ますみは「素人の妻を漫才師に仕立て上げることに成功した」という夫婦漫才である。

ヒット自身は、一九三〇年代から東京で活躍する東京漫才の幹部であり、ますみとコンビを組む以前からその名声や実力は知られていた。

大空ヒット（本名・小深田一生）は一九一三年九月一日、大分県竹田市の生まれ。実家の小深田家は名字帯刀を許されるほどの名家であったが、ヒットの祖父の代で没落してしまっている。ヒットは祖父の養子として引き取られ、育てられた。

幼い頃から芝居や演芸が好きだったヒットは十七歳の時、親類一同の反対を押し切って、旅回りの一座に入った。以来、一座を転々とする旅役者となった。山陽地方を放浪中にナンセンスレビューと漫才に出会い、お笑いの道を志すようになった。

一九三二年、上方漫才の大御所・五条家弁慶《ごじょうやべんけい》に入門。正式に漫才師となった。漫才の相方に恵まれず百人近い相方をもっては次々に別れた。

一九三三年頃、当時、旅暮らしをしていた都上英二をスカウトして「青空クリーン・ヒット」を結成。後に、「大空クリーン・ヒット」と改名している。

一九三六年頃上京し、大和家かほるとコンビを結成。後年、ヒットの話術を見込んだ東喜代駒のスカウトを受け、喜代駒一門に加わった。喜代駒の紹介で姉弟子の東駒千代とコンビを組んだ。その後は実力派音曲漫才として松竹演芸部に所属。東京漫才のスターとして活躍した。一九三八年に駒千代とのコンビを解消した後、吉本に移籍したが自身の体調不良や上層部との対立で、契約満了を前に退社。戦時中は事実上フリーの身であった。

戦後、仲間を募って「大空ヒットと混線四重奏」なるコミックバンドを結成し、芸能界へ本格的に復帰した。弟子の大空マナブの紹介で、敗戦後しばらくの間、九州を中心に活動をしていたが、そんな九州時代に知り合ったのが後に相方となる三空ますみであった。

この三空ますみ（本名・小深田マサ子）は、一九二八年一月十一日、長崎県佐世保市の生まれ。十八歳の時に太陽劇場という劇団の女優となり、舞台に立っていた。太陽劇場に来演した大空ヒットと恋仲になり、上京。後に、夫婦となっている。

一九五二年、ますみは夫婦漫才結成を思い立ち、大空ヒットとコンビを組んだ。コンビ結成当初は音曲漫才を展開していたそうで、ヒットのギターとハーモニカ、ますみのバンジョーという異色の取り合わせであった。

後に、音曲漫才を捨ててしゃべくり漫才に移行。時事漫才を得意とし、東京漫才を代表する夫婦コンビとして活躍した。ヒット当人は「エスプリと風刺のある時事漫才」を目標とし、新作をこしらえ続けたが、幕内では古風なネタの方が面白かったという。中でも「弟のたより」は生涯の当たりネタで、東駒千代とのコンビ時代から演じていた。

今日でもおかしな手紙やファンレターを紹介する形で、相方をこき下ろすネタをやる漫才師がいるが、その先駆け的なネタと言ってもいい。辛口批評で知られた立川談志もお気に入りのネタだったそうで、「傑作だった」と自著『早めの遺言』の中で褒めている。

ヒットは面倒見がいい性格から多くの弟子を持ち、「大空一門」というグループを形成した。大空平路、大空はるか・かなた（ケーシー高峰）、大空なんだ・かんだ、大空みつる・ひろし、大空あきら・たかし、大空遊平など、東京漫才の一時代を築いた、優秀な人材を輩出した。

また、革新的な思想や社会運動にも興味を持ち、左派系の政治家や文化人と強い伝手《つて》を持っていた。この伝手を利用して、「労音寄席《ろうおんよせ》」や「民族芸能を守る会」といった団体の発足や発展に関与するなど、意外なところでも功績を残している。

宮田洋容・不二《ふじ》幸江《ゆきえ》

並木一路とのコンビを解消した売れっ子漫才師・宮田洋々も、若い女性とコンビを組んで話題を振りまいた。

宮田洋容（本名・岩下信夫）は、一九一五年二月十六日、熊本県三加和町の生まれ。実家は水道工事業を営む工務店であったが、祖父は「宮田屋」という商家を営む商人であったという。最後まで名乗った「宮田」の亭号はここからきている。

実家を継ぐべく熊本商工学校に進学したものの、剣劇俳優に憧れ、学校を中退。九州一円で活動していた剣劇一座「剣劇義勇団」に入団した。しばらくの間、剣劇役者として旅をしていたが、知人のミスワカナから「漫才師になったら」と勧められ、漫才師に転向した。

一九三五年、神戸を中心に活躍していた漫才師・唄の家ライオンに弟子入りをして「唄の家ライト」と名乗る。ライオンから数え唄やネタを学んだ。新鋭漫才師として吉本に所属したが、間もなく召集令状が届き、出征。数年間、兵隊生活を送ることとなる。

一九四〇年に復員したのを機に、「宮田洋一」と改名。新天地を求めて東京吉本へと移籍した。上京後、「宮田漫謡隊《まんようたい》」を結成して東京の寄席や劇場に出演。歌謡漫談風の音楽漫才で人気を集めた。

戦後は「唄野《うたの》洋一《よういち》」と改名し、「楽団ユーモア」を結成して、芸能界へ復帰した。進駐軍慰問に出るためにバンドマスターに化けてコミックバンド風の演奏活動を行ったこともある。

一九四九年夏、内海突破と別れた並木一路に誘われ、「宮田洋々」と改名して漫才界に復帰する。「並木一路・宮田洋々」のコンビを組み、一躍実力派漫才師として高く評価された。その活躍は先述の通りである。コンビ結成から三年半後の一九五三年三月二十四日、電撃解散を宣言し、世間を驚かせた。ただこの解散は円満な解散だったという。

一九五三年四月、女性歌手・日森麗子《ひもりれいこ》とコンビを組むことを宣言し、新聞や雑誌の注目を集めた。以前から「オペラのような壮大な音楽入りの漫才を作りたい」と考えていた宮田は、上山雅輔（金子みすゞの弟）や能見正比古と協力をして「オペレッタ漫才」なる音楽漫才を創始。楽団やピアノをバックに歌って喋る独特の漫才を展開した。間もなく、日森は肺病を悪化させ、コンビ解消を申し出た。その後釜として迎えられたのが不二《ふじ》幸江《ゆきえ》であった。

不二幸江（本名・長谷川幸子）は、一九三二年五月六日、北海道函館市の生まれ。宮田とは親子ほどの歳の差があった。

八人兄弟の長女で、父・美幸は郵政局に勤務していた。高校時代、演劇と音楽に打ち込み、役者と歌手を志すようになった。高校時代に知り合ったのがボードビリアンの小野栄一《おのえいいち》であった。当の小野栄一氏に伺った話では、「札幌西高校在学中、近くの学校との文化祭の合同公演が行われ、シェイクスピア劇が演じられた。そこで不二さんと出会って仲良くなった」とのことである。

小野と一緒に上京して、芸能社やレコード会社のオーディションに参加する傍ら、ジャズ喫茶の歌手として活動していた。古い芸人さん数人から伺った話では、不二幸江は元々「マーガレットシスターズ」というバンドに入っていたそうである。このバンドは興行師の内田寛が展開していたもので、女流漫才の春日淳子・照代とはメンバー同士の関係であったと聞く。

洋容・幸江は一九五四年に正式にコンビを結成し、実力派コンビとして売り出した。達者な宮田の話術と仕草、幸江の美貌や美声の対比が売り物で、めきめきと頭角を現した。

古典作品や演劇作品をモデルにした理知的なネタと華やかな構成でたちまち人気を集め、東京漫才の大幹部として扱われるようになった。民放ブームの時の人気はすさまじく、彼らのオペレッタ漫才をテーマにした特別番組が作られたほどである。

後年、二人は「宮田羊容・布地由紀江」と改名。こちらの芸名でも人気を獲得した。

洋容は、漫才の地位向上や後進の育成にも熱心で、「宮田一門」というグループを形成。漫才界に大きな影響を及ぼし続けた。

内海桂子・好江

女流漫才にも「大御所・ベテランと新人・若手」のコンビが生まれるようになった。内海桂子・好江はその代表的な例であろう。

二人は長らく東京漫才の大幹部として活躍し、テレビやコマーシャルでもおなじみの顔だったから記憶にある人も多いのではないだろうか。内海桂子は百近い天寿を全うし、生前は「日本最高齢芸人」としてSNSや雑誌にたびたび取り上げられていた。

ツッコミ役の内海桂子（本名・安藤良子）は、一九二二年九月十二日、千葉県銚子市の生まれ。家庭の事情により、戸籍では「一九二三年一月十二日」出生と届けられている。

幼い頃から苦労を重ね、奉公に出ながら三味線や踊りを覚えた。以来、踊り子や三味線奏者として芸能界に出入りするようになった。

一九三七年、隆の家三姉妹の一座に入ったことをきっかけに漫才界入りを果たす。間もなく相方を失った高砂家《たかさごや》とし松からスカウトを受け、「高砂家とし松・雀家〆子《すずめやしめこ》」としてデビュー。芸名の雀家〆子は、とし松の妻であり相方であった人物が名乗っていたものである。

一九四二年、とし松と肉体関係を持ってしまったことや出産をめぐって対立を起こしたことから、コンビを解消。雀家〆子の名を返上し、「三桝家《みますや》好子《よしこ》」と改名している。その後、朝野《あさの》航路《こうろ》

（本名・山形一郎）とのコンビを経て、林家染芳《はやしやそめよし》とコンビを組む。

戦後はヒロポン中毒に苦しむ染芳の代りに行商をしたりキャバレーなどに働きに出ていた。そのうち、漫才仲間の大江しげるから「うちの大江笙子と組んでくれ」と話を持ち掛けられ、「大江笙子・内海桂子」のコンビを結成し、漫才界へ復帰した。

三味線を抱えた音曲漫才で再スタートを切ったが、結成後間もなく、相方の笙子が妹の京美智子とコンビを組むために別れる羽目になった。その笙子に代わる新しい相方として、大江しげるが連れて来たのが内海好江であった。

内海好江（本名・栗田好江）は、一九三六年二月二十三日、東京浅草の生まれ。父・好太郎は荒川小芳《あらかわこよし》、母・ツルは林家染寿《はやしやそめじゅ》と名乗る漫才師であった。

好江は「一九四六年、青空楽団の歌手としてデビュー」を初舞台としていたが、弟子や関係者の話では、それ以前から父娘漫才で「荒川小芳・好江」として舞台に立っていた。だが、小芳が病に倒れてしまい、コンビを解消。その後、家族を養うため、女剣劇の浅香光代《あさかみつよ》一座に入り、役者をやっていた。

内海桂子と臨時コンビを組んで漫才に復帰したがすぐに解散。母の染寿から親娘コンビを打診されたがこれは断った。しばらくアルバイトや演奏活動をして暮らしていたが、もう一度内海桂子とのコンビを打診されたのを機に、一九五〇年、桂子と正式にコンビを組むこととなった。

しゃべくり漫才やコント風漫才が全盛期を迎えていた中で、二人はあえて昔ながらの三味線漫才を演じた。おきゃんな好江が三味線や歌を交えながら、年長の桂子を振り回すパワフルながらも上品な漫才で一家をなした。二人は三味線、音曲、踊りから流行歌、お芝居まで何でもこなす達者さと明るい芸風を持ち味とし、人気漫才師となった。

なお、一部文献で「内海好江は桂子の弟子」とあるがそれは間違いである。二人の関係は先輩・後輩であり、師弟関係はない。桂子が好江を厳しくしごいたのは事実であるが、あくまでも先輩としての指導であった。好江は桂子を「師匠」と呼ぶことはなく、桂子も好江が健在の時分は「弟子」と明言することはなかった。

ここに挙げたコンビ以外にも、「三升静代《みますしずよ》・大朝家美代子《だいちょうやみよこ》」「坂東多見子《ばんどうたみこ》・多見八《たみはち》」「朝日日出丸・紅美ち代《くれないみちよ》」など「大御所・ベテランと新人・若手」で成功したコンビは沢山いる。

戦後の流行となった「男女平等」「権威の否定」といった思想や理念を体現したコンビやネタが生まれたこの頃が、漫才の芸風や価値観のひとつの分岐点だったのではないか。

司会漫才の誕生

ここで東京漫才の一つのスタイルとして流行した「司会漫才」について説明しよう。司会漫才とは文字通り、「司会をする漫才」のことである。しかし、漫才師が司会をやればそれが「司会漫才」になるわけではない。

「漫才師の司会」と「司会漫才」は別物であると考えた方がいいだろう。

この「司会者」であるが、今のような形になるまでには非常な紆余曲折があった。

今日の司会スタイルを海外から持ち込んだのは活動弁士出身のタレント・松井《まつい》翠声《すいせい》である。松井は早稲田大学英文科卒業という弁士界きってのインテリとして知られていた。昭和初期、渡米した松井は、現地で「マスターオブセレモニー」なる芸を知り、これを日本に持ち帰った。新たに持ち込まれたこの「司会術」の有用性に目をつけたのが、松井の同僚や友人の活動弁士たちである。その中から徳川夢声、西村小楽天、牧野周一といった名司会者たちが生まれるようになる。

いつしか司会の仕事は漫才にも伝播し、人気漫才師たちがショーや歌謡大会の場で、司会者をまかされるようになった。東喜代駒、アザブ仲などはその先駆《せんく》者《しゃ》といえる。ただ、喜代駒やアザブ仲は、あくまでも一人の司会であった。つまり、漫才の話術や掛合を生かすことのない、独創性の少ない司会振りであったようである。

ただし、司会の中に漫才のネタを混ぜ込むようなことはあまりにもリスキーであった。そもそも司会とは、主役である歌手や演技者を引き立てながらも、自分達の持ち場をキチンと見せて面白さを発揮するような高い技能が求められるものである。その上、綺麗な言葉遣いや明快な話術が求められるのだから、なかなか難しい。

漫才と司会が結合して「司会漫才」となるためには「アクが強すぎて他の歌手やバンドの邪魔になってはいけない」ことと「観客に言葉や司会振りがキチンと通じなければダメ」という二つの難題を解決せねばならなかった。

司会漫才が関西ではなく、東京で勃興した背景にはそうした要因があったのではないだろうか。

上方漫才のようなアクの強さ、笑いを前面に押し出したサービス精神や、関西弁の面白さを売りにする姿勢は、残念ながら司会漫才に向かなかったのだろう。

この二つの難題を見事に解決したのがコロムビアトップ・ライトであった。

二人は標準語の強みである「誰でも理解できる」ことを活かし、歌手の紹介や土地土地の話題を取り入れた漫才を展開した。ともすれば堅苦しくなる標準語を上手く活用し、アクの強くならない綺麗な漫才にして見せたのはトップ・ライトの力量であった。「邪魔にならず、日陰になりすぎず」といった司会の理念と東京漫才が見事に組み合わさったというべきだろうか。

歌手や関係者ともども、ショーの会場の観客と一体となって番組や会を盛り上げるスタイルを確立したのは彼らであった。

かくして、コロムビアトップ・ライトは一躍時の人となり、司会漫才の完成者としてショーにメディアに引っ張りだことなった。十数本のレギュラー番組を抱え、一日数本の司会を担当していたのだから、けた外れの忙しさである。

コロムビアトップ・ライトが売れれば売れるほど、司会漫才の需要は全国へと広がることとなった。そして、その華々しい活躍は同業者や若手たちの憧れるところとなった。司会漫才の出現によって、漫才師の中に「司会者」をめざすという選択肢が生まれるようになったのである。

若手たちは懸命に司会術や司会漫才のスタイルを勉強し、芸能社やレコード会社は優秀な人材を専属司会者として契約した。獅子てんや・瀬戸わんや、晴乃ピーチク・パーチク、木田鶴夫・亀夫、大空平路《おおぞらへいじ》・橘凡路《たちばなぼんじ》、青空千夜・一夜、青空うれし・たのし、新山《にいやま》ノリロー・トリローといった戦後の人気漫才師たちは、この司会漫才の恩恵を受けて売り出したといっても過言ではない。

司会漫才の勃興により本家の司会業界にも大きな革命が起きた。これまでは一人で司会をしていた若手司会者たちが、コンビで活動し始めるようになったのである。宮城けんじ、及川洋《おいかわひろし》、伏見《ふし》痴《み》か《ち》志《し》、音羽《おとわ》アキラ、志賀晶《しがあきら》といった司会者の卵たちはこぞってコンビを組み始めた。

「実績のない若手司会者は一人で仕事を貰おうとしてもダメだった」

「漫才をやるつもりはなくても暫定的にコンビを組むことで、司会漫才と認められて仕事にありつけることがあった」

「司会漫才をしている中で息があったコンビが漫才師になった例は沢山ある。司会時代に知り合った仲間とコンビを組んだこともある」

などと、司会漫才の経験者からそんな話を伺ったことがある。そんな司会漫才の隆盛は後年の東京漫才の隆盛に繋がることとなる。司会業に限界を感じた若い司会者たちが、司会漫才の経験を活かして東京漫才へと転入してきたのである。

榎本晴夫《えのもとはるお》と志賀晶は「エノシガコンビ」として漫才界の中堅として活躍し、宮城《みやぎ》けんじは「Wけんじ」の片割れとして一世を風靡するほどの人気を集めるに至った。これだけ見ても、司会漫才の役割や恩恵は計り知れないものがある。

レコード会社や興行師たちも、司会漫才の獲得や育成に力を注ぐようになる。その背景には、トップ・ライトを筆頭にする司会漫才の人気以外に、「二人一組の漫才師を司会にしておけば、漫才としても喜劇役者としてもピンの司会者としても活用出来る」というコンビならではの利便性もあったようである。

さらに、司会漫才は民営放送局開設に伴う放送ブームに乗り、「番組司会者」の分野でも活躍することとなった。

当時、ラジオやテレビで人気があったのは演芸番組や歌番組であった。大掛かりなセットや人材を必要とせず、司会と出演者がいれば番組として成立してしまうのだから何より簡単だ。しかも、司会者に漫才師や芸人を起用すれば、出演者兼司会者として両用できる。その司会者がめざましい司会振りを発揮して、他の出演者以上に人気を集める場合もあった。

コロムビアトップ・ライト、南道郎・国友昭二、獅子てんや・瀬戸わんやなどといった漫才師が実力を発揮することで民間放送のレギュラーに抜擢されるようになったのだ。さらにトーク番組やテレビ番組の隆盛も、漫才師の司会業に大きな追い風となった。漫才師が番組の顔となり、司会進行を務めるという番組が数多く出てくるようになった。それは演芸番組だけではなく、歌番組やワイドショーにまで広がることとなった。

寄席漫才の復興

戦後爆発的に増えた司会漫才やタレントたちであったが、寄席漫才も負けてはいなかった。東京漫才の復興は、司会漫才と寄席漫才の二本柱によって成し遂げられた。

強制疎開や東京大空襲でその大半が焼き払われた寄席であったが、戦後復興の波に乗ってなんとか再建に成功し、上野鈴本、新宿末廣亭、麻布十番倶楽部、新富演芸場、人形町末廣などが復活している。さらに朝鮮戦争特需の波に乗り、一九五〇年代前半には浅草末廣亭、まつみ亭、川崎演芸場などといった演芸場もオープンし、戦後の寄席ブームを担うこととなる。

戦時中、講談落語協会と統合されていた「落語協会」「日本芸術協会」もそれぞれ元通りになった。

さらに桂米丸、三遊亭歌奴、林家三平、桂小金治、春風亭柳昇――といった優秀な青年たちが続々と落語界に入門。なんとか人材を確保することができた。そうした落語界とは裏腹に色物の世界は余りにも寂しいものがあった。

太神楽曲芸や奇術の芸人たちは地方巡業や進駐軍慰問に忙しく、寄席に戻ってくるほどの余裕や時間もなかった。さらに、寄席の人気者であった芸人たちが立て続けに亡くなったり、引退したのも大きかった。

奇術の吉慶堂李彩《きつけいどうりさい》、尺八漫談の立花家扇遊《たちばなやせんゆう》、音曲の四代目柳家枝太郎《やなぎやえだたろう》は東京大空襲に巻き込まれ死に、太神楽の鏡味小仙《かがみこせん》、茶番の湊家小亀《みなとやこがめ》、舞踊家の源一馬《みなもとかずま》、百面相の松柳亭鶴枝《しょうりゅうていかくし》なども戦中戦後の混乱の中で倒れ、死んでしまった。

太神楽の巴家寅子、曲芸の江川マストン、茶番のたぬき家連、女道楽の千家松連などは戦後も生き残ったものの、疎開や転居で復帰が難しい状態にあった。音曲の柳家小半治《やなぎやこはんじ》、太神楽の海老《えび》一海老蔵社中《いちえびぞうしゃちゅう》、小仙の弟子の仙寿郎《せんじゅろう》、曲独楽の三升小紋《みますこもん》（後の紋也）、都家福丸・香津代など少数の芸人を除けば、殆どの色物が消滅してしまっていた、といってもいいかもしれない。

そんな惨状を目の当たりにした関係者たちは、新しい芸人たちをスカウトして空いた色物の枠を埋めようと奔走した。その中には漫才師も含まれていた。

落語協会は、しゃべくり漫才のリーガル千太・万吉、音曲漫才の都上英二・東喜美江を筆頭に、しゃべくり漫才の石田《いしだ》一雄《かずお》・八重子《やえこ》、ギターと三味線の新山悦朗《にいやまえつろう》・春木艶子《はるきつやこ》、同じくギターと三味線を抱えた若手の東和子・西〆子、三味線とアコーディオンを抱えた姉妹漫才の大江笙子・京《きよう》美智子《みちこ》、三味線コントを売りにした春日富士松《かすがふじまつ》・雪雄《ゆきお》などを抱え込んだ。

一方の日本芸術協会は、三味線と踊りを主体にした母娘漫才の立花家色奴《たちばなやいろやっこ》・小奴《こやっこ》、粋な喋りで人気があった十返舎亀造・菊次、ギターと三味線を抱え「スイングコント」と名乗った杉ひろし・まり、お座敷芸やカッポレを売りにした桜川ぴん助・美代鶴、バイオリンをかき鳴らす夫婦漫才の美和《みわ》サンプク・メチャコ、ジャズ漫才を売りにした中禅寺司郎《ちゆうぜんじしろう》・滝喜世美《たききよみ》、踊りを売りにした浅田家章吾《あさだやしようご》・雪恵《ゆきえ》、同じく踊りを得意とした桂三五郎《かつらさんごろう》・河内家芳江《かわちやよしえ》、邦楽を基盤にした歌謡漫才で人気のあったシャンバローなどを抱え込んでいる。

彼らの多くは、昭和四十年代・五十年代まで活躍を続け、寄席ブームや東京漫才の人気を支えた。読者の中には「見たことがある」と懐かしく思う人もいるのではないだろうか。

戦後の寄席漫才は長らく、音曲漫才が好まれた。三味線やギターを抱えて高座に上り、邦楽や流行歌を歌ったり、三味線やギターで曲弾きをして見せる高座がよく受けた。実際、右に挙げた漫才師の半数以上は音曲漫才であった。

また、楽器こそ持たないものの、「疑似音曲漫才」というべき存在も多かった。十返舎亀造・菊次はしゃべくりの合間に都々逸や小唄端唄の一節を聞かせる芸を得意とし、中禅寺司郎・滝喜世美はジャズバンドの声帯模写や舞踊を取り入れ、舞台で暴れまわった。

今日我々が想像するような立ち姿のしゃべくり漫才を演じていたのは、リーガル千太・万吉くらいなものであった。こうしたところにも千太・万吉の特異さがあったのかもしれない。後年、コロムビアトップ・ライトやWけんじなどが寄席に進出し、しゃべくり漫才も定着するようになるのだが、昭和末までは寄席は音曲漫才の勢力がつよかった。

かくして寄席漫才は復興し、東京漫才の一翼を担うようになった。

その傍らで、諸事情のために漫才師になっていた人々を本業に戻らせる「カムバック現象」も起きた。先述した通り、戦時中の統制や戦後の生活難によって、元々は別の芸を演じていた芸人が建前上「漫才師」を名乗り、漫才家団体や演芸一座に出入りするような時代があった。それが戦後の復興や好景気などで、漫才師でいる必要もなくなった。また、いくら色物不足とはいえ「色物のほとんどを漫才師にするわけにはいかない」という寄席側の事情があった。

また生活難や戦争の影響で漫才師になっていた芸人からすれば、「元々得意としていた芸でカムバックして欲しい」といった寄席側の要請は渡りに船であった。地位や出番の保証がされた上でのカムバックは悪い話ではなかったというわけである。音曲の文の家かしく（一筆・かしくで活動）、春風亭枝雀《しゅんぷうていしじゃく》（妻のかほるとコンビ）、曲技の東富士夫（妻のとよ子と本名の進士忠良・とよ子でコンビ）などは特にいい例といえるだろう。

戦前戦後東京の寄席で活躍した漫才師たち。右上より時計回りに、
桂三五郎・河内家芳江、浅田家章吾・雪恵、大江笙子（右）・京美智子
新山悦朗・春木艶子、東和子（右）・西〆子、中禅寺司郎・瀧喜世美
桜川ぴん助・美代鶴、美和サンプク・メチャ子　（著者蔵）

漫才研究会発足

一九四五年の敗戦と同時に当時の大日本漫才協会は解散の運命を辿った。

ここから協会が再編される――と思いきや、敗戦のダメージは予想以上に深刻であった。協会を作れるだけの活力や人員を失い、また協会を担っていた幹部や協会員がことごとく漫才界から離れたのも再編を困難にした大きな要因であった。

確認できるだけでも、帝都漫才協会の幹部だった砂川捨勝は葛飾、玉子家源一は埼玉県桶川、荒川小芳は亀有、松島家圓太郎は埼玉県草加町、林家染団治は千葉県津田沼へと疎開。また都心に居を構えていた幹部の前田勝之助、東亭花橘、唄の家《うたのや》一八《いっぱち》、林家染松といった面々も地方に仕事を求めて、東京を離れることが多かった。協会を作ろうにも作れない事情があったのである。

その中で僅かに林家染団治が門弟たちを集め、「林家会」を再興させている。これが戦後の漫才師団体の第一陣だったようである。そこから発展する形で「関東漫才協会《かんとうまんざいきょうかい》」なる団体が結成された。会長は林家染團治、副会長は市村寿太郎が選出され、活動をしていたらしい。しかし、この頃の資料が殆どないため、どれほどの会員数がいたのか、不明な点が多い。

演芸作家の松浦善三郎（泉三郎）が連載（一九五四年五月三週～一九五三年十月四週）していた『関東漫才切捨御免』（『アサヒ芸能新聞』一九五四年五月三週号）という記事の中に、若干ではあるがこの関東漫才協会の内情が記されている。

「現在ある関東漫才協会も有名無実。何んとか今のうちにもう一度テコ入れをして、実質的に協会加入者の安全福利発展に寄与するところあるものになることを望む。現状は年をとってただ舞台歴が長いというだけで、やれ理事だとか、それ幹事だとか、落語のカンペイ式ではないが役員ばかり。」

「自分たちの修練場をつくることを忘れて落語席に出演しているのはナサケない。松竹が力をいれない、吉本は元気がないといつまでも他力本願の夢を捨てきれないところに団結も発展もない。今の漫才界は寄生虫であるといわれるゆえん。より大衆に支持の少くない新劇の俳優座にしてから自分たちの道場をつくったではないか。」

これだけ見ても、関東漫才協会がほとんど機能していなかったことがわかる。東京の漫才師たちは敗戦から十年の間、団体らしい団体を持たず、漫才を演じ続けていた。

こうした団結力のなさも、司会やメディアで活躍する司会・放送漫才と、寄席で活躍する寄席漫才、浅草や地方巡業で活躍する浅草漫才との間の分断を、より一層ひどくする結果となってしまったのではないだろうか。

しかし、いつまでも敗戦の混乱に振り回されている漫才界ではなかった。敗戦からわずか十年の間に、多くの若手漫才師がデビューを果たし、疎開していた長老たちも復帰をし始めたことも大きかった。

「我々も落語家や浪曲師のように団体を持つべきではないか。メディアや芸能社への交渉の窓口として協会を持つべきではないか」といった声が上がるのは必然であったといえよう。

また、民放のラジオ局の開設や戦後復興の好景気、芸術祭をはじめとする国家の芸術応援といった戦後の風潮や新しい動向も、団体設立の大きな要因となったようである。落語家や浪曲師が団体を中心として放送局やメディアとの対応を行ったり、行政との交渉を行って権利を拡げている中で、漫才師ばかりがいつまでも一匹狼でいるわけにもいかなかった。ましてや東京には吉本や松竹といった「話や仕事をつけてくれる」大手の芸能事務所が存在しないことも問題であった。

一九五四年頃より、元NHKアナウンサーで演芸に詳しかった文化人・松内則三《まつうちのりぞう》を中心に、当時の幹部・興行師・メディア関係者たちが結束して、研究会発足の音頭を取り始めた。発足のために、寄席・浅草・司会といった柵を超えて団結を試みた。

漫才研究会発足の会議が正式に行われたのは、一九五五年一月のことである。一連の動向は『東京漫才倶楽部演目帳』という台帳に記録されている。一回目の会議の結果、「リーガル万吉会長・林家染団治副会長」という暫定的な路線が打ち出された。

そして、漫才研究会会則の作成も行われ、十一条の会則が決められた。

この第一回目の会議の時に集まった会員数は三十八組。流石に会員が少なすぎるとなったのだろうか、ひと月の間、会員のスカウトや会則の削除や追加などについやされた。

二月十四日、再び総会が行われ、会員の確認と会則の調整が行われた。この時、会員は五十組を超え、入会審査待ちの芸人もいた。関係者たちは、十一条の会則の中にあった、「会員になるには推薦が必要」「会員の罰則」の二ヶ条を削除し、会員の制限を撤廃する方針を立てた。この総会をもって、漫才研究会は発足することとなった。

二月二十七日、有楽町ヴィデオホールにて発足を記念した漫才大会を開催。発足から記念大会までの間にも数組の漫才師が入会し、浅田家章吾、中禅寺司郎が新たに幹部に加わるというドタバタの最中での開催であった。当日、四十六組の会員が大会に出席。大会は大盛況のうちに終了し、新聞雑誌も漫才研究会発足を取り上げてくれた。滑り出しは好調であったといえよう。

この後も、会員は着実に増え続け、その年の春には六十組を超えた。そして、保留となっていた幹部連の最終決定も行われた。

会　長（会計監査）リーガル千太・万吉　　会長補佐　林家染團治・高野美貴子
常任幹事　都上英二・東喜美江、宮田洋容・不二幸江、浅田家彰吾・雪恵、中禅寺司郎・滝喜世美
幹事（会計）三国道雄・宮島一歩　　幹事（婦人部長）隆の家栄龍・隆の家万龍
幹事（書記長）荒川芳勝・荒川八千代　　幹事（青年部長）コロムビアトップ・ライト
幹事（青年部指導）南道郎・国友昭二　　幹事（事務）玉川一恵・南部週三（作家）
幹事　大空ヒット・三空ますみ、青柳道哉・柳七穂、椿晃一・橘眞理子、桂三五郎・河内家芳江、桜川ぴん助・美代鶴、松鶴家千代若・千代菊、高波志光児・光菊、新山悦郎・春木艶子、砂川捨勝・祇園千代子、大道寺春之助
事務連絡　東イチロー・ハチロー、光の家龍夫・光の家龍子

書記　直井オサム・大澤ミツル、美和サンプク・メチャコ

ここにリーガル千太・万吉体制が誕生し、万吉が実権を握った。しかし、万吉会長には大きな問題があった。それは「ほとんどの幹部や浅草系の漫才師が万吉会長をよく知らない」という問題である。これは、千太・万吉の特異な立ち位置が関係をしていたようである。

先述の通り、千太・万吉はリーガルレコードの専属として、独自の活躍でその人気を展開していた。ところが、リーガル千太・万吉は、他の漫才師と余り交友がなかった。落語家団体に所属し、浅草の劇場や漫才大会には殆ど出なかった。さらに、当人たちは長らく落語家関係の交友が深くて、寄席に出ている漫才師とは別段仲がいいわけではなかった。

そんな人物が会長に就任した。幹部たちが「リーガル万吉の名前は知っているがどういう人なのかよくわからない」と警戒するのは無理もない話であった。もっとも、リーガル万吉個人の性格は温厚で物静か、よくできた人であった。むしろつきあいのあった若手からは「尊敬すべき先輩」という形で大切に扱われた。

一方、余りにも人が良すぎるがゆえに、積極的な協会の運営や介入を行うことはせず、時には幹部たちが勇み足で物事を決めてしまうこともあった。そんな役員・会員間の意思疎通の悪さや漫才研究会の漫然とした対応が後年の「分裂騒動」に繋がることになる。

とにもかくにも、漫才研究会は漫才師団体として出発をした。これは紛れもなく大きな一歩であったといえる。

NHK漫才コンクールの開催

漫才研究会の設立に際して議題にあがったのが「新人・中堅の育成と売り込み」と「東京漫才専門劇場の獲得」であった。

漫才研究会が最初に手を付けたのが「新人・中堅の育成と売り込み」であった。

先述の通り、戦後十年の間に若手漫才師が激増した。その多くが漫才研究会に入会し、貴重な人員となっていた。

トップ・ライトのように、既に売れっ子になっている若手もいたが、それ以外の若手たちは海のものとも山のものともつかなかった。

そんな若手たちの発奮を狙って生み出されたのが「漫才コンクール」であった。

漫才コンクール開始のキッカケとなったのが、サンケイ新聞主催で実施された「漫才新人コンクール」である。

一九五六年一月二十五日、当時の若手漫才師たちを集めて「漫才新人コンクール」は実施された。この時、見事優勝したのが、獅子てんや・瀬戸わんやである。てんや・わんやの二人は師匠・内海突破が得意としていたコント風漫才「国定忠治」を演じ、栄冠を摑んだ。

このコンクールは一度きりで終わってしまったが、その試みと形式は漫才研究会とNHKが引き継ぐこととなった。

漫才研究会幹部は研究会の相談役に就任していたＮＨＫ芸能部の坂本朝一を通じて、ＮＨＫ漫才コンクールの実施を要請した。ＮＨＫはその要望に応え、一九五七年三月二日、ＮＨＫホールで「第一回ＮＨＫ漫才コンクール」が開催される運びとなった。

「ＮＨＫ漫才コンクール」は一九八六年に廃止となったが、その後「ＮＨＫ新人演芸大賞」に引き継がれた。

第一回コンクール当日は坂本朝一、リーガル万吉が祝辞を述べ、応援にコロムビアトップ・ライト、都上英二・東喜美江がかけつけた。

推薦やオーディションで決められた十組が本選に出場。その顔ぶれは、森信子・秀子、光《みつ》の家《や》竜夫《たつお》・竜子《りゅうこ》、内海桂子・好江、春日章《かすがあきら》・ちえみ、東まゆみ・大和ワカバ、坂東天才・曾我秀才、東和子・西〆子、獅子てんや・瀬戸わんや、春日照代・淳子、木田鶴夫・亀夫。

後年、漫才史に名を残した名コンビたちが顔をのぞかせているのが印象的である。

そして審査の結果、優勝の栄冠を勝ち取ったのは獅子てんや・瀬戸わんやであった。両人は新作ネタ「世界旅行をかえりみて」で勝負に挑み、高い評価を受けた。準優勝は坂東天才・曾我秀才、第三位は木田鶴夫・亀夫、第四位は内海桂子・好江という結果であった。

予想を上回る新人たちの奮闘に感心した幹部たちは、引き続きＮＨＫに掛け合って漫才コンクール継続へとこぎつけた。ＮＨＫにとっては、漫才コンクールの模様を放送すれば演芸放送の穴が埋められる、コンクールの実施によって世間の注目を集めることができる、といったメリットがあった。

漫才研究会とNHKは、「漫才コンクールは春と秋の年二回開催」で、「春は新作、秋は十八番」という取り決めをして、コンクールを定期開催することとなった。ただし、「年二回の開催」の取り決めは一九六二年に改定され、以降は「年一度の開催」に変更されており、「春は新作、秋は十八番」のルールも撤廃された。

第二回は一九五七年十一月二十七日に開催され、九組のコンビが出場した。審査の結果、並木一路・宮田洋々門下の木田鶴夫・亀夫の凸凹コンビが優勝。準優勝は落語協会所属の音曲漫才、春日富士松・雪雄。第三位は内海桂子・好江であった。

第三回は曾我天才・坂東秀才、第四回は内海桂子・好江、第五回は大空平路・橘凡路、第六回は直井オサム・大沢ミツル（晴乃ピーチク・パーチク）、第七回は青空千夜・一夜……と、後年、東京を代表するコンビが優勝の栄冠に輝いている。

いつしか漫才コンクールは「東京漫才の登竜門」と目されるようになり、メディアや関係者は「漫才の芥川賞」としてコンクールを扱うようになった。若手漫才師たちは「コンクールで優勝して売り出す」ことを目標に、修業に励むようになった。

一方、コンクールが権威的になるにつれて「入賞できないので解散」「コンクールが原因で不仲」などといった問題も出て来てしまった。

女流漫才の頂点に立った内海桂子・好江のコンビもその問題に直面したコンビである。

一九五二年にコンビを結成した二人は、相応のキャリアと実力こそあったが、漫才コンクールでは「優勝できない」という挫折を味わい続けていた。第一回は第四位、第二回は次点、「次こそは優勝」と意気込んだ第三回も準優勝で終った。

大きな挫折を味わった好江は服毒自殺を試みるほど悩み、一時はコンビ解消を考えては相方と衝突を繰り返した。それでも二人は「漫才コンクール優勝」を目標にコンビを続け、第四回漫才コンクールにおいて優勝の栄冠をもぎ取った。

この優勝以来、内海桂子・好江は東京漫才を代表する女流漫才として認められ、高い人気を集めることとなった――しかし、このコンクールの一件で二人の不満が露わになり、しばらくの間不仲の関係に陥ってしまったという。

他にも、入賞を逃したり、そもそも本選に出られなかったことで喧嘩や対立をして、コンビ解消――ということがあり、それが問題視された。人気や権威を求めるばかりで、「面白い漫才をやる」「ずっと漫才師を続ける」といった本来の夢を持ちにくくなる結果にもつながった。

また漫才コンクールで優勝しながらも、実力を発揮できずに終ってしまった漫才師もいる。

クリトモ一休《いっきゅう》がその最たる例であろう。春日三球に関する話題では必ず出てくる人物であるが、その経歴が語られることは少ない。

一休（本名・内堀欽司）は、一九二八年十一月十三日、新宿生まれ。相方の春日三球よりも五つ年上である。日本大学経営学部を卒業後、天理教の教会に入って教師の免許を取り、牛込大教会の教誨長を勤めていたというのだから、異色の経歴である。

布教活動中に結核に罹患し、世田谷のサナトリウムに入院した。入院中に演芸の楽しさを知って芸人を志した。退院後、リーガル万吉に入門を志願して、弟子となった。間もなく千太・万吉に弟子入りをした近馬一正（春日三球）とコンビを組み、「クリトモ一休・三休」と名乗った。デビュー後、二人はリーガル千太・万吉から「漫才コンクールで優勝したらリーガルの姓を許すという約束」を貰った。今以上に屋号が重要視された時代ゆえ、リーガルの屋号は大きなブランドであった。兄弟子に当時人気を集めていたリーガル天才・秀才がいたことも大きかった。

一九六二年三月、悲願の優勝を遂げ、師匠にも認められた。仕事も沢山もらい、これから襲名披露という矢先に一休が急逝した。同年五月に発生した国鉄（現・ＪＲ）の三河島事故に巻き込まれたのである。

三休が事故現場に駆け付けた時、一休は既に物言わぬ仏様となっていた。胸ポケットには血で染まったスケジュール帳があったという。三休は大切な相方をあっけなく失ってしまった。そんな悲劇が漫才コンクールの歴史の中にはあった。

栄冠と挫折、喜怒哀楽……光と闇を抱えた漫才コンクールであったが、それでも「登竜門」としての地位は揺らぐことはなかった。

東京漫才専門寄席「栗友亭」

「東京漫才専門劇場の獲得」は戦後東京漫才の悲願であった。

当時、東京には落語協会・芸術協会が中心の寄席の他、浅草松竹演芸場、淺草木馬館、東宝名人会、東横名人会といった会があった。寄席漫才師たちは寄席、司会漫才師たちは名人会、浅草の漫才師たちは松竹演芸場と木馬館を拠点に活動を続けていた。しかし、寄席や劇場の多くは落語や講談などが主体であり、漫才はあくまでも色物で脇役扱いであった。

僅かに浅草松竹演芸場が漫才を前面に出して興行を行っていたが、他の色物や喜劇などとの混合舞台であり、専門劇場とは言い難かった。

関西に目を向けると、古くから漫才専門劇場が軒を連ね、一九五〇年代から六〇年代初頭には、千日劇場、角座、浪花座、神戸松竹座といった漫才中心の劇場が続々とオープンした。そんな劇場群は、昭和の末まで関西を代表するお笑いの聖地として人気を集めた。

東京漫才から見ればうらやましい以外の何物もなかった。

その中で「東京にも漫才専門の小屋がほしい」という声が上がるのは必然であったといえよう。そんな漫才研究会の元に「南千住の寄席、栗友亭《くりともてい》が興行元を探している」という話が入った。一九五七年のことである。

これを好機と捉えた関係者はすぐさま獲得のために動き、栗友亭と交渉に入った。話はうまくまとまり、一九五七年三月、栗友亭を「東京漫才専門の寄席」にすることとなった。

栗友亭は南千住で栗本商店を営む栗本友爾が「千住界隈にも寄席が欲しい」という願いを込めて、数年前に作られた寄席である。栗本商店の二階部分をそっくりそのまま高座と楽屋に改築して「栗友亭」が完成した。名前の由来は席亭・栗本友爾の姓と名をとったものだ。

一九五四年頃より開場に向けて奔走し、一九五五年一月一日、こけら落としを行った。一月ほど特別興行を実施し、二月より落語中心の寄席興行が始まった。当初は落語専門の寄席を目指していたそうで、東京寄席同業組合に加入し、落語協会と芸術協会から人材を回してもらっていた。興行は上中下席の十日替りで、落語協会と芸術協会の交互というローテーションで興行が打たれていた。

当時の一枚看板や後の大御所となる若手たちがこぞって出演していたが、如何《いかん》せん地の利が悪すぎた。結局、落語中心の興行は、一九五五年八月、芸術協会の興行で幕を閉じた。

落語興行が迷走する中で、栗友亭に目を付けたのが日本浪曲協会であった。戦争で多くの寄席を失った浪曲協会は栗友亭の確保に乗り出し、興行を打った。南千住近辺は労働者や浪曲愛好家が多かったこともあって、落語興行よりは長く続いたものの、安定した成功とはいえなかった。結局、一九五七年に浪曲興行も撤退し、再び穴が開いた。

その後、栗友亭の興行に名乗りをあげたのが漫才研究会であった。先述の通り、「漫才専門劇場がほしい」と考えていた漫才研究会はその後釜にうまくおさまった。興行元を探していた栗友亭からしても渡りに船だったようである。二度目の改装を経て、一九五七年三月一日、栗友亭は「漫才研究会定席」として華々しくスタートを切った。

開場の話を聞いた漫才界の長老の中には「自分も手伝わせてくれ」と申し出るものもあった。中村玉千代という漫才師は栗友亭の出囃子演奏、松鶴家日の一はお囃子と雑用を担うことになった。それ以外にも長老や関係者が出入りし、様々な形で定席の援助を行った。

開場当日には、放送局・新聞局から送られた花輪やくす玉が栗友亭の前を彩り、芸能社や商店街から金一封や酒樽が届いた。

こけら落とし公演にはリーガル千太・万吉以下、ヒット・ますみ、英二・喜美江、洋容・幸江などの大幹部が顔を並べたほか、特別出演として漫談の東喜代駒、前田勝之助、山野一郎《やまのいちろう》、並木一路、落語の柳亭痴楽、講談の一龍齋貞丈《いちりゅうさいていじょう》などが花を添え、大入りを記録した。

これに自信をつけた漫才研究会は、新宿末廣亭、川崎演芸場、栗友亭三席同時漫才大会を催すなど、集客と話題作りに腐心した。

幹部たちや人気者たちも忙しいスケジュールをやり繰りして出来るだけ出演するように心がけた。栗友亭存続のために身を削り続けたといってもいいだろう。また、若手の抜擢も積極的に行った。若手の為に出番を用意し、勉強する機会や場所を確保した。時にはいい出番を与え、舞台度胸をつけるように計らいもした。

開場当初は多くのお客が来場し、大入袋が連日出た。関係者たちも「これなら大丈夫だろう」と胸をなでおろした。

しかし、その好調も最初の数カ月で尻すぼみとなってしまった。見る見るうちに客足は遠のいていき、気が付いたらこれまで以上の不入りを記録するようになってしまった。テレビ・ラジオブームによる「寄席へ行かなくても演芸が見られる」という状勢の変化、東京漫才だけの変化に乏しい番組編成、都心から少し離れた立地の悪さも仇になった。

客足はどんどん鈍くなり、ひどい時には「来場者よりも出演者の方が多い」という日が続いたのだから、その不入りぶりがよくわかる。

「珍しく大入りを記録したが来た客は誰も笑ってくれない、それどころか泣いている客もいる。笑わないのは当然で、隣町の火事から焼け出されて来た人たちだった」など、笑うに笑えない逸話まで残されている始末である。

この火の車の有様は、当時の『読売新聞夕刊』（一九五八年六月二十一日号）の『東京漫才関西へ挑戦』なる記事の中に、詳しく紹介されている。如何に苦しい状況にあったか、よくわかる部分を引用してみよう。

「日曜日でも五、六十人、平日では二十人前後、ヒドい日になるとたった四人ということもある。七十円の入場料を今月から五十円に値下げしてしまったのも、こうすれば何とか…と考えたからだが、結果は依然として同じだ。」

「席亭の理解ある計らいで、家賃はタダというのが、せめてもの救いだが、毎日十組から十二組出るコンビには出演料はおろか、一文の交通費も出ない。」

「席亭は座ぶとん代、お茶代などで一日二百、三百円の利益を上げ、漫研側は月二十日の興行で約三万の収入。この中から修業中の若い人十四人への通勤定期代、ビラ代、事務費などをまかなって収支をからくもトントンに保っているというのが栗友亭の台所だ。」

すさまじい書かれようであるが、全て事実である。人気者や長老が出なくなった栗友亭はますます人気がなくなり、人気がないから、客足が落ちる、客足がないから興行費用が出せない――といった負のスパイラルに囚われた。さらに、開場から一年半後の一九五八年の夏、漫才研究会内に大きな分裂騒動が勃発し、看板漫才師が栗友亭に出て来なくなってしまった。これがとどめの一撃となった。

席亭の栗本友爾氏は、商店の売り上げを担保にして存続を計った。しかし、栗友亭の経営も債務も限界に来ていた。

一九五九年三月、栗友亭は廃業を宣言、四年間の寄席興行に終止符が打たれた。閉場当日、漫才研究会の幹部たちが栗友亭の前で、手打ち式を行って別れを告げた。漫才専門の寄席としてはたった二年間の活動期間であった。

以来、東京漫才は漫才専門の小屋を持たずに（浅草東洋館は準専門と言ってもいいかもしれないが）、今日まで来ている。

それでも「東京漫才が漫才専門の劇場・栗友亭をもっていた」という実績は揺らぐことはなかった。たとえ短期間であれ、東京漫才だけで独自の興行を実施できたことは東京漫才に大きな自信を与えることとなった。

一方、自信はつけても「東京漫才専門の寄席」の悲願は叶うことはなかった。栗友亭閉場後、浅草ロキシー劇場を漫才専門劇場にする計画があったほか、一九六九年には錦糸町の映画館を改装して「楽天地演芸場」なる漫才専門の劇場を設けている。開場当時は「期待の劇場」と新聞で騒がれたが、無計画な開場によるトラブルやアクセスの問題で、半年で閉場となった。

東京漫才には吉本や松竹のような多くの劇場や寄席を抱え込む芸能事務所がないのも、泣き所であったといえよう。

東西交流の復活

東西交流の発展は、戦後の漫才界における一つの悲願であった。

先述の通り、東京漫才勃興から敗戦直前までの約二十年の間、東西漫才は盛んに行き来していた。吉本・松竹といった大手芸能社に所属していた芸人たちにとって、東西交流は日常の延長線のようなものであったという。

「今週は東京の劇場、来週は大阪の劇場」といったスケジュールや番組も普通に組まれていた。関西の大幹部が東上を行ったり、また東京の大幹部が関西へ赴くことは何もおかしいことではなかった。

会社もそれを承知しており、寄席や劇場の広告に「久々の東上」「関西初御目見得」といった東西交流を象徴するような宣伝を行っていた。

しかし、そうした東西交流も太平洋戦争の戦況の悪化や移動規制で行われなくなり、戦後の混乱もあって一時中断した。

戦後の復興を経て、東西交流も徐々に復活するようになり始めた。東京の寄席に砂川捨丸・中村春代、タイヘイトリオといった関西の芸人を招聘したり、千太・万吉や英二・喜美江が大阪の戎橋松竹《えびすばししょうちく》に招聘されるようになった。また、ミヤコ蝶々や夢路《ゆめじ》いとし・喜味《きみ》こいしなどが所属した若手漫才グループ「漫才学校」が花々しく東上して公演を行ったこともある。全くの没交渉という訳ではなかった。

ただし、以前のような「今週東京、来週大阪」といったところにまでは至らなかった。特に吉本や松竹といったかつての東西交流の拠点となっていた芸能事務所が、撤退・規模縮小を行っていたのは大きな痛手であった。

これらの芸能社の縮小は東西交流の妨げとなった。拠点がない以上、交渉の場を設けるだけでも一苦労であった。その中で、「東京漫才の大会を大阪で開こう」という気運が生まれた。幹部や関係者は関西に行って、劇場の契約や興行日程、出演者の決定などを行った。

一九五八年七月四日から七日までの四日間、京都南座で「東京漫才顔見世大会」の開催へとこぎつけた。南座は「東京漫才殴り込み」と大見出しをつけて、宣伝をした。

リーガル千太・万吉、大空ヒット・三空ますみ、コロムビアトップ・ライト、都上英二・東喜美江、青空うれし・たのし、青空千夜・一夜、東和子・西〆子、東まゆみ・大和ワカバ、東陽《あずまよう》子《こ》・星ススム、内海桂子・好江、大空平路・橘凡路、春日淳子・照代、春日チエミ・章、木田鶴夫・亀夫、リーガル天才・秀才の新鋭中堅併せて、十五組三十名の大所帯であった。

これだけの顔ぶれは、東京の漫才大会でもなかなか見られないものであった。

「なぐり込み」と物騒なキャッチフレーズがつけられたが、関西の芸人たちは暖かく迎えてくれたという。戦前の東西交流や漫才大会で顔見知りになっていた芸人、修業時代に仲良くなった芸人、中には兄弟弟子や兄弟分という間柄の芸人もいた。

若い頃に上方で修業をした漫才師や戦前の東西交流を知っている漫才師にとって、その再会や応援は特に嬉しいものであった。暇さえあれば両者は酒宴や食事の席を設け、楽屋や宿へ顔を出した。関係者たちは一層の親睦を深め、和気あいあいとした公演となった。

そんな歓迎と応援の中で開催された東京漫才大会であったが、その結果は芳しいものではなかった。吉田留三郎《よしだとめさぶろう》は『かみがた演藝　漫才太平記』の中で、

「南座のなぐり込み興行は大好評とまでは行かなかったが、当時の東京漫才ばかりが一つ舞台に集まれば当然の結果といえる。」

「ポツンと一組だけを見聞きする時は、それぞれに立派な内容を持っているのであるが、集団となって見聞きする時は個性というものに対して非常に稀薄な印象より残らないのである。」

と、その長所短所を鋭く指摘している。東京漫才の清廉さや迫力のなさが、関西の観客にとっては物足りないという結果に終わってしまった、と評するべきだろう。事実、東西の漫才やお笑い観や美学の違いを、東京漫才師はこれでもかと痛感させられたという。

トップ・ライトや天才・秀才に代表される時事漫才が殆ど受けず、英二・喜美江や桂子・好江のような古典的な音曲漫才が一番受けたというのだから皮肉である。天才・秀才に至っては高座の上から「東京から来たのに反応がない」と客いじりをしたため、関西の観客を激怒させ、千太・万吉が仲裁に入る一幕まであったほどである。

一方で、これまでのような少人数での僅かな交流から、団体単位での交流にまで戻すことに成功したのは、大きな収穫であった。

「東京漫才にはこれだけの勢力がある」と関西の観客や芸能社への宣伝にもなった。この勢力を目の当たりにした松竹演芸や千土地興行は、漫才研究会に「大阪の劇場にもゲストとして出てくれないか」と申し出るようになった。千日劇場や角座、浪花座といった関西自慢のマンモス劇場は「東京から来演」というポスターや宣伝が打たれ、東京漫才師たちを受け入れるようになってくれた。

中でも、南座なぐり込み公演から四カ月後の一九五八年十一月、今度は上方漫才師たちが、団体で新宿松竹座（後の新宿第一劇場）に来演し、「上方漫才なぐり込み」を行った。一方、漫才研究会側は楽屋見舞いを行う傍らで、「新橋演舞場漫才研究会創立五周年記念祭」を実施して関西勢を牽制した。

この東西の激しい火花の散らし合いと交流の復活は当時の芸能雑誌を賑わせた。ここに東西交流が完全復活したといってもいいだろう。

リーガル万吉の後を引き継いだ都上英二は、この東西交流を一層盛んなものにした。自身が会長職を勤めていた間にできた大阪角座、浪花座、神戸松竹座などといった大劇場と交渉を行い、定期的な東京漫才師の派遣へと漕ぎつけている。全盛期には、月に三回ある興行の内（上席・中席・下席）、何処かの興行に東京漫才が挟まれるほどの活躍ぶりであった。

そして、こうした東西交流の再開は巡り巡って、ＭＡＮＺＡＩブーム前後における「花王名人劇場　競演東西漫才」やＢ＆Ｂに代表されるような「東京移籍」という形で大きな役割を果たした。様々な変化や進化、紆余曲折を挟みながら、東西交流は今なお続いている。

分裂時代

漫才コンクール開催にこぎつけ、東西交流を復活させ、東京漫才専門の寄席まで手に入れた漫才研究会だったが、順風満帆の研究会に待ったをかける騒動が勃発する。「宮田洋容一派の脱会事件」である。発足からわずか数年の間に理事や関係者の離脱や引退があった。

横山円童《よこやまえんどう》・花柳《はなやぎ》つばめの円童の死（一九五六年十二月）、椿晃一《つばきこういち》・橘眞理子《たちばなまりこ》の晃一の死（一九五五年）、隆の家栄龍・万龍の栄龍の寿引退（万龍は橘眞理子とコンビを結成。栄龍は一年ほどしてカムバックする）、青柳ミチロー・ナナ、砂川捨勝・祇園千代子、荒川芳勝・荒川八千代、桂三五郎・河内家芳江の隠居・退会など、確認できるだけでも相当の人的異動が発生していた。

中でも、東京漫才の大スターとして高い人気を誇っていた南道郎・国友昭二のコンビ解散は衝撃的な事件だったといえよう。

漫才研究会発足後間もない一九五五年六月、二人はコンビ解散を発表。「電撃解散」として新聞メディアを賑わせた。漫才研究会もこの発表には驚いたそうで、引き留めや説得を行ったというが、二人の意志は固く解散をしてしまった。

道郎は、コメディアン・俳優の道を選択し、「俳優」として東宝と再契約を結ぶこととなった。映画やドラマ、舞台に出演し、演技力を磨いた。後年、『人間の條件』などでの陰湿な古参兵の役で、悪役俳優としての活路を見出し、昭和の名脇役の地位を得た。

一方、国友昭二は、バンドマスターの榎本晴夫《えのもとはるお》とコンビを組んで、「榎本晴夫・国友昭二」として再出発することとなった。榎本はバンド「スイングチェリー」を率いる傍ら、台本作家・司会者としても活躍していたマルチタレントであった。このコンビで数年間活躍した後、同じく司会漫才出身の志賀晶とトリオを組み、「サラリーマントリオ」というグループを率いたが、間もなく芸能界を引退した。

道郎・昭二の解散騒動以上に問題になったのが、漫才研究会の運営の脆弱さであった。

一九五五年に発足した漫才研究会であるが、その脆弱さは発足当初から危惧されていたそうで、「また関東漫才協会の二の舞になるのでは」といった懸念もあった。全然足並みのそろわない漫才研究会の状態を、『内外タイムス』（一九五五年四月二十五日号）の「漫才界ふるわぬ関東陣二つに割れて対立　このまゝでは関西に押され気味　作者難で演技も沈滞」という記事の中で、「（漫才研究会は）実質は漫才家の放送売込みが目的といわれ、顔だけは一応ズラリと並べているが新鮮な動きは全然みられないようだ。これに加えて一部では早くも幹部横暴の声もあがるといった始末で桜川ぴん助の脱退もそんなところに原因があるといわれる」と散々嫌味を言われている。

さらに問題となったのが、幹部内に生まれた派閥である。師弟関係や横とのつながりが強かった当時、弟子ではなくても誰かしらの派閥に組み込まれるのは逃れられぬ宿命であった。

リーガル万吉会長の下で特に強い影響力を持ったのが、大空ヒット、都上英二、宮田洋容の三人であった。人気・実力・キャリアともに申し分なく、三人とも相応の人望もあった。しかし、この三人はなかなか反りが合わなかった。しかも、対立の原因が私利私欲ではなく、「漫才界をよくしたい」という願いや考えだったために、なおさらに問題がこじれることとなった。

特に宮田洋容は発会当初から、研究会や幹事の漫然とした態度や不透明な会計などに対して、批判を続けていた。自分達で音頭を取って集めたはずの積立金が漫才大会や会場費に使われずに遊興費に使われたことや理念の不一致、古色蒼然として勉強をしない長老や人気に甘んじている若手たちの態度や無分別さを、腹立たしく思っていた。研究会在籍時より『読売新聞夕刊』(一九五六年五月三十日号)の中で、『親の心子知らずの漫才会員くさる宮田洋容』という記事の中で、漫才研究会を真っ向から批判したほどである。

そうした不満が遂に爆発したのが、一九五八年夏であった。洋容は、自分の意見に同調する関係者七組——三国道雄・宮島一歩、隆の家栄龍・万龍、森信子・秀子、高波志光児・光菊、大津お萬、轟《とどろき》ススム・丘コエル——と研究会を脱会した。脱会者の半分が幹部や幹事であったのは、研究会にとって大きな痛手であった。

洋容は「東京漫才名人会」を発足させ、あくまでも漫才研究会と対抗する姿勢を崩さなかった。一方の研究会幹部たちは残るコンビと交渉して、研究会に戻るように懇願した。この交渉によって、隆の家栄龍・万龍、大津お萬の二組は漫才研究会に戻っている。一度は不満を抱えて飛び出したものの、新設の名人会もまた機能が脆弱で足並みがそろわなかったことに嫌気がさしたようである。

何とか復帰にこぎつけたのも束の間、今度は幹部の桜川ぴん助・美代鶴が名人会へと移籍。再び問題がこじれてしまった。

ぴん助もまた漫才研究会内部の漫然たる対応に強い反感を持っていた人物であった。ぴん助は、自ら台本を書き舞台をこしらえ、若手の面倒もよく見た。時には身銭を切ってまでも若手漫才師の育成や登用を行っていた。

そうした優しさや実績を持っているが故に、集まるだけ集まってもろくに面倒を見ない、勉強会もこれといって行わない、漫然とした研究会の対応は嫌悪以外の何物でもなかったのだろう。結局ぴん助夫妻が研究会に戻って来ることはなかった。

こうした内紛は一年ほど続いた。この混乱の中で、漫才研究会は人員の確保と栗友亭での興行を行わなければならなかった。

一方、名人会側も独自の興行の確立やメンバー編成などで苦労を強いられた。結局、漫才研究会の牙城を切り崩すまでには至らず、平行線のまま休戦状態へと入った。

第六章 東京漫才の隆盛

1966年より日本テレビ系列で放送されていた『お笑いカラー寄席』の写真。
この頃から漫才師が司会者としても台頭するようになる。
左より晴乃タック、晴乃チック、瀬戸わんや、獅子てんや　（遠藤佳三氏旧蔵品・著者蔵）

都上英二会長体制発足と東京漫才協会の設立

一九六〇年七月、漫才研究会会長・リーガル万吉は会長辞任を表明。都上英二に二代目会長の座を譲り渡して、会長の座を下りた。

都上英二会長の下、コロムビア・トップが副会長、大空ヒットが理事長に就任。松鶴家千代若、橘エンジロ、新山悦郎、リーガル天才、獅子てんや、木田鶴夫、内海桂子、天乃《あまの》竜二《りゅうじ》、大江笙子、浅田家彰吾、晴乃ピーチク、大空平路が理事となり、春日章とコロムビア・ライトが会計役、林家染団治、隆の家万竜が顧問に就任している。

若返りを計ったといえるだろう。若手たちが続々と幹部に登用され、運営に関与し始めるようになったことは、一つの改革であったのかもしれない。そして、会長辞任を表明したリーガル万吉にはこれまでの功労と敬意を表して、名誉会長に就任した。

漫才研究会の政権交代に触発されてか、宮田洋容率いる「東京漫才名人会」にも動きがあった。長らく開店休業状態であった名人会であるが、漫才研究会の政権交代を機に宮田洋容と桜川ぴん助を中心に、漫才研究会に対抗しうる団体を設立しようという機運が高まった。

関係者は漫才研究会に所属していない寄席漫才や浅草漫才の芸人を誘い、賛同者を募った。こうして生まれたのが、「東京漫才協会《とうきょうまんざいきょうかい》」という団体である。一九六一年三月、正式に発会宣言を出し、「漫才研究会への対抗」を強く打ち出した。

この新しい団体の誕生はちょっとしたニュースとして、当時の新聞メディアを賑わせた。以下は『読売新聞夕刊』（一九六一年三月十四日号）の記事「「東京漫才協会」できる〝研究会〟に対抗して」の引用である。


　リーガル千太・万吉やコロムビア・トップ・ライトらの「漫才研究会」に対抗して、このほど宮田羊容・布地由起江（不二幸次より改名）、三国道雄・宮島一歩ら四十二組みの漫才連が「東京漫才協会」を結成した。

　世話人には羊容、一歩、道雄のほか林家染団治、隆の家万竜、杉ひろし、桜川ぴん助の四人があたり、さらにOB?として東喜代駒（漫談）内海突破（司会）並木一路（司会）轟ススム（ハーモニカ漫談）松下欽也（風刺漫画）の五人が参加することになった。


これにより、青空・大空・高峰一門は「漫才研究会」、宮田・桜川一門は「東京漫才協会」という形で、二派が並び立つ時代が十年以上続いた。漫才研究会に関与しなかった古い浅草漫才や司会漫才を受け入れた点に東京漫才協会の特色があった。

会員には、東ダブル・谷ジョッキー、宮島五十歩・百歩、柳家語楽《やなぎやごらく》・大和家こたつ、内藤ロック・外藤パック、泉ひろし・條《じょう》あきら、松廼家《まつのや》錦治・小福、坂東多見八・多見子といった漫才師が在籍していた。こうして成立した協会は「漫才研究会への対抗」を旨に、池袋演芸場、鈴本演芸場、浅草松竹演芸場での余一会や漫才大会を開催し、漫才研究会を牽制した。

ただ、この「東京漫才協会」の構成メンバーや活動年代は今もなお謎に包まれている。宮田洋容、桜川ぴん助などが中心となって設立した、そして相当数の漫才師がいた――ということは当時の新聞や雑誌、関係者の証言から窺い知れるのだが、幹部構成や所属メンバーの顔触れなどは今なお判然としないところが多い。ほとんどといっていいほど資料がないからである。

東京漫才の芸術祭参加

二代目会長に就任した都上英二は、栗友亭の閉鎖と分裂騒動を反省材料に、協会員の結束強化や漫才の地位向上を公約に掲げた。

まず目をつけたのが「文部省芸術祭」（現、文化庁芸術祭）である。

当初は歌舞伎や能楽、日本舞踊などの伝統芸能や新劇、映画などを含む大掛かりな舞台芸術中心のコンクールであったが、一九五一年に漫談の徳川夢声《とくがわむせい》が芸術祭賞を受賞して以来、大衆演芸の参加も認められるようになった。しかし、参加申請を出して芸術祭のお眼鏡に叶ったのは落語、講談、舞踊など、伝統芸能と呼ばれるジャンルが殆どであった。

漫才研究会が結成される以前から「漫才も芸術祭に」という参加申請はあったようであるが、交渉はうまくいかなかったという。そして、漫才が足踏みしている間に、演芸家たちの受賞ラッシュが続いた。一九五三年に講談の田辺南龍《たなべなんりゅう》が受賞したのを皮切りに、落語の桂文楽、桂三木助、古今亭志ん生、三味線音曲の西川たつ――と、わずか五、六年の間にこれだけ受賞している。

「落語や色物で芸術賞をもらえるなら、漫才でも大丈夫ではないか。漫才も大衆芸術として認められるべきではないか」

関係者がそう考えるのも無理はなかった。自分達の地位の向上と話題性のためにも「芸術祭」への参加を強く望むようになり始めた。しかし、芸術祭関係者の対応は実に冷ややかであった。

「落語や講談と違って漫才には歴史がない。よって芸術とはいいがたい」

漫才師側はこのように受け取ったが、どこまで本当かはわからない。しかし、少なくとも「漫才は芸術祭にふさわしくない」と一度は拒絶されたのは事実である。当時の演芸ブームとは裏腹に如何に漫才が低く見られていたかという証拠にもなろう。それでも関係者たちは参加希望の要請を続けた。幹部たちも忙しい合間をぬって参加の懇願や啓蒙運動に励んだ。

地道な活動や説得が実を結び、漫才は一九六〇年度の芸術祭に参加できるようになった。ただ、その参加も特別扱いだったらしく、「大衆演芸」の項目に「漫才」が入れられることはなかった。

当初、芸術祭賞参加の漫才師として注目を集めていたのはトップ・ライトの方であった。彼らは十一月十五日、東横演芸場で行われる「芸能バラエティー」なる芸術祭参加の公演に出演することが認められ、ちょっとしたニュースになった。

トップ・ライトの選出に気をよくした研究会は、「こちらの漫才大会も芸術祭参加として認めてはしい」と直談判をした。最終的に芸術祭側が折れる形で、漫才の芸術祭参加を認めた。

一九六〇年十月、漫才研究会は東宝演芸場を借りて芸術祭参加の「漫才大会」を実施した。大幹部から新鋭まで混ぜた選りすぐりの公演であった。

その中でリーガル千太・万吉が演じた「焼き鳥」という漫才が高く評価され、その年の芸術祭賞奨励賞を見事に射止めた。

この「焼き鳥」は、二人が焼き鳥を食べに行き、その肉の部位や食べ方を面白おかしく茶化す——落語のようなたわいないネタであるにもかかわらず、千太・万吉は圧巻の話術でこれを演じてみせた。東京漫才のしゃべくり漫才の美学であった「日常的話題で構成された上品な漫才」を見事に体現してみせたのである。

初参加の漫才から「芸術祭賞奨励賞」が出た。漫才師たちは歓喜すると同時に「芸術祭賞をもらえるだけの技芸と評価がありながらも、未だに芸術祭の項目に入れてもらえないのはどういうことか」という声明を発表し、芸術祭の矛盾や問題点を世間や文部省（現・文部科学省）に問うた。

こうした議論や要請を受け、一九六一年度の芸術祭から漫才も大衆演芸部門の項目に加えられることとなった。

一九六一年の芸術祭賞への参加公演は、浅草松竹演芸場とイイノホールの二カ所で同時に漫才を披露する、斬新な企画であった。公演日は十月三十一日と決定し、松竹演芸場では十数組が出演する豪華漫才大会、一方イイノホールでは五組の漫才をじっくりと聞かせるという企画を打ち出した。さらに、漫才研究会のライバル・東京漫才協会も芸術祭賞参加を表明。同じ十月三十一日、上野鈴本で漫才大会を実施することを発表した。

当日は三会場とも大入りで、東京漫才の人気を改めて世間に知らしめた。「松竹演芸場はアットホームな感じ」「鈴本では飛び入りがあったりして面白かった」「イイノホールは最高のお客だった」という批評が、当時の新聞に掲載されている。

各々が高水準の漫才を見せる中で、内海桂子・好江が演じた『日本烈婦伝』の話術が高く評価され、女流コンビで初めて芸術祭奨励賞の栄誉に輝いた。この二年連続の芸術祭賞受賞の実績は漫才師に「漫才も芸術祭をもらえるだけの価値がある。決してまぐれではない」といった自信をつけさせる結果となった。以来、漫才師の芸術祭参加は例年のこととなった。

一九六七年に松鶴家千代若・千代菊が漫才大会で演じた『今と昔』の話術で奨励賞受賞。一九六八年には歌謡漫談のシャンバローがリサイタルの構成と演奏技術が評価されて同じく奨励賞、一九六九年には青空千夜・一夜が『マイホーム大作戦』の話術で、優秀賞受賞。

また、コロムビアトップ・ライトが企画・構成・演出を行った演芸大会「漫才変遷史」が評価されて、一九六三年度の奨励賞が贈られた。こちらはトップ・ライトの話術ではなく、演出家としての側面が評価された珍しい例である。

同じような例では、翌年の一九六四年度の奨励賞を「落語漫才新作長屋」という新作落語・漫才の創作を旨とする作家・芸人団体が独自の発表活動評価されて受賞した。

また、漫才出身の人物として、玉川スミ、春風亭枝雀、前田勝之助なども本業の音曲や浪曲物真似で評価され、芸術祭賞を受賞している。

芸術祭の受賞や実績が、東京漫才に大きな力と自信を与え続けることとなった。

漫才ショー「漫才横丁」の誕生

「芸術祭への参加」の目標を見事にクリアした都上英二会長は、芸術祭参加と前後して「若手の育成」の目標を掲げ、これを実行した。

栗友亭を失った反省から、英二は「専門劇場の確保」から一旦距離を置き、「今ある劇場や寄席での勉強を大切にする」という目標を打ち出した。

その中で英二が目をつけたのは、浅草松竹演芸場であった。

浅草松竹演芸場は戦前から色物が強く、特に漫才は根強い人気を持っていた。この松竹演芸場で初舞台を踏んだり、若手として芸を磨いた漫才師は数多くいる。

当時、松竹演芸場は漫才を中心とした演芸と、喜劇や女剣劇、舞踊団といった軽演劇の二本立てで興行を打っていた。

演芸番組は、数多くいる漫才師や芸人の中から、うまく見繕って並べれば興行として成り立った。一方、喜劇や剣劇、舞踊団はどうしても契約や出演の制約が厳しく、「今回はこれ、次回はこれ」と演芸のような感覚で入れ替えるわけにはいかなかった。

軽演劇は松竹演芸場の目玉であり、多くの観客やファンを呼ぶことができるが、その経費や出演料は決して安くはなく、外れれば大きな損失となった。一方、演芸は集客率こそ軽演劇に劣るが、低コスト・低リスクで、ある程度のクオリティを確保することができた。

その中で、漫才研究会と松竹演芸場の間に一つの案が生まれた。それは「漫才師にコメディを演じさせる」というものであった。

「漫才師は一応の笑いの心得があるし、漫才師としての肩書や知名度もある。そして、漫才師が新しいことをすれば話題になるし、漫才師自身も勉強になる」と、低リスクで軽演劇が欲しい演芸場と、若手漫才師の勉強と挑戦の場が欲しい漫才研究会の利害が一致した。

両者は協力体制を結び、「漫才研究会のショー」、略して「漫研《まんけん》ショー」と名付けて、実現に動き出した。

若手の中から大空平路・橘凡路、春日淳子・照代、新山ノリロー・トリローの三組が主要メンバーとして抜擢された。春日淳子・照代は少女時代からの漫才師、ノリロー・トリローのトリローは新劇俳優、ノリローも元ダンサーというなかなか優れた経歴を持っていた。

そして、一座の中心に立てられたのが大空平路・橘凡路である。平路・凡路はキャリアも人気も兼ね備えた実力派コンビとして知られていた。ざっと紹介をしておこう。

大空平路《おおぞらへいじ》（本名・菅田護）は、一九二七年十一月十七日、東京新宿の生まれ。戦後まもなく芸能界に入り、エノケン一座の俳優としてデビュー。以来、「須賀《すが》三郎《さぶろう》」という芸名でコメディアンや司会漫才をやっていたが、一九五七年、大空ヒットに入門し、漫才師となった。

橘凡路《たちばなぼんじ》（本名・吉田小源次）は、一九三一年一月十七日、東京世田谷区の生まれ。父は漆工芸の名人・吉田源十郎《よしだげんじゅうろう》、次兄は東京芸術大学名誉教授で皇后陛下雅子妃の御印「ハマナス」などを作成した芸術家・吉田左《さ》源二《げんじ》である。芸術一家の御曹司として育ち、当人も芸術を好んだ。

戦後、歌舞伎俳優を志し、二代目市川猿之助（後の猿翁）に入門。市川小三太と命名され、修業に励んでいたが間もなく廃業。その後、日本大学芸術学部に進学し、演劇論を学んでいたがそこも中退。漫才界の長老・橘エンジロの門下に入り、「橘凡路」と名乗った。

コンビを組んだ二人は、最初からしゃべくり漫才に挑戦、ヌーボーとした凡路が、達者な平路相手にボケまくる正統派の漫才を展開した。

一九五九年三月には第五回NHK漫才コンクールに優勝し、名実ともに次期幹部候補と目されるようになった。主に浅草の寄席や都内の演芸場を拠点とし、メディア出演にも熱心であった。年齢、実績ともに座頭にふさわしいコンビであったといえよう。

上演に先立ち、「漫研ショーの台本と演出を提供する」と、漫才作家の秋田實が名乗りを上げた。秋田は上方漫才一辺倒のように思われがちだが、実は東京の芸能にも強い愛着と関心を持つ良き理解者であった。東京漫才の台本を書いたり、東京漫才師を大阪に呼ぶために骨を折ったりと漫才界のフィクサーとして大きな影響力を持っていた。

漫研ショー発足の噂を聞くや「台本と演出は自分がやる」と協力に乗り出し、漫才研究会の大幹部をいたく感動させた。しかも、忙しい仕事の合間を縫って毎週日曜日に上京し、台本の提出と演出をほぼ無償で行っていたという。

一九六一年二月上席より「漫研ショー・漫才横丁」として、公演が始まった。正式名称は、「漫才横丁」と決まった。漫才師の新しい試みはすぐさま新聞やメディアの注目を集め、取材を受けた。漫才研究会と松竹演芸場は「漫才師たちの新しいコメディ公演」として盛んに売り込んだ。そうした売り込みが功を奏し、漫才横丁はたちまち人気を博した。

以来、漫才横丁は一九六四年七月下席までの約三年半、ほとんど休むことなく上演された。演じられた作品は百二十に上る。お客は「今回は何を演じるのか」とワクワクしながら見ていた。演者も青春ドラマに刑事物、時代劇などを楽しく演じていたという。

しかし、漫才横丁が人気になればなるほど、新しい問題が生じるようになった。

漫才横丁を優先すると本業の漫才がなおざりになり、本業の漫才を優先すると漫才横丁に出られなくなるという問題は、大きな障害として付きまとった。

出演者の本業はあくまでも漫才である。その漫才がなおざりになることは、漫才師としては避けたいところであった。

さらに、放送や寄席へのレギュラー出演や余興をこなしながらの、漫才横丁への出演である。これはかなりの重労働になった。

一九六二年頃、女流漫才の淳子・照代がレギュラーから外れ、さらに新山ノリロー・トリローも抜けた。淳子・照代は淳子の結婚による引退、ノリロー・トリローは司会やメディアの仕事の増加でスケジュールに無理が生じるようになったからである。

一時は漫才横丁解散の噂も出たそうであるが、平路・凡路は残留を宣言し、公演の継続を誓った。忙しいタイムスケジュールをうまく調節し、多くの仕事をこなす傍らで、芝居の主役を務めていたというのだから、相当なスタミナである。

離脱した二組の後釜として、若手の大空なんだ・かんだ、新山さとみ・湖玉《こだま》みどりが加入している。また、長らく執筆と演出を兼任していた秋田実も多忙や老齢などの理由から演出の職を下り、後輩の及川亮にその座を譲っている。

新しく入った大空なんだ・かんだ、新山さとみ・湖玉みどりもなかなか舞台度胸のある漫才師であった。

大空なんだは、東京大森の生まれで、高輪中学卒業後、喜劇の石井均一座に入門して（伊東四朗の兄弟子にあたる）、コメディアンとなったが、大空平路の勧めで漫才師に転向、大空一門に入ったという。一方の大空かんだは、漫才師の大空マナブの息子として大分県で誕生。小学校卒業後、桃中軒如雲《とうちゅうけんじょうん》に入門し、少年浪曲師として舞台に上がっていた古い芸人であった。

さとみ・みどりの二人は新山悦朗・春木艶子の弟子で、脱退したノリロー・トリローの妹弟子にあたる。ノリロー・トリローにかわって迎えられたようである。

新生漫才横丁は、平路・凡路を主演に公演を再開した。相変らず相応の人気を集めていたが、しばらくして大空なんだ・かんだが離脱。なんだ・かんだが一九六四年のＮＨＫ漫才コンクールで初出場初優勝の栄冠を手にし、東京漫才のホープとして華々しく売り出して、仕事が忙しくなったことも、漫才横丁の脱退へと繋がったようである。

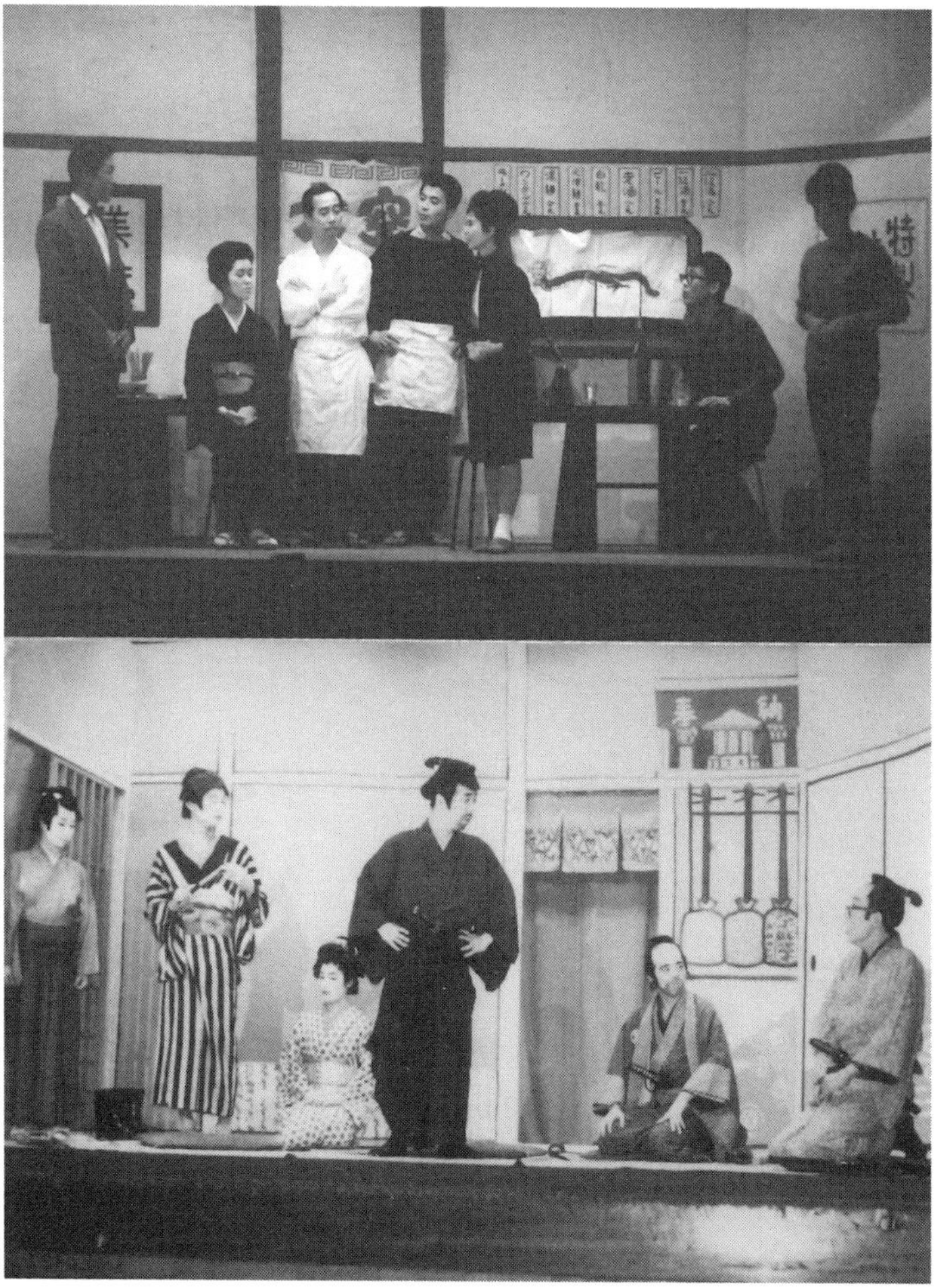

漫才研究ショーの一幕。大空平路（上の写真ではコック服、下の写真では真ん中の立っている侍）と橘凡路（上の写真では椅子に座るメガネの男、下の写真では右端の侍）が中心となって公演を続けた
（橘凡路ご遺族提供）

なんだ・かんだに去られた漫才横丁は「平路凡路の漫才横丁」と改称し、平路凡路主体の喜劇公演へと変わっていった。こちらも一定の人気はあったものの、「漫才師がコメディを演じる」という理念が薄れ、一座の座員も漫談家や女芸人などが目立つようになった。

結局、浅草松竹演芸場が「別の企画をやりたい」と打ち出したことや平路・凡路が燃え尽きてしまったことなどもあって、漫才横丁は解散の方向へと舵を切ることになり、一九六四年七月下席をもって、終幕を迎えた。

歴史の中に埋没してしまっている漫才横丁であるが、漫才師のコメディ進出という点や漫才とコメディのバランスの難しさを考える点においても、もっと注目して再評価すべき試みではないだろうか。

演芸ブーム時代

戦後、テレビ放送が開始され民間放送局も出来て、芸能界やメディアのあり方に大きな変化をもたらした、とは再三述べてきた。

新発売当時は超の付く高級品だったテレビも、一九五九年のミッチーブームや、一九六四年の東京オリンピック開催のころになると、テレビ放送は既に身近な娯楽として認知され、四〇年近く家庭の娯楽の王者として君臨していたラジオの牙城を切り崩すまでに至った。

テレビの発展は、「聞いて楽しむ」という聴覚優位の放送から「見て楽しむ」という視覚優位の放送へと変化を促した。

特に演芸物はその影響を強く受けた。これまでのようにマイクの前でおしゃべりしていれば、無条件に視聴者が喜んでくれる時代は過ぎ去ったのである。

当初、演芸放送は時間繋ぎや代替番組として使われることが多かった。当時の人気番組であったスポーツ中継は今以上に天候などに左右されやすく、「天候不順のために中止」「諸事情のために中止」といったトラブルがよくあった。その穴埋めにも演芸放送は重宝されたのである。

前述の通り、ギャラも出演者の数も手ごろで、それらしいセットを拵えるだけでそれなりの番組を放映できる。これによって演芸番組は激増した。そのおかげで、テレビスターとなった漫才師や芸人は数多くいる。さらに、漫才師やコメディアンを起用した「コメディ番組」の勃興には著しいものがあった。

関西では松本昇三、澤田隆治といったラジオ時代からの演芸への理解者がいたおかげもあって、早くからコメディの制作が行われた。ダイマル・ラケットの『スチャラカ社員』や、藤田まことの『てなもんや三度笠』などはその好例であろう。一方、東京ではクレイジーキャッツの『おとなの漫画』、脱線トリオの『お昼の演芸』など、コメディ番組路線はあることにはあったが、関西ほどの隆盛を誇ることはなかった。

東京で持て囃されたのは、寄席のだし物や大喜利を模した演芸番組であった。代表的な番組は『日曜演芸会』『大正テレビ寄席』『笑点』である。

『日曜演芸会』は、一九六一年から一九八一年まで二十年にわたる長寿番組として知られた。後年、『末廣演芸会』と改名しているが趣旨や内容は変わらなかった。末廣と名のつくように、新宿末廣亭の高座を借りて撮影をしていた。したがって出演者も落語家や落語家団体に所属していた色物や人気漫才師が多かった。よくも悪くも万人向けの演芸番組に徹していたというべきだろう。

一方、「五秒に一度の笑い」「笑いの革命」を標榜し、革新的な演芸番組として大きく売り出したのが『大正テレビ寄席』である。柳家金語楼の息子で演出家の山下武《やましたたけし》が、東急文化会館で行われていた「東急文化寄席」を根城に徹底的なお笑い改革を行った。

「ランチタイムの時間に見てくれる視聴者が必要なのはお笑いである。つまり、名人芸というようなものは、この際まったく必要ないばかりか、邪魔な存在にすらなる」

「出演者に要求したのは、笑いのマシンガン。五秒に一度の笑いを得なければならない」

「アベックの観客の増加は好ましい。若い人のデートの穴場に利用されるほどなら、時代のテンポにあっている証拠であり、寄席の新規客になる可能性もある」

「ストレスの解決として笑いを求める大衆」

これらは、山下が晩年に執筆した『大正テレビ寄席の芸人たち』に出てくる語録である。如何《いか》に自信を持って改革に立ち向かっていたかがよくわかる。

司会者にはウクレレ漫談の牧伸二を起用した。当時、牧伸二はウクレレに合わせて「やんなっちゃった節」を弾き語るボヤき風のリズム漫談で注目を集めていた。山下は牧伸二の力量を認め、司会者として抜擢したのであった。

こうして『大正テレビ寄席』は、一九六三年六月に、放送が開始された。一九六四年五月に日曜正午というゴールデンタイムに昇格してからブレイクし、全盛期は視聴率が二〇％台を超える人気番組となった。

成功の背景には山下が自負する革命や改革があったのは言うまでもないが、『日曜演芸会』との棲み分けがうまくできていたのも大きいようである。中高年や寄席ファンは『日曜演芸会』、若者やお笑いファンは『大正テレビ寄席』という形で、それぞれ違う固定層を確保することができたのである。

大正テレビ寄席では笑いと評判を得るために、キャバレーやストリップ劇場で活躍している芸人を引っ張り出すこともあった。関係者を唸らせるためには、どんな芸人でも出演させる柔軟性が売りであった。こうした取り組みは、「どんな芸人が出てくるのか」「大正テレビ寄席は面白い芸人を次々と紹介してくれる」といった期待感を視聴者に持たせることに成功した。一種のオーディション番組的な側面を持っていたのも成功の秘訣だったに違いない。

司会の牧伸二、漫才の晴乃チック・タックとWけんじ、漫談の東京ぼん太、早野《はやの》凡平《ぼんぺい》、東京コミックショウ、コントのコント55号（萩本欽一・坂上二郎）、コント・スカイライン、てんぷくトリオ、トリオ・ザ・パンチ、ザ・ドリフターズなどはこの番組から飛躍を遂げた。

これまで動きの激しいコントや漫才は「動きが激しすぎてカメラや舞台に納まらない」と敬遠されてきた。そうした常識を『大正テレビ寄席』は打ち壊した。「笑いが取れればどれだけ動いてもいい」とドタバタや激しい動きを求めた。キチンとした映像をとるために、カメラマンや出演者に撮り直しをお願いするほどの徹底ぶりであった。

この番組で評価されたコントやコミックバンドは「新しい笑い」として高く評価を受け、後述する「コントブーム・歌謡漫談ブーム」の火をつけることとなった。

そんな二番組に追い付き追い越せと出て来たのが『笑点』である。今日では、演芸と大喜利を売りにした昔ながらの演芸番組として認知されている『笑点』だが、当初はブラックジョークやアダルト向けを売り物にして、「伝統を生かしながら革新と奇抜で攻める」路線を打ち出した。

さらに、普通の演芸と並んで芸人や文化人たちが司会者の立川談志とトークをする企画も人気を集めた。主なゲストを挙げると、手塚治虫、藤本義一、寺山修司、高峰三枝子、細川隆元などである。本来ならば演芸番組に出ないような人を敢えて出すところに、奇抜さと独創性があった。さらにリレー落語やリレー漫才などを行って観客を驚かせたこともある。また、談志の顔の広さを活用してあまりテレビに出ない漫才師や芸人を出演させたり、「若手芸人売り込み合戦」と称した演芸大会を開いて、若手発掘に力を注いだところも見逃せない。

三代目司会に三波伸介が就任するとこれまでの奇抜色を押さえ、ファミリー向けの演芸番組へと路線変更を行った。一部のファンから批判が出たというが、結果としてその路線変更は成功し、昭和末から平成初めにかけて続々と演芸番組が放送終了する中で高い人気と視聴率を保つことができた。その人気は今も続いているといってもいいだろう。

『笑点』とほぼ同時期の一九六六年四月にスタートしたのが日本テレビ系列の『お笑いカラー寄

席』である。「カラー寄席」と称したように当時珍しかったカラー放送を導入し、これを番組の目玉とした。

司会者は獅子てんや・瀬戸わんや、晴乃《はるの》チック・タックの二組であった。チック・タックは同年二月のNHK漫才コンクールで優勝したばかり。コンクール優勝という力量を見込まれて司会に抜擢されたのだという（ほぼ同時期にフジテレビ系列の『しろうと寄席』の司会者にも抜擢されている）。

司会者として高い評価を得ていた大御所のてんや・わんやと、明るくフレッシュな新人チック・タックの取り合わせは意外な効果をもたらした。二組の飄逸な掛合や司会ぶりは人気を集め、一時期は視聴率三〇％台を記録する人気番組となった。

ここでチック・タックはテレビ司会者としての力量も認められ、人気タレントとして数多くの番組や司会者として一時代を築くこととなる。

他にも、談志と圓鏡の掛合で司会をして見せた日本テレビの『やじうま寄席』、大橋巨泉が司会を務めたTBSの『お笑い頭の体操』など、多くの寄席・大喜利番組が存在するが、ここでは割愛する。

こうした演芸番組の勃興や苛烈な鎬の削り合いは「演芸ブーム」と称された。一九六四年の東京オリンピック開催前後に、激しい演芸ブームが起こったのだ。その凄まじさたるや一種の社会現象であったといってもいい。この一連のブームは演芸界の中から続々とスターを生み出した。そして、世間の人に「芸人は稼げる職業」、「芸人も立派な職業」といった新しい認識を植え付ける形となったのである。

コロムビアトップ会長体制発足

東西交流の活性化、漫才の芸術祭参加、若手の売り出しと順調に目標を実現していった都上英二は名会長にふさわしい人物であった。

妻子に恵まれ、人気も実力も円熟期を迎えていた矢先、英二に大きな悲劇が襲い掛かる。

相方、東喜美江の夭折である。

一九六二年十月十四日、喜美江は三十六歳の若さであの世へと旅立った。死因は肝硬変。喜美江は漫才界随一の酒豪として知られていたが、それが命取りとなってしまった。二十年来寄り添った妻でもあった相方の死は、余りにもショックが大きすぎた。人気絶頂で夭折したこともあってか、英二の周りには、悪意のある噂や報道が付きまとった。

また、一世を風靡した名コンビであっただけに、新しい相方への期待も英二の負荷となった。若手のように「心機一転して、新しいコンビを組む」というわけにはいかなかった。英二は三味線漫談の玉川スミや弟子の東陽子と新コンビを結成して再起を図ったが、思うような芸や舞台が出来ず、コンビを組んでは解散するようになってしまった。英二の心労は相当なものだったであろう。

一九六四年六月、英二は次期会長にコロムビアトップを指名して会長職を辞任した。六月十三日夜、漫才研究会の総会が実施され、会長選挙と改称決議が行われた。開票の結果、六十四票中四十五票を獲得し、コロムビアトップの三代目会長への就任が決定した。それと同時に、漫才研究会は「漫才協団《まんざいきょうだん》」と名称を変更した。

漫才研究会時代から、トップは「漫才研究会は漫才協団と改称する」という目標を掲げていた。トップは漫才研究会の運営に深く携わりながらも、なかなか発展をしない研究会の体質に疑問を覚えていた。

「漫才研究会はすでに研究の段階をすぎている。これからはあらゆる面で漫才を考えるべきである」「十年目という節目もいい機会である。単なる寄り合い組織からキチンとした活動組織になるべきだ」というのが、トップの言い分であった。

一部の関係者からは「今更名称を変える必要もないだろう」と、反対意見が出たが、トップは、それを実行した。以来、「漫才協団」の名称は四十数年にわたって使用されることとなる（二〇〇五年に「漫才協会」と改称）。

トップ会長は若手の抜擢と育成に力を注いだ。入会資格を拡げて、若手でも漫才協団へ入れるように便宜を図った。協団員の門弟だけではなく、フリーの漫才師やピン芸人も入会できるようになった。トップは「来るものは拒まず」という姿勢で入会を許可した。本来ならば協会に入れないような司会者や漫談家、歌謡漫談の芸人たちも出入りをするようになった。

一方、強引ともいえる方針決定や態度は時として対立の種となり、たびたび幹部や関係者と対立をした。特に大空ヒットとは運営を巡って対立し、後年大空ヒットの自伝『漫才七転び八起き』の追記の中でその強引なやり口を批判されるほど、複雑な関係になってしまった。

　それでもトップ会長は意に介することなく、改革を行い続けた。就任後しばらくして、「真打制度の創設」を発表し、「これを漫才協団の決まりに入れたい」と主張した。真打制度とは落語や講談のように真打を定める試みであった。

　トップ会長と賛同者の主張を大まかにまとめると以下のようなものであった。

「落語や講談には真打制度があり、この真打かどうかであるラインが決められるが、漫才師にはそれがない。大御所格のコンビが若手と称していたり、若手コンビが真打のような顔をしていたりと漫才師の階級がわかりづらいのも問題である」

　協会で真打の肩書を与えれば、そのコンビは幹部として認められるようになる。そうすれば、真打になったコンビは「俺たちは真打だ」という自信がつきコンビ別れをしにくくなる。第三者からは「協団からお墨付きをもらえたコンビ」として、人気や評価の目安にしてもらえるだろう
——という理想をトップは思い描いていたようである。

　しかし、この真打制度には不満の声がおきた。不満の声は、トップたちと肩を並べる師匠連たちだけではなく、若手たちからも上がった。

「なんで落語や講談の真似事をする必要があるのか。コンビ結成や解消は漫才師の自由であるのにそこまで干渉されたくはない。そもそも真打になって特典があるのか。真打をどういった基準と審査で抜擢するのだ」

といった声が芸能社の社長や寄席の席亭といった面々からも上がる事態となった。

この真打制度の実現はこじれにこじれ、何とか形になったのはトップが会長に就任してから七年目――一九七一年であった。

真打制度の発足後、今度は「誰を真打にするか」という問題が浮かび上がった。「ここから下は真打候補です」と線引きをするにも慎重な姿勢が問われた。幹部会議の結果、第一回真打に指名されたのがコロムビアトップの弟子で青空一門の兄貴分であった青空千夜《あおぞらせんや》・一夜《いちや》であった。一九五六年にコンビを結成して以来、第一線で活躍を続けてきた人気コンビである。二人の経歴を記しておこう。

ツッコミ役の千夜（本名・酒井義人）は、一九三〇年六月二十日、福岡県北九州市の生まれ。炭鉱会社の重役の家に生まれ、地元の八幡高校に進学。父の跡を継いで炭鉱会社に入ったが、歌手になる夢断ちがたく、一九四九年に上京してキングレコードの歌謡学院に入学。歌手の卵として活動している際にトップ・ライトと出会い、弟子入りした。

ボケ役の一夜（本名・小板橋喜八郎）は、一九三二年九月十七日、長野県戸倉温泉の生まれ。親の転勤先の三重県四日市で育った。四日市工業高校を出て、紡績工場に勤めていたが、音楽家を志して会社を退職、自衛隊の音楽隊に入隊した。自衛隊勤務中に慰問にやって来たトップ・ライトにほれて入門を決意。一九五六年三月、満期除隊に伴い、正式に青空一門への入門を果たした。

一九五六年、二人は「青空千夜・一夜」を結成。小柄でおかっぱ頭に眼鏡という漫画少年のような千夜、大柄で筋骨隆々としたコワモテの一夜の凸凹《デコボコ》取り合わせで注目を集めるようになった。一夜が毒舌で世相や流行をズバズバ切り捨て、千夜がこれを弱気に制したり、一夜にいびられる痛烈な漫才を展開し、人気を集めた。その人気や関係者の評価を踏まえると如何《いか》にも真打にふさわしい人材であった。

真打昇進の知らせを聞いて、とまどったのが青空千夜・一夜であった。落語や講談のように「真打になればトリがとれる、弟子を持つことが許される」といったしきたりがあるわけでもない。「トップオヤジは何を考えているかわからない」と、二人は友人や台本作家に零《こぼ》したそうであるが、真打昇進という実感がない以上、そんな愚痴が出てくるのも無理はなかった。しかし、周りの推薦のある手前、断るわけにもいかずに承諾をした。

一九七一年七月二日、新宿朝日生命ホールで真打披露が行われた。当日の舞台には森繁久彌、渥美清、都はるみといった人気タレントや歌手が顔を並べ、中曾根康弘や山口洋子から祝辞や祝電が送られた。この豪華絢爛な真打披露の漫才大会は注目を浴び、大盛況のうちに終わった。

翌年の一九七二年には、新山ノリロー・トリローが二代目真打として昇進し、同じく豪華絢爛な披露を行った。一九七三年には、東京二・京太が三代目真打、一九七四年には大空みつる・ひろしが四代目真打、という形で昇進している。

ノリロー・トリロー、東京二・京太、みつる・ひろしの三組はデビューが近く、マスコミや大舞台への出演も盛んだったことから、真打昇進は「次世代を担うコンビ」としての期待を意味していたようである。漫才協団は後にこの三組を「東京漫才の御三家」として売り込んだ。

一九七六年には、あした順子・ひろし、一九七七年には春日三球・照代と、後年東京漫才の一時代を築いたコンビが続々と真打に推薦され、昇進披露を行った。一九七八年からは会場を浅草公会堂へ移し、翌一九七九年には毎年恒例になっていた秋の漫才大会と真打披露興行を合同する方針が定められた。

漫才大会と昇進披露が一緒になって宣伝されたこともあって、評判も話題性も十分、漫才協団の目玉企画にまで成長した。一方、そんな成功とは裏腹にその後の若手漫才師たちは「真打昇進する以上は以前の真打たちがやったのと同じくらいのイベントをやらなくてはならない」という足かせに悩まされるようになった。また、真打に昇進しても待遇に大きな変化がないことも不満の種となった。そんな不満の拡大によって「真打辞退」や「コンビ解消」という強行手段に出るものまであった。

こうした不満や離反騒動をうけて、漫才協団側も「ゲストの豪華さよりも漫才師の持ち味を生かす」方向性に変えていった。人気歌手やタレントが多く出なくなった代わりに、漫才芝居や大喜利などを行い、観客を喜ばせるようになった。

漫才における真打制度は是非が分かれるのであるが、今日も続けられているところを見ると、メリットの方が多かったと評価すべきだろうか。

他にもトップ会長は、先の御三家と青空うれし・たのしを中心とした「グループ制」を構築して、若手育成と登用を行ったり、協団の会員への福利厚生を見直すなど、内外の改革を行った。

そうした実績からトップは、コンビを解消した後も会長職を続け、内外の信頼を集めた。通算二十九年も会長をやっていたのだから驚くほかはない。高度経済成長期から平成初頭までの東京漫才の運営はコロムビアトップ会長の主導で行われてきたのである。

東京漫才の大スター

演芸放送ブームの時代に活躍した芸人たちを最近では「お笑い第一世代」と呼ぶようである。研究的な視点で見れば、いきなりテレビ時代から始まる歴史のくくり方には疑問を持たざるを得ないが、お笑いファンに大体の歴史の流れを説明するには相応に役に立っているようである。

第一世代に含まれる東京漫才師を見ると、コロムビアトップ・ライト、獅子てんや・瀬戸わんや、青空千夜・一夜、Wけんじ、晴乃チック・タックなどが挙げられるようである。時系列的にいささか疑問のあるコンビも居るが、人気という点においてはあながち間違いでもない。その中でも「大スター」にふさわしい人気と活躍ぶりを見せた漫才コンビがいた。

W《ダブル》けんじ（東《あずま》けんじ・宮城《みやぎ》けんじ）と晴乃チック・タックである。

この二組は「一世を風靡した」という言葉がふさわしいほどの人気を集めた。これほど人気を集めた漫才師は、そうあるものではない。漫才黎明期の砂川捨丸や東喜代駒、戦前のエンタツ・アチャコや突破・一路の人気や評判を越えるレベルであった。

Wけんじ

東けんじ（本名・大谷健二）は一九二三年十二月十七日、東京の生まれ。生まれは東京であるが、国鉄に勤務していた父親の転勤で、生後間もなく栃木県宇都宮市に移住している。大田原中学卒業後、東武鉄道に入社し、鉄道員として働いていた。

戦後、役者を志した彼は東武鉄道を退社。旅回りの一座や玉川良一《たまがわりょういち》劇団やサーカスに出入りをして、プロのコメディアンとなった。後年、東京で売り出していた玉川良一に誘われて「Wコント」を結成。「東けんじ」と名乗る。「東けんじ」を名乗るにあたっては、相棒の玉川良一を介して東喜代駒と対面、芸名の許しを得た。その関係から東喜代駒の弟子として紹介されることもある。

当初は木馬館や松竹演芸場に出演していたが、その見事なコンビネーションに注目したレコード会社によってスカウトされ、司会漫才としてもデビューをしている。Wコント時代の人気は上々で、一九五八年にはビクターと専属契約を結んだ。

後年、Wコントに三波伸介を加えてトリオ「おとぼけガイズ」を結成。関西の千土地興行と契約を結んだが、三人の方向性の違いで解散してしまう。玉川良一はピン芸人となって売れてしまったので、コンビを復活する道はなくなってしまった。その後釜として起用されたのが宮城けんじであった。

相方の宮城けんじ（本名・寺島文雄）は、一九二七年八月二日、宮城県の生まれ。この出身地が「宮城けんじ」の芸名の由縁である。

三歳の時に養子に出され、東京に移住。養子先の家の近所に大都映画のスタジオがあった関係から、映画の子役としてデビューしている。

声変りを機に映画界から足を洗い、軽演劇役者に転向。戦時中は応召され中国戦線にいた。

復員後も一座を転々とし、一九五二年に新鋭歌手・春日八郎の専属司会者となった。五四年、『お富さん』の大ヒットで春日は一躍時の人となり、一座は多忙の日々を送ることとなった。キングレコードに在籍した関係から、歌謡ショーなどでは司会仲間の伏見痴か志や音羽アキラと司会漫才を組んで、一座の前座や幕間にも出演していた。そうした関係から漫才には一家言があった。

一九六一年、Wけんじとしてコンビを組んだ時には、三十八歳と三十四歳と若くはなかった。一方で蓄積したキャリアと磨き抜かれた話芸があった。寸分の隙もない東けんじのボケと宮城けんじのツッコミの応酬と、東けんじが演じるコミカルな踊りやパントマイムが話術と見事に混ざり合った漫才は「見ても聞いても楽しい漫才」であった。キャバレーや浅草のうるさい客を見事に唸らせ、爆笑コンビとして注目を集めるようになった。

一九六二年、コンビ結成一年目にして第十回NHK漫才コンクールの本選へと出場。審査員の徳川夢声に激賞され、準優勝を獲得している。翌一九六三年に行われた、第十一回NHK漫才コンクールでは新作のネタ『自由時間表』で見事に優勝の栄冠を勝ち取った。審査員たちは「スピードとおどけのコンビの味を十分生かした」芸風を高く評価した。

これを機に二人は飛躍を遂げた。マシンガンの如きテンポで展開する漫才と次から次へと飛び出すギャグとアクションの数々は、手軽でスピーディーで面白い物を求める高度経済成長期のメディアや聴衆の要望に見事にハマった。「やんなっ！」「バカダナー」「東けんじ・宮城けんじ、あわせてWけんじ、な、おー！」といったギャグや挨拶も大流行し、これを口にするだけで観客はひっくり返って笑った。

メディア進出も盛んで、NET（現・テレビ朝日）の『大正テレビ寄席』や、関西ABC放送の『今週の花嫁花婿』に常連として出演するようになった。関東だけでなく、関西でもレギュラー番組を持っていたことは大きな強みとなり、Wけんじの名声は全国的なものとなった。全盛時代には全国の劇場や放送局を掛け持ちし、特別に手配されたヘリコプターで現場を移動したという伝説も残った。これほどの多忙な生活を送った芸人は、歌手やアイドルでもなかなかいない。

晴乃チック・タック

叩き上げた技芸と話術を生かした漫才で人気を集めたWけんじを熟練の芸とするならば、晴乃チック・タックは若さと生意気さと新しさを存分に生かしたフレッシュさが売りであった。よくも悪くも「時分の花」を存分に生かした類のない漫才に観客たちは驚きながらも大きな拍手を送った。

「漫才は大人や年寄りが見るもの」といったそれまでの世間の常識を見事に打ち破り、若者たちの人気者となった。

その人気は青少年たちの夢や進路にまで浸透した。チック・タックの大当たりを見て、「漫才師になりたい」と憧れる青少年が現れるようになった。世間の意識や視線まで変えてしまった漫才師などそういるものではない。「チック・タックの人気を見て漫才師を志した、影響を受けた」と語る漫才師や芸人も存在したほどである。

チック（本名・杉浦純一郎）は、一九四二年三月十八日、東京中野の生まれ。実家は印刷屋を営んでいた。家業を継ぐべく都立工芸高校印刷科へ入学。印刷の勉強をしていたが、肋膜炎を患い、学校を中退。入院中に漫才師になる決意を立てて、晴乃ピーチクに入門した。

一方のタック（本名・高松茂雄）は、一九四三年十一月十八日、東京墨田区の生まれ。実家は浅草花川戸で鼻緒問屋を営んでいた。

学生時代、俳優やドラマーに憧れていたが、周りの反対や芸能界の厳しい事情を目の当たりにして挫折。高校を中退して、一九六〇年に晴乃ピーチクに入門。同年、巡業先の青森県八戸市で意気投合した二人は師匠の承諾を得て、「晴乃チック・タック」を結成した。

同年九月、師匠の斡旋で浅草松竹演芸場に出演し、初舞台を踏む。このコンビは早くから甘いマスクとフレッシュな話術で勝負に出た。軽率で生意気で、それでいて憎めない愛嬌と若々しさで、十代・二十代の視聴者の心をわしづかみにした。その人気ぶりは、さながらアイドルのようであった。二人が出てくるだけで拍手と爆笑がおこり、タックが持ちネタの「いいじゃな〜い」「どったの」を放つと若い観客が黄色い歓声を上げた。

このチック・タックを高く買ったのが、『大正テレビ寄席』のスタッフと立川談志であった。

特に大正テレビ寄席のスタッフはチック・タックの起用によって、若者やカップルを取り込むことができると目算を立てていたようである。

チック・タックブームは凄まじく、テレビや寄席はいうまでもなく、映画や雑誌、レコードでも連日のように取り上げられた。歌舞伎座や日劇で彼らのための芝居が制作され、映画やテレビドラマといったタレント路線でも活躍した。彼らの姿を取り上げた雑誌の付録やおもちゃやグッズまで作られ、児童雑誌やおもちゃ屋でもお馴染の顔となった。

一方、過熱化する演芸ブームは視聴率重視のあまり様々な問題を引き起こした。芸人に対する苛酷な扱い、ロケや撮影現場の劣悪な環境での仕事、非人道的な過密スケジュール、人気者ばかりに注目し、それ以外の人には敬意を払わないスタッフや観客――といった問題は、芸人とメディア両者の頭痛のタネであった。視聴率が取れなければスポンサーがおりてしまい番組や仕事がなくなってしまう。しかし視聴率を取るには他と差別化が必要であり、演出や要望が過熱化する――というブームゆえの矛盾が出てくるようになってしまった。

人気芸人やタレントは、殆ど休みも与えられずにスタジオや高座を駆けずり回り、その忙しさの中で新ネタや過激なパフォーマンスを要求された。そうした不眠不休の活動を強いられて身体を壊す芸人やタレントが続出した。一九六六年六月十四日にはWけんじの東けんじが仕事直前に失踪。警察やメディアが出動して彼の行方を追っかける大騒動まで起こったほどである（翌日、故郷の栃木県で発見、確保された）。

そうした問題点をはっきりと批判する芸人もいた。漫才師の中では、リーガル天才・秀才がいい例であろう。

天才・秀才も演芸ブームで取り上げられて人気を得たコンビであったが、視聴率を建前に、「政治批判や難しいネタをやるな、二、三分で漫才をやれ」「過酷なロケをやれ、うるさい子供や観客を相手にしろ」といった注文は二人の美学では到底受け入れられないものであった。

過酷な要求や法外な注文の積み重ねに限界を感じた二人は、一九七〇年秋、「当分、マスコミには出演しない」と、出演拒否宣言を行うに至った。天才・秀才は関係者に「昨今の風潮は特に演芸界にあっては芸の不在、しろうと歓迎、専門家の間ですら芸の理解者が減少する一方で、この現状にては到底融通のきかぬ私共にはついてゆく神経も気力もなくなりました」といった文言を送り、メディアの矛盾を強く追及した。

そして、インタビューや会見では「このままだとマスコミによって芸が壊されるのではないか」と、加熱する演芸ブームを批判した。

こうした天才・秀才の痛烈な出演拒否に関係者からは「旧弊だ」「批判という名の売名行為だ」といった批判も行われたというが、一方で「天才・秀才の言うとおりである」「いくら人気商売とはいえ、芸人を大切にしてほしい」といった援護や賛同の声も多く上がった。賛否両論を生んだ出演拒絶宣言であったが、それだけテレビが世間や芸能界に強い影響力を持っていることを証明するような事件であったといえよう。

そんな弊害を残しながらも、演芸ブームは演芸界のあり方を変えた。「芸人でも歌手や俳優並の大スターになれる」という夢と現実は、今なお多くの人を惹きつけてやまない。

テレビや演芸番組で一時代を築いた漫才師たち。右上より時計回りに
晴乃ピーチク（左）・パーチク、内海桂子（右）・好江、リーガル天才（左）・秀才
木田鶴夫（右）・亀夫、青空千夜（右）・一夜、東けんじ（右）・宮城けんじ　（著者蔵）

戦後の歌謡漫談《ボーイズ》

この頃、東京漫才とともに飛躍を遂げたのが、「歌謡漫談《ボーイズ》」（コミックバンドも含む）と「コント」である。戦後のテレビ放送の発展と先述の演芸ブームにおいて、この二つは一番恩恵を受け、勃興・進化を遂げた演芸である。

戦時中の敵性音楽追放や舞台の自粛によって歌謡漫談は一時壊滅状態に陥り、戦後も尾を引くこととなった。戦前、一時代を築いたあきれたぼういずも全盛時の人気はなく、川田義雄は戦時中にカリエスを患って以来、戦後しばらくの間も入退院をくり返し、ハットボンボンズも進駐軍慰問のグループになってしまった。

鳴かず飛ばずの歌謡漫談界であったが、川田は一九四八年に復帰をし、弟子たちと「ダイナブラザース」を結成して、再起を計った。明るくモダンな音楽ショーはたちまち人気を集め、多くの映画や舞台を掛け持ちするほどであった。

この川田を慕って入門した灘康次、鹿島蜜夫、小島宏之といったダイナブラザースのメンバーたちも、川田の芸風をよく学び、歌謡漫談の芸を継承し、灘と小島の二人は歌謡漫談の継承者として、平成まで活躍を続けた。

戦後の歌謡漫談の第一声は「川田晴久とダイナブラザース」であった。一方、川田晴久やあきれたぼういずとはまた違った路線をめざし、たちまち歌謡漫談の頂点に立ったグループもいる。人見明《ひとみあきら》とスイングボーイズとシャンバローは、その象徴といえるだろう。あきれたぼういずの影響を受けながらも、独自の芸風を築き上げた点がこれまでの歌謡漫談とは違う点であった。

人見明とスイングボーイズは、喜劇俳優としても活躍した人見明を中心として結成されたグループである。

一九二二年生まれの人見明は工場の工員、海兵入隊を経て、戦後、「空気座」の座員として俳優をやっていた。そこで南賢児・君知也と出会い、一九四六年末、音楽トリオ「スイングボーイズ」を結成。吉本の演芸大会で優勝し、三人はプロデビューを果たした。

後に、南と袂を分かった人見は、バンドマン出身の荒井弥太《あらいやた》、久呂須敏《くろすびん》を誘って、トリオを再結成し、「人見明とスイングボーイズ」と名乗る。人見と久呂須がギター、荒井がアコーディオンを持ち、賑やかな舞台と明朗な笑いで人気を集めた。戦後まもなく勃興したコーラスグループの人気に着目し、歌謡漫談の世界にコーラスや派手な合奏を取り入れたのも人気の要因であった。

後年、久呂須の弟・西八郎《にしはちろう》を入れてカルテットで活躍していたが、人見明の飄逸なキャラクターが話題となり、人見だけ引き抜かれて俳優になった。その後、人見は正式にグループを脱退し、残されたメンバーは「東京スイングボーイズ」と改名している。

一方のシャンバローは寄席を中心に活躍した。寄席の演目に「歌謡漫談」が定着したのは、彼らの人気と実力に依る所が大きいという。

シャンバローは、長唄のお師匠さん三人が結成した、超の付く変わり種グループであった。岡《おか》安喜《やすき》久輔《くすけ》、稀音家《きねや》政造《まさぞう》、杵屋佐行という立派な名前を持っていたが、歌謡漫談に転身するにあたって、岡三郎《おかさぶろう》、柳四郎《やなぎしろう》、宮五郎《みやごろう》に改名している。

リーダーで大ボケの柳四郎は、長唄の初代稀音家政造の息子として浅草で生まれ育ち、長唄界の風雲児・山田《やまだ》妙太郎《しょうたろう》に三味線を習ったというサラブレッド、ツッコミ役の岡三郎もまた長唄の芳村伊十郎《よしむらいじゅうろう》の息子として浅草で生まれ育ち、六代目岡安喜三郎《おかやすきさぶろう》に長唄を仕込まれたというのだから、筋金入りの邦楽家であった。宮五郎も長唄出身で二人とは古くからの友人であったという。

デビューは一九四七年二月、「チャッカリトリオ」の名前で舞台に上がった。三人ともブカブカのスーツに三味線を抱え、大薩摩を聞かせるという珍妙な舞台であったが、三味線の技術と舞台度胸はあった。そんなトリオの技芸に惚れたのが落語界の重鎮・桂小文治であった。小文治は三人を高く評価して、芸術協会への入会を斡旋している。この時、「チャッカリトリオ」から「三味線バロー」と改名している。

間もなく宮五郎が脱退し、メンバーに穴が開いたので邦一郎《くにいちろう》をスカウトし、三味線二挺にアコーディオンというスタイルを作り上げた。この再編成を機に「シャンバロー」と改名した。

アコーディオンと小ボケ役の邦一郎は洋楽の理論を学んだというこれまた変わり種であった。東邦音楽大学出身というエリートで、大学卒業後、中学の音楽教師をやっていたが、柳と岡に見込まれてシャンバローに加入した。

長唄や邦楽をベースに、流行歌や当時の話題を巧みに取り込んだ器用でキレイな芸はどこでも通じる芸として重宝された。岡と柳の達者な三味線に、邦のアコーディオンがボリュームを与えた。粋で洗練された笑いと高座には、落語家や講談師も信頼を置いていた。

一九七七年九月に岡三郎が脳梗塞で倒れるまで、このトリオは三〇年にわたって第一線での活躍をつづけた。

このように敗戦以後に歌謡漫談は見事に甦ったといえよう。特に一九五〇年代中ごろから一九六〇年代にかけては歌謡漫談ブームといっていいほどのグループの増加率と人気を誇った。その背景にはキャバレーブームと、一方には浪曲、進駐軍バンドの衰退などがあった。

キャバレーブームは演芸界に大きな仕事をもたらした。戦後、勃興したキャバレーはホステスによる接待の他に、店内で行われる演芸やバンドの実演も売りにした。芸人やバンドマンを高いギャラなどで引き入れ、キャバレーの目玉商品として他店と競い合った。キャバレーにおいて特に重宝されたのが「音モノ」と呼ばれる演芸ジャンルであった。一言で言えば楽器を持った漫才や漫談である。何かと騒がしいキャバレーにおいて音楽ネタは一番向いている出し物であった。

音モノを得意とする芸人が続々とキャバレーに出演し、高額なギャラを稼ぐようになる。そうなると黙っていないのが売れていないバンドマンや芸人たちであった。彼らは人気や名声を期待して我も我もと歌謡漫談界へと飛び込んだ。当時活躍していたグループの前歴を見ると「元バンドマン」「元漫才」「元浪曲師」といった経歴や職の持ち主である。

かくして数も人気も増えた歌謡漫談の世界から、「自分達の協会を作りたい」という声が上がるようになった。歌謡漫談は漫才研究会にも、演芸協会にも入れてもらえない中途半端な立ち位置だった。さらに離合集散が激しいので、「連携が取れていない、うまく連絡が取れない」と興行師や芸人仲間からのクレームが続いたのも大きかった。

一九五六年夏、川田晴久を担ぎ出して「歌謡漫談研究会」設立の計画が立った。川田晴久が会長、柳四郎が参謀となって研究会設立のために奔走を続けた。しかし、発会を目前にして、川田は病気に倒れ、一九五七年に亡くなってしまった。川田の死で研究会発足は御破算となった。漫才研究会と合流する——そんな一案もあったようだが、諸般の事情でお流れになった。

一度は頓挫した歌謡漫談団体の結成であったが、川田の遺志を柳四郎が受け継いだ。そこで柳家三亀松を会長に置き、その上で歌謡漫談や音楽漫談の芸人の協力を募ったのである。その結果、シャンバローを筆頭に、灘康次《なだこうじ》とモダンカンカン、小島宏之《こじまひろゆき》とダイナブラザース、人見明とスイングボーイズなどのグループが二〇組ほど、落語家出身で見せる歌謡漫才を展開していた桂高《かつらたか》丸《まる》・菊丸《きくまる》、個人で活動していた鹿島三津夫《かしまみつお》（蜜夫）、玉川スミ、若葉茂《わかばしげる》、早野凡平など、約三〇組が協会に参加することとなった。

一九六五年二月、「東京ボーイズ協会」が発足、華々しくお披露目公演が開催された。一九六八年に会長の三亀松を失った後は、元あきれたぼういずの坊屋三郎が会長に就任。その後は灘康次、大空かんだ、川田恋と受け継がれた。

近年、ボーイズ芸人の減少に伴い「ボーイズバラエティ協会」と改称したが、その中身はほとんど変わることがなかった。今日も、先人が残した歌謡漫談の理念や芸を大切にしながら活動を続けている。

戦後、歌謡漫談も勃興して人気を集めた。右上より時計回りに
シャンバロー（右より柳四郎・邦一郎、岡三郎）、和装姿の3人　（白井雅人氏提供）
玉川カルテット（左より伊丹明、玉川ゆう子、松木ぽん太、玉川ゆたか）（松木ぽん太氏提供）
スリー・アンバランス（左より斎藤正道、清水粒太、さがみ良太）（著者蔵）
初代スイングボーイズ（左より南けんじ、君知也？人見明？）（藤山新太郎氏提供）
川田晴久とダイナ・ブラザース（中央が川田晴久）（小島宏之氏提供）

コント・トリオ・ブーム

「戦後、一番勃興した演芸は何か?」という問いに対して、「コント」と答えるのは間違いではないだろう。それくらいコントは目覚ましい発展を見せた。芸人たちは「コント芸人」という新しい肩書きと職種を手に入れ、コントの概念が世間に知れ渡るようになった。また、これまでのコントのあり方やスタイルが整理され、「仁丹《じんたん》・天丼《てんどん》・丸三角《まるさんかく》」のテクニックが完成されたのも、ちょうどこの頃の話である。

演芸としてのコントの源流は震災前後の浅草の「カジノ・フォーリー」、榎本健一の「ピエル・ブリヤント」、新宿にあった「ムーランルージュ」などにあるようである。しかし、当時のコントは演劇に近く、演芸・漫才とは若干の距離があった。

一応、漫才出身の東喜代駒や波多野栄一が「漫劇」と称したコント風の芸を演じたり、兵隊漫才の中に「コント」らしい芸はあった。しかし、それらはあくまでも限定的な人気にとどまり、演芸界に一石を投じるまでには至らなかった。

お笑いとしてのコントが定着するのは戦後である。戦後爆発的に流行したストリップやショウの幕間としてコントが演じられるようになった。ヌード嬢やストリップの踊り子の準備や幕間の場繋ぎとして重宝されたわけである。ストリップを目当てに来ている客を前にして、何とか笑いと満足を取らねばならない。こうした荒い客層がコメディアンの芸を磨き上げた。

しかし、ストリップの人気も一九五〇年代を境に下火となり、コメディアンたちは新しい活躍の場を探さねばならなくなった。

失業しかけたコメディアンの中から漫才師に転向したものは結構いる。先述した大空平路・橘凡路、玉川良一と東けんじの「Wコント」、玉川良一の弟子だった真木淳《まきじゅん》・斎藤れを（東京大《とうきょうだい》坊《ぼう》・小坊《しょうぼう》）、他にも笹一平《ささいっぺい》・八平《やっぺい》、阿部昇二《あべしょうじ》・林百歩《はやしひゃっぽ》などがいる。

一方、「演芸としてのコント」を磨き上げ、今日の形に仕立て上げたコント芸人もいる。その代表的存在が由利徹・八波むと志・南利明の「脱線トリオ」である。三人とも歴戦のコメディアンとして知られ、それぞれ別々に活動していたが、周りの勧めでトリオを結成した。

そんな彼らを日本テレビの演芸番組『お昼の演芸』が見込んでスカウトをした。一九五六年、三人は「脱線トリオ」と名乗り、番組内でコントを演じるようになった。そのコントのうまさや面白さがたちまち評判となり、脱線トリオは大スターとなった。

この脱線トリオの人気を受けて多くのコメディアンたちがコントグループを結成し、テレビや大劇場の世界で活躍するようになった。

渥美清、関敬六、谷幹一の「スリーポケッツ」、春風天兵《はるかぜてんぺい》、島暁美《しまあけみ》、星柄北男《ほしからきたお》の「天兵トリオ」などは脱線トリオの全盛期に誕生している。

一九六一年に脱線トリオは解散を表明し、コントブームも落ち着くかと思われた。しかし、ブームは依然として続いた。「脱線トリオの後を狙え」と言わんばかりに、三波伸介、戸塚睦夫《とつかむつお》、伊東四朗の「てんぷくトリオ」、内藤陳《ないとうちん》、井《い》波健《なみけん》、久《く》里《り》みのるの「トリオ・ザ・パンチ」、江口明《えぐちあきら》、岸野猛《きしのたけし》、前田燐《まえだりん》の「ナンセンストリオ」、東八郎《あずまはちろう》、小島三児《こじまさんじ》、原田健二《はらだけんじ》の「トリオスカイライン」などが続々とデビューを果たした。

彼らのコントは主にテレビ業界から高い評価を受けた。大正テレビ寄席の山下武は、「トリオ・ザ・パンチ」の面白さを見つけて売り出した時の衝撃を、

「事実、将来の演芸番組の姿を予見させるものがこのトリオではないかと思わせるような、すさまじいバイタリティーを彼らは持っていた。」

と、自著『大正テレビ寄席』で回顧しているが、「これからの演芸はコントにある」という認識やコントの面白さを、全国の視聴者や芸能関係者に植え付けることができたのは、コントの為にも幸せであった。もし、テレビがコントブームの後押しをしなかったら、コントははやばやと消滅していたかもしれない。

また、「コント由来の流行語」もコントブームの大きな起爆剤となった。コントの中で放たれるギャグや動作が流行や話題の種となったのである。トリオ・ザ・パンチの「ハードボイルドだど！」、てんぷくトリオの「びっくりしたな、もう！」、ナンセンストリオの「親亀の背中に小亀を乗せて〜」や「赤あげて白下げて！」というギャグや旗上げゲームは凄まじい人気を集めた。全盛期には、小学生や中学生向けの雑誌に「てんぷくトリオ」や「トリオ・ザ・パンチ」の特集が組まれていたほどであった。

そんなトリオブームの中で、颯爽と現れたのが坂上二郎と萩本欽一のコント55号である。

萩本の才気あふれる徹底的なボケに、実力派の坂上が振り回されながらも的確にツッコむ、一種の不条理を漂わせるスタイルは、コント業界のみならず、漫才界にも大きな影響を与えた。ボケとツッコミというコンビの特性を生かした過激で前衛的なコントと、「野球拳《やきゆうけん》」に代表されるパフォーマンスで、一躍爆笑王となってテレビ界を制覇し、多くのテレビ番組や映画の主役となり、流行の寵児となった。

そうしたブームは、寄席ファンや演芸ファンにとどまらず、子供たちや若者にまで伝播した。流行語や流行が大好きな若者や子供たちは、話題を求めて演芸番組を見るようになった。

当時、ベビーブームの中で大きくなった子供や若者が大きな割合を占めていたこともあって、その人気や注目度は決して軽視できるものではなかった。若い世代の支持や賛同を得たことが「コント」という芸を不動の地位に押し上げた。

しかし、そのコントブームも視聴者層の変遷や、ザ・ドリフターズや『俺たちひょうきん族』に代表されるような新しいお笑い番組の進出によって、徐々に勢力をなくしていった。ただし、ブーム衰退後も、人気を集めていたコント芸人たちは様々なジャンルで活躍を続け、お茶の間の顔になった。司会者として人気を集めた三波伸介、俳優として成功した東八郎、伊東四朗などはそのいい例だろう。

一方、コント芸人の中からも漫才師が誕生する、また漫才師の中からもコント芸人が誕生する、漫才師がコントを演じるようになる――という傾向も生まれるようになった。これはコントブームや演芸ブームに加え、後に来るＭＡＮＺＡＩブームが、漫才やコントの垣根を取り払い、「面白ければなんでもあり」を標榜したところから生まれた現象なのではないだろうか。

後になると、「漫才」と明言しつつも最初から小道具や大道具を使うようなコント風のネタをやる漫才も現れるようになった。平成に入るとそれがふつうのスタイルとなり、コントと漫才の二刀流が定番になり始めた。

その風潮は現在に至るまで続いている。今活躍する漫才師の中で「漫才もコントも両方やる」というコンビは数多い。

漫才リバイバルブーム

一九六四年に東京オリンピックが開催され、一九七〇年には大阪万博が開催された。先進国として文化の第一線を走る日本であったが、その傍らで「日本の歴史を再評価しよう」という風潮も現れるようになった。そうして生まれたのが一九六八年の「明治百年祭」であり、それに関する出版物や作品であり、リバイバルを前面に押し出した歌謡番組や演芸番組であった。

高度経済成長という大きな変革の中にありながら、「古き良き日本」を求める人々が多くなったのもひとつの要因だったろう。

東京漫才におけるリバイバルブームの先駆けになったのは、コロムビアトップ・ライト主催の「漫才変遷史」というリサイタルであったようである。トップ・ライトの企画構成案を元にして練られた「漫才変遷史」は、一九六三年十一月十二日、サンケイホールで開催された。東西から漫才界の長老や人気漫才師を集め、三河萬歳、しゃべくり漫才、兵隊漫才、そして当時の漫才に至るまでの変遷を大胆な構成で並べて見せた。この企画は高く評価され、芸術祭賞奨励賞を受賞している。

これに大きな自信をつけたトップ・ライトは、翌年の一九六四年十一月二十八日にもサンケイホールを借り切り、「東京漫才変遷史」なる公演を実施した。

公演を実施するにあたって、当時一線を退いたり不遇をかこっていた長老たちへの出演交渉が行われた。その結果、東喜代駒を筆頭に、林家染団治、荒川清丸・山村豊香《やまむらとよか》、大津検花奴・菊川時之助、天乃竜二・東お駒、松鶴家日の一、リーガル千太・大江笙子、松鶴家千代若・千代菊など、東京漫才の長老たちが顔を並べ、健在ぶりをアピールした。

さらに、放浪芸や雑芸への評価も高まって、古い漫才師たちが再評価されたり、にわかに注目されるようになった。

東喜代駒、荒川清丸、大津検花奴、桂喜代楽、桂金吾、大朝家五二郎、玉子家利丸・松鶴家日の一、林家染団治、大和家八千代といった明治生まれの長老たちの芸談やインタビューが世に出るようになったのは、この頃からである。

桂金吾、玉子家利丸、大朝家五二郎などは既に一線を退き、それぞれ余生を送っていた中での再評価であった。こうした芸談や記事は、『大衆芸能資料集成（第七巻）』や小沢昭一の『私のための芸能野史』や『芸双書』などといった書籍となり、刊行された。それは今日も読むことができる。

一九七六年には、ビクターから『東京漫才のすべて』という六枚組のレコード全集が発売される。三河萬歳から現代の東京漫才までを時代順に並べたのが特徴で、この全集で東京漫才の歴史がわかるような構成であった。監修者の小島貞二が現地で三河萬歳や周辺芸を採録したほか、東喜代駒、桂喜代楽、富士蓉子、リーガル千太などの長老を招いて、インタビューを収録したのも大きな特徴であった。

特に桂喜代楽は古い芸をよく知っていたので重宝された。既に演じ手がいなくなっていた「前叩き」と呼ばれる口上や萬歳の「地の内」を次から次へと演じ、関係者を驚かせた。その一部はこのレコードで聞くことが出来る。

長老の再評価が行われる中で、もっとも高い評価を受けたのは、松鶴家千代若・千代菊夫妻であった。

戦後、東京漫才の幹部として優遇されてはいたものの、漫才界のスターというわけではなかった。その中で千代若・千代菊は淡々と芸を磨き、円熟期を迎えていた。いつしか彼らの古風な芸や貴重な芸談は「漫才が忘れてしまったもの」として、注目を集めるようになった。

一九六七年十月十四日、NHK東西漫才大会に出演した千代若・千代菊は「今と昔」を披露した。鼓を持った千代若が、張り扇を持った千代菊を相手に、三河萬歳の「地の内」から萬歳の踊り、のぞきからくり、関東大震災の数え唄まで、漫才の芸の変遷を口演した。この舞台で二人は一九六七年の芸術祭賞奨励賞を受賞し、千代若・千代菊の再評価が進むこととなった。

一九七五年、千代若は紫綬褒章《しじゅほうしょう》を受章している。漫才界初の栄誉として華々しく紹介され、「漫才でも紫綬褒章の対象になる」と、漫才界に大きな自信を与えた。

漫才の地位が飛躍的に向上し、国家的な勲章や賞が与えられるようになったのも、このリバイバルブーム前後の特徴である。この期に及んで、漫才は日本を代表するひとつの演芸として、国家から認められたといってもいいだろう。

第七章 MANZAIブームと東京漫才

1972年に開催された「第二回漫才協団真打昇進披露」の口上。
真打披露は漫才協団（協会）のメインイベントとなり、今日も開催されている。
左よりリーガル秀才、コロムビアトップ、新山トリロー、ノリロー、新山悦朗、天才
（遠藤佳三氏旧蔵品・著者蔵）

魔の解散ラッシュ

演芸ブームが下火になり始めた一九六〇年代末より、怒濤の解散ラッシュが起こった。

「コンビで行動して人気を集める」ということは、一見すると漫才師の理想のようである。しかし、裏を返せば、「コンビで一つの商品」のブランド化が進めば進むほど、「別れたくても別れられない」といった問題が生まれるようになった。メディアやプロダクションは「名コンビ」として売り出す以上は、コンビを分けるようなことは出来るだけしたくない。ましてやコンビが売れっ子であればあるほど、「解散だけはさせたくない」と考えるのは当然であった。

世間の感情からしても「いつまでもコンビでいてほしい」という期待をかけるようになる。しかし、漫才師からしてみれば、そうした願いや期待が重圧となる。既に漫才やコンビへの情熱が尽きているにもかかわらず、世間や会社の期待や束縛が足かせとなり、それはまた相方に対する憎悪として積み重なり、解散につながる。

「今でも名前を見たくないくらい嫌い」「一緒に楽屋にいるだけでも不快だった」「相手を見るだ

けで殴りたくなる」。

筆者が取材してきた漫才師から直接聞いたいくつかの言葉である。両者の言い分を聞くと必ず食い違いが生じており、どちらも被害者でどちらも加害者のように見えてくる。そうした言い分や態度は「どちらも正しいし、どちらも間違っている」というより他はない。矛盾していると言われれば、たしかにそうかもしれないが、漫才コンビの解散に正解など存在しないのではないか。

東京漫才の解散ラッシュの引き金となったのは、大スターの晴乃チック・タックであった。

一時代を築いたチック・タックであったが、多忙すぎる日々で思うような漫才やネタが出来なくなり、マンネリ化が進んだ。人気絶頂期から「二人は喧嘩ばかりしている」「二人は天狗になりすぎである。特にチックは生意気で時間にルーズな問題児」などといった報道がなされており、これらも大きな痛手となったようである。人気も漫才への情熱も失速をはじめたチック・タックは一九六九年四月に解散を発表、名コンビはここで別れてしまった。

タックは「高松しげお」と改名し、司会・俳優の路線へ転身、チックは漫才界に残り、一九七一年九月に師匠の晴乃ピーチクとコンビを組んで、「晴乃ピーチク・チック」。続いて、義弟（妻の弟）とコンビを組んで「晴乃ロマン・チック」として活動を続けたものの、チック・タック時代の人気は取り戻せず、最終的には芸能界を退き、飲食店の店主におさまった。

高松しげおは愛嬌のある三枚目として重宝され、司会者・漫談家・俳優とマルチタレントとして今に至る。

一九七一年頃には大空ヒット・三空ますみの夫婦漫才が解散している。コンビ解散と前後して離婚し、夫婦関係も終わりを迎えている。

ヒットは東京漫才の一大派閥・大空一門の総帥として、多くの弟子を育て上げた。また、漫才研究会の設立や運営にも力を注いでいた。そんなヒットであったが、一九六〇年代後半に入ると、人気も落ち、夫婦関係も冷めきってしまった。

ますみは漫才界を引退し、ヒットは息子の大空せんりや弟子の大空かんだとコンビを組み直したが、往年のような人気を取り戻すことは出来なかった。

さらに追い打ちをかけるように、一九七一年五月、晴乃ピーチク・パーチクが解散を発表。弟子のチック・タックの解散騒動から丸二年、今度は師匠たちが解散をしてしまった。

このコンビは、ピーチクの不祥事が原因で解散してしまったというちょっと珍しい例である。無論、それ以前からの不仲や漫才への疑念など、様々な要因が解散の選択へと繋がったようであるが、ピーチクの不祥事がなければもう少し続いたかもしれない。

第一線で活躍を続けていたピーチク・パーチクであったが、一九六〇年代後半より「ピーチクが愛人と本妻の二股をかけている」という醜聞がささやかれた。ピーチクの妻と愛人は互いに罵り合い、ピーチクは曖昧な発言ばかり続け、それをメディアが面白おかしく取り上げる。この問題は泥沼化し、コンビの人気は失速した。

最終的にピーチクは妻には協議離婚を、相方・パーチクにはコンビ解消を申し出た。両者が承諾をしたため、離婚とコンビ解消がほぼ同時に行われる形となった。何とも後味の悪いコンビ解消となってしまったのは言うまでもない。

コンビ解消後、パーチクは芸能界から退き、プロダクション経営者に転身。表舞台から距離を置いて、堅実な余生を送った。

一方、ピーチクは弟子のチックとコンビを組んで再出発を果たしたが、上手くいかずに解散。スランプの中で絵画の勉強をし、高座の上で似顔絵や漫画を描く「似顔絵漫談」を創始。この一芸で見事に人気タレントとしてカムバックに成功した。

一九七二年十月には青空一門のホープで、テレビの司会者としても人気があった青空はるお・あきおが電撃解散をしている。青空の亭号の通り、コロムビアトップ・ライトの弟子である。

青空はるお（本名・坂上洋祐）は、一九三七年十一月五日、新潟県三条市の生まれ。集団就職で洋服屋に就職し、地道に働いていたが漫才師を志し、青空うれしの斡旋でコロムビアトップ門下に入った苦労人である。

青空あきお（本名・横山孝信）は、一九三〇年九月二十六日、富山県富山市の生まれ。俳優から大空ヒットの門下に入って、「大空はるか・かなた」と名乗った漫才師であった。最初の相方・はるかは医療漫談で知られたケーシー高峰であった。フレッシュな漫才で売り出したが、数年でコンビを解散。その後は弟弟子の大空かんだを起用して、「はるか・かなた」コンビを続投した。後年、大空ヒットをしくじって破門され、あわや廃業という時にコロムビアトップに拾われて、「青空あきお」と改名した。

ちなみに青空はるおは二人存在する。初代は青空月夫と名乗ったあきおの兄弟子である。この月夫は後に漫才界をやめ、本名の田畑広でステンドグラス職人になった。その田畑氏の後釜におさまったのが、二代目はるおである。このコンビで売れたこともあって、二代目はるおは一般には事実上の初代として認知されているようである。

名前の由来は「春秋」の一対。チビ・デブ・童顔のはるお、ヤセ・ノッポ・ヒゲ面のあきおの凸凹コンビであった。凸凹漫才の理想形というべき風貌の対称の見事さは、舞台に出てくるだけで客席がどよめいた。

漫才コンクール優勝の実績も持ち、人気も実力も申し分のないコンビであった。そんな二人の解散宣言は余りにも突然のものであった。

一九七二年十月四日、新宿朝日生命ホールで漫才バラエティーショー「日ノ本村の村祭り」が開催され、そこに出演した。その打ち上げパーティーの席上ではるお・あきおの二人は「我々は十月三十一日をもって解散する」と衝撃の解散宣言を行ったのである。

この宣言には関係者はおろか、同席していた漫才師や作家たちまで驚愕した。すぐさま速報が打ち出され、週刊誌やワイドショーのネタになったが、二人は「漫才やコンビとしての限界」「話し合って決めた」と話すばかりで、解散理由の真相を語ることはなかった。

はるお・あきおの良きアドバイザーであり、解散発表の場にも居合わせた漫才作家の遠藤佳三《えんどうけいぞう》氏は生前、筆者に対して、

「どうも二人は真打制度に対して不満を持っていたようで、それへの抗議ではなかったのでしょうか。真打になったら解散が難しくなりますからね。無論、コンビ仲の悪化や漫才の情熱が失われたという個人的な問題もあったのは間違いないでしょうが……」

と、詳しく語って下さったことがある。

解散後、はるおはタレントとして独立。バラエティ番組のレギュラーや報道番組のリポーターとしても活躍した。一方、あきおは「横山あきお」と改名し、俳優に転身。老け役や悪役の脇役として八十過ぎまで活躍を続けていた。

一九七四年七月には「コロムビアトップ・ライトの電撃解散」が起こった。

人気漫才師であったトップ・ライト解散はたちまち世間の話題となった。

二人の不仲は十数年来のものであり、芸能界では「トップ・ライトといえば不仲」というのは常識であった。一方、レギュラー番組の『懐かしのメロディー』では息の合った司会を見せて人気を集めていたほか、一九七〇年には、コンビ誕生二十五周年を記念して新橋演舞場で「トップ・ライトの銀婚式」と称した公演を行った。関係者や芸人たちも「不仲でもビジネスに徹しているのだろう」と楽観的に見ていた。しかし、銀婚式公演を境に二人の仲は急激に冷え込んだ。

その関係が破綻したのが、一九七四年の参議院議員選挙であった。

トップはこの選挙を機に本格的な政界進出を目論み、出馬。連日弟子や仲間を引き連れ、派手に選挙活動を行った。しかし、選挙活動にのめり込めばのめり込むほど、トップ・ライトのコンビとしての仕事や活動はセーブせざるを得なくなった。これに対してライトは強い不満を持つようになり、自身で事務所を立ち上げるに至った。一方、トップのほうにも「忙しい最中でも出来る限りやっているじゃないか」という言い分があった。こうしたすれ違いも憎悪を急速に募らせる一因となった。

一九七四年七月の総選挙の結果、トップは初当選をした。関係者は「東京漫才初の代議士」として喜んだが、既にトップ・ライトの関係は限界に達していた。

トップの言い分は「ライトの不勉強が目立つ」「出馬する旨は前から伝えていた」「コチラの出馬に対し、相手は納得していた」といったものである。一方、ライトは「トップは傲慢でわがまま」「出馬や解散の説明を受けていない」「選挙で負けたら漫才に戻るとは虫が良すぎる」と反論した。

関係者や弟子たちは仲介の場を設けようとしたが、二人がその案に乗ることはなかった。結局、トップの政界入りと同時にトップ・ライトは事実上の解散という形で終った。なお、一九八〇年代に一時復活を表明したが、仲が改善することはなく自然消滅してしまった。

解散後、トップは参議院議員とタレント、ライトは声帯模写のピン芸人に転身し、その後も活動を続けることになった。

そんなトップ・ライト解散の蔭で、東京漫才の大幹部であった宮田洋容・布地由起江がコンビ別れをしている。こちらの解散も一九七四年。ただ、トップ・ライトと違って円満に解散をしている。

一九五四年のコンビ結成以来、「漫才オペレッタ」で東京漫才の大幹部になり、一時は東京漫才協会の会長も歴任した洋容・由起江であったが、一九七〇年代に入ると人気も衰え、洋容も老いた。洋容は相方・由起江の才能を惜しみ、「自分といつまでもコンビを組んでいては駄目になる」と解散を打診。二十年のコンビ生活に終止符が打たれた。

洋容はバー「マンザイ」の経営に勤しむ傍ら、日本に留学して来たフィリップというアメリカ人をスカウトして「ミヤタ洋容・フィリップ」を結成。芸能界の長老とアメリカ人学生の漫才は奇抜な組み合わせとしてちょっと話題になった。

一方の由起江は独立をして、「ふじゆきえ」と改名。「タローとハナコ」というコンビで活躍していたハナコを誘って「ふじゆきえ・はなこ」として再スタートを切った。仲間の斡旋で落語協会に入会し、寄席の漫才師として知られるようになった。

他にも、バイオリン漫才の美和サンプク・メチャ子（一九七〇年）、大空平路・橘凡路（一九七〇年頃）、浪曲漫才の大空なんだ・かんだ（一九七〇年）、宮田《みやた》陽司《ようじ》・昇司《しょうじ》（コンビ解散後に〝章司〟）（一九六九）、松鶴家千とせ・宮田羊かん（一九七一年）、兄妹漫才の大空みのる・大和ワカバ（一九七〇年頃）、音曲漫才の条アキラ・南けんじ（一九七三年）、榎本晴夫・志賀晶（一九七三年）などがコンビ解散し、東京漫才に大きな傷跡が残った。

こうした解散ラッシュがあっても、それを補うことの出来る新人や若手がいればまだ東京漫才の隆盛は続いただろう。しかし、後進の人選はなかなか思うようにいかず、期待される新人も生まれなかった。

ただ、この時はまだ演芸ブームや寄席ブームの余波が演芸界に漂っていたこともあって、関係者もメディアも楽観視をしていた。寄席番組やバラエティ番組はそれなりの人気を保っており、キャバレーの仕事や司会漫才の需要もあった。さらに、ノリロー・トリロー、京二・京太、みつる・ひろしの御三家が活躍していたこともあり、「次のスターはまた生まれるだろう」といった甘い期待が関係者やメディアにもあった。

そんな期待とは裏腹に東京漫才は内部から徐々にダメージを受け続けていた。それに気づいた時には既に、東京漫才の冬の時代は訪れていた。

長老たちの死

昭和四十年代に入ると、東京漫才黎明期に活躍した功労者や第一線で活躍していた幹部たちが次々と倒れ、あの世へと旅立って行った。どんな人気者も名人も寿命には勝てない。やってくる老衰や死によって、いずれ世代交代が来る。

その世代交代を強く感じさせるきっかけとなったのが、長らく東京漫才を牽制してきたリーガル万吉の死であった。

最晩年の万吉は何度も高血圧に倒れ、休演と復帰を繰り返していた。

自らの限界を悟った万吉は引退する方針を立てた。先述の通り、都上英二に漫才研究会会長職を禅譲し、仕事や要職の整理を行うようになった。一九六二年十月に日比谷公会堂で引退披露を行って、芸能界から去った。

その後は闘病生活を送っていたが、一九六七年七月三十日、心筋梗塞を起こして息を引き取った。漫才師たちは万吉前会長の実績を讃え、浅草の東本願寺で「漫才協団葬」を実施した。

万吉の死から一年後の一九六八年六月八日、東京漫才の大スターであった内海突破が五十三歳の若さで夭折している。

戦後、ラジオスターとして売れた突破であったが、晩年は既に過去の人になっていた。一方、副業でやっていた飲食店が成功し、実業家として裕福な生活を送っていた。

一九六五年に並木一路とのコンビを再結成し、注目を集めた。さらに司会者としても再起をめざすなど活躍が期待された――その矢先の一九六七年冬、末期の胃癌が発覚、闘病の甲斐もなく亡くなった。

一九七〇年二月二十四日には、漫才協団の長老で落語協会の漫才師だった春木艶子が六十二歳で亡くなっている。幼くして芸能界に入り、若いころは内海好江の母・林家染寿率いる「望月三姉妹」の一座にいたこともある。戦前は叶家洋月《かのうやようげつ》と夫婦漫才を組んで、新興演芸部で活躍。戦後は新山悦朗と再婚して、「悦朗・艶子」として落語協会の色物として堅実な活躍を続けていた。

一九七二年一月二十九日、十返舎菊次が五十九歳で亡くなった。一九五三年に亀造と死に別れてからは、芸能界を退いた。晩年は三味線や踊りの先生をやって余生を送っていた。

一九七二年十一月十四日、東京漫才の大幹部「宮島一歩・三国道雄」のボケ役・宮島一歩が六十六歳で亡くなっている。長い間、東京漫才のスターとして相応の人気を保ったが、晩年は心臓病に苦しみ、精彩がなかった。一歩の息子は「宮島一茶」と名乗り、二世芸人として活躍していたが、父の死後間もなく廃業してしまった。この人も惜しまれる。

一九七三年五月五日、落語協会所属の新山悦朗が五十七歳の若さで急逝した。五月三日に脳溢血に倒れ、すぐさま病院に運ばれたが、二日後に息を引き取った。倒れた当日も池袋演芸場に出演していた。

元々はスポーツマンとして名をはせ、一時はプロの水泳選手を目指したというが、挫折。漫才師を志し、大阪の千歳家歳男に入門して「千歳家飴男」と名乗った。後年、故郷の長野にあった「新山」から芸名をとり新山悦朗と改名し、春木艶子と結婚。長らく寄席漫才師「新山悦朗・春木艶子」として活躍していた。

一九七五年二月九日、女流漫才の大御所・隆の家万龍が六十三歳で亡くなっている。晩年は漫才研究会と東京漫才協会を行き来するなど、いささか落ちつきがなかったが大看板であることは間違いはなかった。残された相方で娘の栄龍は引退をした。

一九七七年十月十日には、東京漫才の元祖的存在、東喜代駒が七十八歳で急逝している。多くの芸人が老いて芸界から退く中で、喜代駒は喜寿を過ぎてなお第一線に立ち続け、円満な人徳者として慕われ続けた。亡くなる当日も熱海温泉で仕事があり、宴会で散々遊んだ後、湯船の中で心臓マヒをおこし、息を引き取った。末路哀れな漫才師が多いことを考えると、幸せな生涯を送ったといえよう。見事な幕切れだった。

他にも、珍芸漫才で人気のあった文の家都枝《ふみやとし》（一九七〇年、享年八十）、元祖おデブ漫才師として知られた「三升小粒（後に林家ライス）・太平洋子」の太平洋子（一九七七年二月九日、享年三十九）が、この時期に亡くなっている。

また、これ以外にも、ひっそりと漫才界から消えて、いつの間にか亡くなった人も数多くいる。

東京漫才の立役者の林家染団治、太刀村一雄《たちむらかずお》、轟《とどろき》ススム、朝日日の丸なども、この頃に亡くなった。ただし、その没年は判然としない。訃報記事や関係者の証言などで、没年が判明している漫才師はまだマシなほうであろう。いつ生まれていつ亡くなったか、それさえ分かっていない人もいる。

「こういう漫才師が先祖や親せきや友人にいたけど、この年に亡くなったよ」という情報などをご存じの方は神保喜利彦宛にお知らせ頂けると大変ありがたい。

東京漫才の御三家たち

多くの東京漫才師が解散し、看板といえる存在がいなくなった一九六〇年代から七〇年代の漫才界において、中心的な役割を担って活躍していたのが新山ノリロー・トリロー、東京太《あずまきようた》・京二《きようじ》、大空みつる・ひろしの「東京漫才の御三家」である。そこに、先輩格の青空うれし・たのし、少し遅れてデビューした春日三球・照代を加えると、一九六〇年代から七〇年代における東京漫才の次期幹部が大体揃う。

いずれも人気・実力を兼ね備え、漫才協団内部での評判も高かった。当時、実権を握っていた大幹部たちからの信頼も厚かった。

そんな五組の経歴を紹介してみよう。

青空うれし・たのし

御三家の兄貴分的な存在として人気も実力もあったのが、青空うれし・たのしである。うれしは一九五三年デビュー、たのしは一九四九年デビュー（ただし俳優として）。芸歴だけで言えば、リーガル天才・秀才や獅子てんや・瀬戸わんやの世代である。

うれし（本名・島田寿三）は、一九三五年一月五日、東京日本橋の生まれ。実家は株屋をやっており、大変景気がよかった。学生時代から芸能が好きで同級の鳥居義光と学生漫才コンビとして活躍していた。青空一門に入る前は「隼飛郎《はやぶさとびろう》・黄金竜尾《こがねたつお》」（隼がうれし）と名乗っていた。駒澤大学在学中、「素人のど自慢大会」に漫才師として出場。見事合格し、司会漫才としてデビューを果たした。

後年、鳥居と一緒に青空一門に入り「青空うれし・たのし」と改名。「春うれし・秋たのし」と名乗っていたこともある。間もなく、相方のたのし（鳥居義光《よしみつ》）が引退したため、学生時代から面識があり、当時の岡晴夫一座にいた武田要とコンビを組み、「神田《かんだ》一郎《いちろう》・青山《あおやまじ》二郎《ろう》」（二郎がうれし）と名乗る。しばらくこのコンビで活動したが、やがて岡晴夫一座を抜けて「青空うれし」に名を戻した。演芸評論家の真山恵介の紹介で武田健三とコンビを組み、「青空うれし・たのし」を再結成。

文学や語学、スポーツなどを話題にしたフレッシュな時事漫才で注目を集めた。芸にうるさいリーガル万吉や都上英二もその芸と人柄に強い信頼を寄せていた。しかし、二代目たのしは諸事情により芸能界を離れることとなりコンビ解消。

次に岡晴夫一座でコンビを組んだことのある武田要を誘って「三代目青空たのし」を名乗らせた。この武田要とのコンビが世間でいう「うれし・たのし」コンビである。

三代目青空たのし（本名・武田要）は、一九三一年十月三十一日、東京浅草の生まれ。実家は写真店を営んでいたが、父は太平洋戦争で戦死。実家も学校も空襲で失っている。戦後、塗装屋や闇市で働くかたわら、「双葉大バラエティー団」なる一座に入団し、一九四九年九月に初舞台を踏んだ。しかし、一座は一年足らずで解散。劇団を転々とする。

一九五一年、泉イサオとコンビを組んで漫才師として初舞台を踏んだ。後に谷俊二、青山二郎と相方を転々とする。青山とコンビを解消した後は、二葉大バラエティー団時代の知人で歌謡漫談「ハッピーボーイズ」のメンバーであった「瓶九郎《びんくろう》」を誘って「中野四郎《なかのしろう》・神田一郎」のコンビを組んだが、こちらも長くは続かなかった。

一九六〇年、うれしと正式にコンビを組み、「青空うれし・たのし」と名乗る。

眼鏡をかけインテリ然としたうれし、童顔で小柄なたのしの対比とインテリ受けするような時事漫才で人気を博した。「オートメーション」「人工衛星」「冷凍保存」など当時ではSFに近いようなネタまで漫才に持ち込み、観客を驚かせた。

全盛期の人気は大したもので、コロムビアトップ・ライトに続く司会漫才の名手としても知られた。ラジオ番組や歌謡番組を受け持つほどの人気と実力を持ち、千夜・一夜と並ぶ青空一門の主将であった。コロムビアトップが漫才真打制度を提唱した際、「うれしたのしか千夜一夜を真打にする」と考えるほどの実力者であった。ただ、二人は真打制度には懐疑的で、真打に昇進することはなかった。

新山ノリロー・トリロー

次に、東京漫才の御三家である。デビュー年と年齢も近く、立て続けに真打昇進した関係から、仲間たちから「御三家」と呼ばれるようになり、それがいつしか通り名となった。

御三家の最年長者は新山ノリロー・トリローである。他の二組が入会していた若手漫才グループ「グループ21」に関係せず、売り出しもNHK漫才コンクール優勝三組の中では一番早かった。芸歴も活躍も御三家の中では半歩ほど先にいた、といってもいいだろう。

ボケ役の新山ノリロー（本名・泉徳夫）は、一九三六年一月一日、朝鮮馬占の生まれ。すぐ上の兄はホルヘ・ルイス・ボルヘスやガブリエル・ガルシア＝マルケスといったラテンアメリカ文学を日本に紹介し、翻訳家として知られた鼓直《つづみただし》である。

敗戦後、朝鮮半島から引き揚げてきて埼玉県坂戸市へ。地元の川越高校卒業後、ダンサーを夢見て、上京した。虎ノ門音楽舞踊学校に入り、しばらくダンスの稽古に励んでいたが、途中で挫折してしまった。その後、一時期同居していた落語家の二代目古今亭円菊から新山悦朗を紹介され、一九五五年に悦朗の門下に入った。

一方の新山トリロー（本名・横沢栄司）は一九三四年六月五日、目黒で園芸業を営む家に生まれる。立教大学経済学部まで進学しているが、学業よりも学生演劇にのめり込んだ。大学在学時より役者・北沢彪《きたざわひょう》の演劇学校に通い、大学を中退している。

その演劇学校と同じビルに入っていたのがノリローの通う音楽舞踊学校で、当時からの顔見知りであった。役者としてなかなか売り出せず悩んでいるところを、ノリローに漫才界入りを勧められ、コンビを組んだ。

一九五八年二月、コンビを結成して「新山ノリロー・トリロー」と名乗る。ノリローは本名の徳夫から、トリローは「ノリローに対するゴロ合わせと当時人気のあった三木トリローさんにあやかって」とのことである。

黒縁メガネをかけたノリローがイカサマ外国語をまくしたて、ノリローが呆れてツッコむという正統的なインテリ漫才を十八番にした。寄席で活躍していた悦朗師匠と違い、早くから司会漫才としてマスコミや歌謡ショーで活躍、エネルギッシュな漫才は漫才協団幹部からも評価された。浅草松竹演芸場でのコメディ「漫才横丁」のレギュラーに抜擢されたことは先述の通りである。

一九六五年、第十三回NHK漫才コンクールにおいて優勝。

この優勝を機に東京漫才を代表するコンビとなり、一九七二年には、漫才協団の二組目真打に昇進し、名実ともに幹部になった。

駆け出しのころから立川談志と仲が良く、談志も「面白い芸人だ」と太鼓判を押していた。そうした関係から談志の番組や独演会のゲストとしてよく呼ばれていた。また、師匠・悦朗・艶子との縁で落語協会に所属し、寄席に出ていたこともある。寄席に出演し、寄席の客層もファンに取り入れることができたのは漫才師として幸せだったといえよう。

東京太・京二

寄席ファンから慕われたという点では、東京太・京二も同じである。ただ、こちらはノリロー・トリローよりも早くから芸術協会に所属し、寄席で腕を磨いていた。

京太（本名・萱谷利雄）は、一九四三年七月二十一日、東京生まれ。生まれて間もなく栃木県真岡市に疎開し、同地で育った。

中学卒業後、集団就職で上京。飲食店で働いている時、松鶴家千《しょかくやち》とせと出会い、一九六一年、松鶴家千代若・千代菊に入門。雑用や師匠の身の回りの世話をしながら芸を学ぶ内弟子生活を送っている。入門後、浅草演芸ホールの紹介で木田鶴夫・亀夫門下で、二つ年上の芸人・鶴田竹夫（本名・永井宏有）とコンビを組み、「鶴田《つるた》松夫《まつお》・竹夫《たけお》」としてデビューをするが一年足らずで解消。一九六三年、Wけんじ門下の神田公司（東京二）とコンビを組んで、「西若二・菊二」と名乗る。若二が京太、菊二が京二である。

相方の東京二（本名・神田公司）は、一九三五年十一月五日、北海道の生まれ。

幼い頃から音楽と演劇が好きで役者になるべく上京。俳優座養成所に入り、俳優の卵として活動していたが、思うように売り出すことが出来なかった。そのうち、司会や漫談の真似事をはじめ、芸人の仲間入りをする。一九六一年、Wけんじの弟子になり、漫才師となった。

スマートで二枚目然とした京二と、恰幅が良く愛嬌のある京太の対比で受けた。栃木弁丸出しの京太が、ハイカラな京二に絡み、これをやりこめる――という落語のようなネタで注目を集めるようになった。評論家からは「京太の喋り方は田舎臭い」と批判されたが、スタイルを変えることはなかった。

師匠の千代若が栃木訛りを武器に漫才を演じていたことや、タレントの東京ぼん太が栃木弁丸出しの芸風で成功をおさめていたことも、京太の芸風の一助になったのではないだろうか。この京太・京二の成功で方言漫才のジャンルが確立された。

一九六六年、落語家の四代目柳亭痴楽の斡旋で当時の東京都知事・東龍太郎と面会し、「東京太・京二」の芸名を貰っている。

改名後間もなく、青空月夫・星夫、青空はるお・あきお、あした順子・ひろし、大空みつる・ひろし、笹一平《ささいっぺい》・八平《やっぺい》、松鶴家千とせ・宮田羊かん、高峰青天《たかみねせいてん》・南マチ子、東京大坊・小坊、羽沢かんじ・志摩かほるの十組の漫才師、内海桂子の息子でマネージャーを勤めていた安藤勝利をいれて「漫才グループ21」という勉強会を発足させている。活動そのものは数年間で終わったが、この顔ぶれを見ると、後の漫才界で活躍した人が随分いる。

一九六九年の第十七回ＮＨＫ漫才コンクールで「忍法虎の巻」を演じて優勝した。この優勝を機に躍進を遂げ、テレビ番組のレギュラーを持つほどの人気を集めた。

こうした活躍が高く評価され、漫才協団から真打昇進のお墨付きをもらった。一九七四年に三代目真打として華々しく披露を行い、名実ともに幹部となった。

寄席や落語家団体の力を借りず、浅草の演芸場や余興から幹部になったのが、大空みつる・ひろしである。

大空の屋号の通り、大空ヒットの自慢の弟子で、大空平路、大空なんだ・かんだに続くスターとして強い期待を寄せられていた。

大空みつる・ひろし

大空みつる（本名・田口文正）は、一九四一年四月一日、岩手県盛岡市の生まれ。盛岡農業高等学校園芸科を卒業後、上京して芸能界に入り、一九五八年、姉の紹介でコメディアンの世志凡《せしぼん》太《た》に入門。同年六月、新宿文化演芸場で初舞台を踏んでいる。また、一時期は喜劇「コメディ東京」の研修生としても活動していた。

一九五九年に漫才界に入り、「東京ネオン・サイン」としてデビュー。翌年、大空ヒットに弟子入りして、「大空みつる」と名乗る。兄弟子の大空みのるや大空かんだとのコンビを経て、一九六二年に弟弟子の大空ひろしとコンビを結成し、「大空みつる・ひろし」。

相方の大空ひろし（本名・遠藤洋）は一九四五年一月五日、東京都墨田区の出身。

幼いころから漫才が好きで、高校在学中の一九六一年に大空ヒットに入門。間もなく高校を中退し、プロの世界に飛び込んだ。

浅草松竹演芸場や余興などを中心に腕を磨き、独自の芸風を構築した。みつる・ひろしの良きアドバイサーだった漫才作家の遠藤佳三氏に二人の想い出を聞いたことがある。曰く——

「みつる・ひろしの二人は俺、お前の言い合いで漫才をやってましてね。『そういうのは品が悪いからやめた方がいい』って言っても『俺らはこう育ったから無理ですよ』なんて笑いあったことがあってね。当時は君・僕がスタンダードでしたからね、言葉遣いが悪いなんて批判もありましたよ。でも、嫌味なところはなかった。そして、今の漫才を見ると普通に『俺・お前』みたいな感じの言葉遣いが主流になっているので、そういうことを考えるとみつる・ひろしの漫才というものは、なかなか先進的なものだったのではないでしょうか」。

一九七〇年、第十八回NHK漫才コンクールにおいて「㊙情報時代」で優勝。コンピューター時代を予想したSFチックな漫才であったという。

この二人も、漫才協団の大幹部からの信頼も厚く、一九七四年に四代目の真打昇進となった。

春日三球・照代

夫婦漫才で幹部に上りつめ、東京漫才を長らく牽引し続けた人気者に、春日三球・照代がいる。「地下鉄はどこから入るの?」という地下鉄漫才ですさまじい人気を博し、一時代を築いた。

春日三球《かすがさんきゅう》(本名・近馬一正)は、一九三三年十月二十一日、東京本郷の生まれ。父は大工の棟梁だった。

上野高校卒業後、サラリーマンになったがどこも長くは続かず、栗友亭の手伝いをするようになった。その中で内堀欽司(一休)と知り合い、一緒にリーガル千太・万吉の門下へと入った。栗友亭で初舞台を踏んだところから「クリトモ一休・三休」と命名された。

師匠譲りの綺麗でゆったりとしたしゃべくり漫才で頭角を現し、認められた矢先に相方の一休が三河島事故に遭遇し、亡くなってしまう。相方を失った三休は、漫談や司会などをして生計を立てていたが、大空平路の紹介で畦元直彦という芸人を紹介され、一九六三年にコンビを組んだ。「第一球」こと畦元直彦は、一九三二年一月一日、満洲の生まれ。立教大学社会学部の学生から新宿セントラル劇場のコメディアン、声優、曾我廼家五一郎劇団の座員、劇団らくりん座の座員を経て漫才師になったという変わり種であった。

第一球・三球コンビでそこそこ注目を集めるものの、パッとしないところがあって、いつの間にか解散をしてしまった。第一球は晴乃ダイナと「大井《おおい》海彦《うみひこ》・山彦《やまひこ》」を結成、残された三球は妻の照代と夫婦漫才を組むこととなった。

一九六五年二月、正式にコンビを結成。当初は「クリトモ三球」を名乗っていたが、看板に「春日三球・照代」と間違って書かれたのを機に「春日三球」と改名している。

妻で相方の春日照代（本名・近馬せつ子）は、一九三五年十二月八日、大阪府大阪市の生まれ。父は太刀村一雄、母は太刀村筆勇、母方の叔父は春日章という漫才師一家の娘として生まれた。姉の初子は春日淳子と名乗り、照代とコンビを組んだ。なお、一部文献やサイトでは「両親は上方漫才の春日日目玉・玉吉」と紹介されているが、これは誤りである。

戦後、姉妹漫才「春日淳子・照代」を結成し、デビュー。一九五〇年代初頭に両親とともに上京し、東京漫才の一員となった。淳子がアコーデイオン、照代がギターを持ったオーソドックスな音曲漫才を得意とし、女流漫才のホープとして着実に地位を築いていった。

一九六一年、淳子が結婚のためにコンビ解消。淳子は家庭に入り、照代だけが漫才界に残った。その後は大先輩の大江笙子と数年間コンビを組んでいたが、あまりうまくはいかず、コンビを解消。後釜として組んだのが三球であった。

コンビ結成後、照代の伝手で落語協会に所属し、寄席の漫才師としてデビューを果たした。デビュー当初は音曲漫才を展開し、照代がギター、三球がウクレレをもって「線路は続くよどこまでも」をテーマソングにした音曲漫才を演じていた。しかし、三球がウクレレをうまく弾けないことや、しゃべくりのネタの方がよく笑いが取れることから、しゃべくり漫才に転身を遂げた。ヌーボーとした三球がのんびりとした口調でボケる、それを歯切れのいい照代がツッコむという見事な対比がよくウケた。

三球が大真面目に「地下鉄はどこから入れるのか?」とか「駅の切符の自販機に当たりと外れを設けたらどうです?」と身近な疑問を取り上げるネタは、彼らの十八番として人気を集めた。わざわざ「地下鉄!」とリクエストする熱心な寄席ファンもいたほどである。

夫婦仲がよく、実直でストイックな漫才への姿勢も同業者や落語家から高い評価を受けた。そんな活躍や実力は、寄席ファンや演芸評論家を通して世間に知られるようになった。いつしか「寄席に行くと実力派漫才がみられる」という形で評判を取るようになった。

一九七〇年代末、MANZAIブームの火付け役となった『花王名人劇場』の「お笑い大集合」に呼ばれて、十八番の漫才を演じる機会を得た。ナンセンスながらもほのぼのとした「地下鉄漫才」は喝采を持って受け入れられ、一躍スターダムに上りつめた。東京漫才のコンビの中ではＭＡＮＺＡＩブームに乗ることができた数少ないコンビ、と言ってもいいだろう。

コロムビアトップ会長や幹部たちはこの五組を漫才協団運営の次期後継者と考えていたのか、続々と幹部に取り立てている。

一九七四年九月時点では年長のうれし・たのしが「広報部部長」、ノリロー・トリローが「青年部部長」、東京太・京二が「事業部副部長」（青空千夜・一夜が部長）、みつる・ひろしが「青年部副部長」という形で抜擢されている。後に、三球・照代も幹部入りを果たしている。

ノリロー氏から聞いた話では「トップさんの腹では、千夜・一夜の一夜さんを会長にして、その後に俺らを理事長にする予定だったらしい。他のコンビはどうだかはっきりしないが、それでも京太・京二やみつる・ひろしなんかも幹部理事や副会長に抜擢する算段があったんじゃないかと思うけどねえ」。それだけ期待されていたが、コロムビアトップ会長が思い描いていた計画は実現することはなかった。

ＭＡＮＺＡＩブーム

一九八〇年代初頭、突如として漫才が凄まじい社会現象を巻き起こし、多くの他の文化やテレビ番組に影響を与えた。いわゆる「ＭＡＮＺＡＩブーム」である。このＭＡＮＺＡＩブームは、

昭和末の東京漫才を支えた東京漫才御三家達。右上より時計回りに
新山ノリロー（左）・トリロー、東京太（右）・京二、クリトモ一休・三休（左。後の春日三球）
春日照代（右）・淳子、大空みつる（右）・ひろし、青空うれし（右）・たのし　（著者蔵）

これまでの漫才の常識を覆し、「MANZAI」と名づけられた新しい世界観や漫才観を作り上げた。今日の漫才のスタイルや構成はこのMANZAIブームの影響を少なからず受けているだろう。

この頃になると、「MANZAIブーム」「お笑いブーム」に便乗する形で多くの書籍や雑誌が発行された。MANZAIブームを生み出した澤田隆治は第一線でブームを見続けた当事者として記録や論考を作成した。MANZAIブーム以降のお笑い論や漫才論は、漫才史の中でもずば抜けて数が多い。ビートたけしやB&Bの自伝、澤田隆治や横澤彪《よこざわたけし》、高田文夫といった関係者の資料集が数多く出ているので、ここでは概要のみ記す。

MANZAIブームの前兆は、一九七〇年代中頃から存在していた。その発端は、関西の世代交代と若手漫才師の台頭にあった。

一九七〇年代に入ると、戦前以来の長老たちが立て続けに亡くなり、戦後に一時代を築いた中田ダイマル・ラケット、夢路いとし・喜味こいし、かしまし娘などの人気も以前ほどではなくなった。その中で台頭したのが、往年のしゃべくり漫才や音楽ショーといった枠にとらわれない若手たちであった。

関西のトリオ漫才ブームを担ったレッツゴー三匹、舞台で派手にどつき合うドツキ漫才の正司敏《しょうじとし》江《え》・玲児《れいじ》、スピーディな掛合と現代的な感性を持ち味にした若井ぼん・はやと、天才的な漫才でアイドル顔負けの人気を誇った海原千里《うなばらせんり》・万里《まり》――今に名を残す漫才師たちがメキメキと頭角を現すようになった。

その中で、素晴らしい人気を集めたのが、横山やすし・西川きよしとW《ダブル》ヤングである。彼らの人気と功績は改めて説明するまでもないだろう。やすし・きよしは、テンポの速い会話の中に、私生活や本音をぶちまけ、時には本気になって両者がぶつかり合うしゃべくり漫才は、新しいスタイルの漫才のベースとなった。これまでの「君・僕」で成立していた漫才のお約束を取り払い、漫才にリアルさや本音を持ち込んだ功績は今なお燦然と輝き続けている。

一方のWヤングは、平川幸男《ひらかわゆきお》と中田治雄《なかだはるお》のコンビである。ダジャレや言葉遊びを巧みに加えながら、ボケとギャグを交差させて、身辺の出来事や私生活まで持ち込むというテクニックを駆使した漫才で、やすし・きよしと並ぶ勢いの人気を集めた。ビートたけしにして「Wヤングさんにだけは絶対に勝てない」とその実力を畏怖されるほど、新しい感覚の漫才で売り込んだ。

やすきよとWヤングに続けと売り出したのが、吉本の若手漫才師であった。吉本も若手漫才師が金になると見てとるや、集中的に若手の売り出しに力を注いだ。

吉本はテレビやラジオの演芸番組やバラエティ番組と手を組んで、多くの若手漫才師をレギュラー陣として送り込んだ。凄まじいハイテンポで漫才を展開して、一世を風靡《ふうび》した島田洋七《しまだようしち》・洋八《ようはち》のB&B、同じく若手のホープだった中田カウス・ボタン、「アホの坂田」で知られる前田五郎《まえだごろう》と坂田利夫《さかたとしお》のコメディNo.1、現代的な話術で売ったオール阪神・巨人、強烈な明るさを売りにしたザ・ぼんち、しゃべくりと物真似の二刀流の太平サブロー・シロー、「ヤンキー漫才」を自称し落ちこぼれの怒りや本音を鋭く漫才の中で展開した島田紳助《しまだしんすけ》・松本竜介《まつもとりゅうすけ》、女性ならではの視点で独特の笑いを提供した今いくよ・くるよ……まだまだ数多くいる。

彼らは自分達の風貌や言葉遣い、芸風にあった新しい漫才を展開した。言葉遣いもネタも現実的な話題が多用され、漫才のテンポも二倍、三倍と早くなった。当然、若手漫才のスタイルがすべて受け入れられたわけではない。「早すぎる」「本音や悪口が過ぎる」「早口でまくし立てて数分で舞台をおりるとは不勉強だ」などといった声や批判もあった。

しかし、若手漫才師たちはそんな声を気にすることなく、どんどん新しい漫才を展開し続けた。メディア進出を率先して行い、レギュラー番組を何本も掛け持ちする人気芸人も現れた。

そうした風潮に大きな刺激を受けたのが、東京の若手である。当時、東西交流が盛んで多くの勉強会や若手公演が東西の劇場や演芸場で開催されていた。秋田實・藤本義一が率いた「笑の会」などはそのいい例であろう。関西のフリースタイルを巧みに取り入れ、東京漫才における新しい漫才の先陣を切ったのが星《ほし》セント・ルイスであった。

二人は社会風刺ネタをベースに、マシンガンの如き早口な掛合で注目を集めた。ルイスのツッコミや制止を無視したセントの一方的な話しぶりが売りで、徹底的に相手をこき下ろし合った。漫才の中で繰り返した「弁が立つ、腕が立つ、田園調布に家が建つ」「俺達に明日はない。キャッシュカードに残は無い」などといったギャグは今なお名フレーズとして愛好されている。

セントは「いつまでもそろいのスーツとは芸がない」といわんばかりに、革ジャンやジーンズ、時にはダービーハットやブーツを履いて舞台に上がった。「漫才師は正装する」という漫才の暗黙の了解をぶち壊した点も、当時の評価に繋がっているようである。

ボケ役で大柄のセント（本名・村山袈裟夫）は、一九四八年一月十六日、長野県長野市の生まれ。

ただ、生前の取材では「新潟生まれの長野育ち、父は電力会社の社員」と紹介されていることもある。長野中央高校卒業後、ホテルマンを振り出しに職を転々とし、内藤陳率いる「トリオ・ザ・パンチ」のメンバーとして芸能界入り。一九六九年、獅子てんや・瀬戸わんやに入門し、漫才界に入った。一九七二年に、ルイスとコンビを結成する。

チビでツッコミ役の星ルイス（本名・藤江光夫）は、一九四八年十一月十七日、東京の生まれ。こちらも演芸や喜劇が大好きな青年として育ち、関東商業高校二年生の時に晴乃ピーチク・パーチクに入門。一九七一年に師匠のピーチク・パーチクがコンビ解消することになったため、獅子てんや・瀬戸わんやの客分弟子として移籍。ここで星セントと出会った。

デビュー当初から都会的な漫才を心がけ、演劇的なエッセンスや風刺の色を取り入れた漫才で注目を集めるようになった。コンビ結成僅か一年で、NHK漫才コンクールの決勝に勝ち進み、新進気鋭として売り出した。早くから売り出したセント・ルイスはよくも悪くも、同期や後輩世代の目標となった。もっとも、その目標の中には「打倒」の意味も含まれていたが。

一九七七年三月、結成五年目にして第二十五回NHK漫才コンクールでツービートなどを抑え優勝、一躍人気漫才師となった。

そんなセント・ルイスに触発されて売り出したのが、ビートたけし・きよしのツービート、ホープとピースのゆーとぴあなどである。また、「赤坂コルドンブルー」の出演者として人気を集めていた月見《つきみ》おぼん・こぼんも、『お笑いスター誕生!!』での優勝を機に、東京漫才の新鋭として認められ、MANZAIブーム組の仲間入りを果たした。

特にビートたけしとビートきよしのツービートの毒舌漫才が注目を浴びた。ビートたけしといえば、もはや説明不要であろう。「世界のキタノ」といえばそれだけで通じてしまう傑物である。深見《ふかみ》千三郎《せんざぶろう》門下のビートたけしと松鶴家一門のビートきよしが組んだコンビはこれまでにない、凄まじい型破り漫才であった。ビートたけしが毒舌やギャグをぶっ放し、山形訛りの残るきよしを振り回す、天衣無縫の本音漫才を展開した。

これまでの漫才における綺麗事や虚構を取り払い、徹底的な本音と疑問を漫才の中で展開し続けた。年寄りイジメ、ブスイジメ、田舎者イジメ、バカやアホへの冷笑。世の中の人や若者が絶対に持っている本音やコンプレックスを見事に抉り出し、笑いに昇華してみせるところに二人の価値があったといえよう。

その漫才は毒舌の落語家・立川談志からも高く評価され、「お前らは（星セント・ルイスと）モノが違う。ツービートに勝てる奴はいない」と言わしめるほどであった。

さらには、大阪で活動していたB＆Bが東京進出のために漫才協団へと入会したのも、東京漫才に大きな刺激を与えた。スピーディーな漫才を得意としていた彼らの進出は、東京漫才の掛合のテンポやネタの構成に大きな影響を与えた。

そんな東西の若手の活躍を、朝日放送のプロデューサー兼ディレクター出身で東阪企画社長の澤田隆治や、日本テレビのプロデューサーの中島銀兵、フジテレビのプロデューサーの横澤彪《たけし》が取り上げるようになった。

生前、筆者は澤田隆治当人から、「元々は、西のやすし・きよし、Wヤング、東のセント・ルイス、ツービートで売ろうと考えていましたが、Wヤングの中田治雄が一九七九年に自殺したのを受けて、その後釜を求める形にしたんですわ。それにセント・ルイスも喧嘩別れになった。結局セント・ルイスはMANZAIブームから自ら降りてしまい、その後釜にその後輩世代がおさまったんですな。この手の話は『花王名人劇場』の本に書きましたがね」といったような話を直接伺ったことがある。

本来、やすし・きよしのライバルとしておさまるはずだったWヤングの解散が後輩世代を奮い立たせるキッカケとなった。その結果、B&B、紳助・竜介、オール阪神・巨人などといった若手たちがメキメキと頭角を現すようになった。

MANZAIブームの発端となったのは、一九七九年十月にフジテレビ系列で始まった澤田隆治プロデュースの『花王名人劇場』であろう。

一九七九年十一月、ツービートの漫才と月の家圓鏡の落語を二本柱にした番組『今晩は八つぁんはいかが?』で注目を集めるようになった。その後も、栗友亭を再現した『おかしなおかしな漫才同窓会』、当時生き残っていた珍芸の名人たちを集めた『一芸名人集』で安定した視聴率を獲得し、一躍人気番組となった。

かくして注目の人気番組となった『花王名人劇場』は、東西両方の若手漫才師たちを登用するようになった。これまでの漫才師では見ることができない熱気と狂気を持った若手漫才師は、『花王名人劇場』という舞台で思う存分暴れまわった。

一九八〇年一月、『激突! 漫才新幹線』と題して、横山やすし・西川きよし、星セント・ルイス、Ｂ＆Ｂの三組を競演させた。スター街道を突っ走るやすし・きよし、東京の新鋭星セント・ルイス、Ｂ＆Ｂ、その潑溂とした舞台に関係者は舌を巻いた。気が付けば、平均視聴率が二〇％超というような怪物番組になっていた。

そんな『花王名人劇場』の対抗馬として生まれたのが、フジテレビ系列の『ＴＨＥ ＭＡＮＺＡＩ』と日本テレビ系列の『お笑いスター誕生‼』である。『ＴＨＥ ＭＡＮＺＡＩ』は横澤彪が、『お笑いスター誕生‼』は中島銀兵が担当し、花王名人劇場に猛然と勝負をしかけた。

『ＴＨＥ ＭＡＮＺＡＩ』は、「漫才を見せる」をコンセプトにした番組であった。番組そのものは三カ月に一度の放送、と少し変則的なスタイルを取っていたが、その分視聴率や話題性は抜群であった。司会も前振りもなく、若い観客を前に今を時めく漫才師が漫才を披露する――シンプルに徹した番組であったが、漫才の面白さを見せる為だけに特化したその姿勢は高く評価された。人気漫才師が心ゆくまで得意ネタや新作ネタを全力で演じてくれる――人気歌手やアイドルのように漫才師を追っかけていた漫才ファンや関係者からしてみれば、この番組は流行の最先端を味わえる番組であった。

もう一方の『お笑いスター誕生‼』は「スター誕生」と冠したように、新人や新鋭を競わせる道場破り型の番組として勝負に出た。

ある程度の人気や実力がないと出演できない『花王名人劇場』『ＴＨＥ ＭＡＮＺＡＩ』とは違い、オーディションに勝ち抜けば誰でも出演できるのが、この番組の最大の強みであった。

人気俳優の山田康雄と歌手の中尾ミエを司会に抜擢し、桂米丸、内海好江、獅子てんや・瀬戸わんや、鳳啓助・京唄子、赤塚不二夫、タモリなど当時の一流芸人らが審査員として顔を並べた。面白ければ勝ち抜ける、面白くなければ容赦なく失格が宣告されるシビアな審査スタイルは、視聴者の興味関心を強く惹きつけた。

「勝ち抜きグランプリ」と称し、「〇週勝ち抜き」といった賞レースを行ったのも大きな注目の的となった。三週で銅賞、五週で銀賞、八週で金賞、そして十週勝ち抜くと「グランプリ」として表彰を受けた。放送開始後間もなくこのグランプリを獲得して注目を浴びたのが、島田洋七・洋八のB&B、月見おぼん・こぼんであった。おぼん・こぼんはこのグランプリ獲得を機に、一躍注目の若手として華々しく売り出した。彼ら以外にも、大木こだま・ひかり、海原はるか・かなた、春やすこ・けいこといった漫才師、サムライ日本、ゆーとぴあといったコント芸人、コロッケやマギー司郎といった芸人も次々と勝ち抜いて頭角を現した。

こうした番組内で一貫して強く求められたのは、「短く激しい笑い」「常識を打ち破るスタイルの笑いや漫才」「強烈なキャラクター性」であった。出てくるだけで笑えるような華々しさと、自らの風貌やキャラクターを生かした立ち回りが強く求められた。

「ビートたけしはヤンチャな毒舌」「ビートきよしは田舎者の相槌屋」「島田紳助はヤンキー・ツッパリキャラ」「中田カウス・ボタンは貧乏人と金持ち」といったキャラ設定は、MANZAIブームとともに強く認知されるようになった。

彼らはそんなキャラクターや持ち味を生かしてエッセイや小説、歌謡曲などを発表。元々の人気も相まって商品が飛ぶように売れたのも、MANZAIブームを象徴する現象であった。

ツービートの毒舌漫才やギャグを集めた『ツービートのわッ毒ガスだ』は、一九八〇年の書籍売上ランキングに堂々ランクインした。ザ・ぼんちは、歌謡曲『恋のぼんちシート』を発表し、オリコンチャートを独走、一九八一年には日本武道館でリサイタルを開催した。

一九八〇年から一九八一年が、MANZAIブームの絶頂だったといえるだろう。週刊誌や新聞は連日のように漫才師の活躍をピックアップして世間を煽り、テレビのバラエティは人気漫才師一色になるほどであった。MANZAIブームの漫才師たちは一躍億万長者となり、家も高級車も買い、連日豪遊を繰り広げた。そのけた外れの買い物や豪遊っぷりも世間の注目の的となった。「さらに、漫才師は稼げる」「漫才師は目立つ」という認識や羨望を世間や若者に植え付けた。

一方、MANZAIブームの過熱化は「漫才コンビよりも個人が面白いかどうか」という、もはや漫才を通り越した問題をはらむようになってしまった。漫才の掛合の面白さや実力は二の次で、お馴染みのギャグやキャラクター性を見せてくれるかどうかばかりに注目が集まった。注目されたほう大スターであるが、注目されないほうは「余り物」「付属品」扱いされた。「二人で一組の漫才師」といった前提が崩れ、「人気スターと余り物」「面白いキャラクターと付属品」といったような扱いが目立つようになった。

そんな「漫才をやらせてもらえない漫才師」の矛盾は、このMANZAIブームの終息を一層早める遠因となってしまったのではないだろうか。一方、「漫才師は一人でも食っていける」ということを示した点も否定できない。漫才師がコンビで活動しながらも、コンビの束縛なく別々の活動ができるようになったのは、このMANZAIブームの功績であろう。

しかし、そんなお祭り騒ぎのブームが長続きするはずもなかった。漫才師自身が疲れ果ててしまい、かつては大うけしたネタもギャグも精彩を欠くようになり始めた。新ネタや新路線を開拓する暇もないことも人気失速の原因となった。実際、MANZAIブーム終息後、あれだけ世間を席巻したコンビが立て続けに解散している。B&B（一九八三年）も、ザ・ぼんち（一九八六年）も、上方よしお・西川のりお（一九九〇年）も皆解散した（ただし、上方よしお・西川のりおは一九九四年に、B&Bは一九九六年、ザ・ぼんちは二〇〇二年に再結成している）。

こうして終焉を迎えたこのMANZAIブームが去った後、芸人たちは様々な運命に弄ばれる。人気をばねに漫才師として飛躍するもの、ピンで国民的な人気を集めるもの——中にはブーム終焉や芸能界の矛盾に耐えられず、体調や精神をくずしたり、漫才界から消えてしまうものも沢山いた。MANZAIブームの影響は必ずしもいいものだけとは限らなかった。

たった二、三年のブームであったが、MANZAIブームが残したスタイルや課題は、今なお多くの芸人や関係者を魅了している。MANZAIブームで培われた漫才のスタイルや姿は、多くの若手漫才師の間で一つの新しい理念になった。漫才は演芸から一つのカルチャーへと進化した。さらに世界的な認知度を得たことも考えると、漫才は「MANZAI」へと変容を遂げたといってもいい。

しかし、筆者はその先を断言して書けるほど、MANZAIブームや「MANZAI」に深い興味を持っていない。筆者の中では「MANZAIブーム以前と以降」では、東京漫才の在り方も大きく変容してしまったからである。

要するに、ＭＡＮＺＡＩブーム以降は、東京漫才・上方漫才といった区分が取り払われ、「ＭＡＮＺＡＩ」という非常に巨大で曖昧な概念へと変貌を遂げてしまったからである。これまでならば、関西は関西、東京は東京といったある程度の棲み分けができていた。そうした常識は、ＭＡＮＺＡＩブーム以降、曖昧なものになった。関西弁を話しながらも東京で活躍する漫才師もいれば、標準語を話しながらも関西で活躍する漫才師もいる、というような状況が生まれたのはその最たる例であろう。

今日、何かあると「東京漫才とは何か」「上方漫才とは何か」と、論争や疑問が雑誌やＳＮＳで湧き上がるが、そんな問題の根幹には、やはり東西漫才の区分、東西の領域の曖昧化が激しく進んでしまっていることがあるのではないだろうか。

今でも「東京漫才」「上方漫才」という呼称はあり、芸風を区別する上で一応使われるものの、かつてのようなきちんとした定義を持っている訳ではない。「東京漫才」「上方漫才」と区分をして寄席に上がったり、放送や番組で明確に分けられる時代ではなくなっている。

また、資料的な側面で見ても、ＭＡＮＺＡＩブーム以前と以後では大きく様子が異なる。これまで散々「資料がない、漫才師の記録がない」と言ってきたが、ＭＡＮＺＡＩブーム以降はその資料の数が激増し、逆に情報の取捨選択を求められるようになっている。

その背景には、国民的な存在となった漫才師が自伝やインタビュー本を出したことや、それに乗じたメディアや出版社が、ＭＡＮＺＡＩブーム以降の「今注目のお笑い」を積極的に取材し発信したことも大きい。

それらを踏まえても、ＭＡＮＺＡＩブーム以降の漫才は、これまでの漫才の資料や視点から見ても全く異質な世界を形成しているといってもいい。情報皆無の世界から情報氾濫の世界へと変化しているのである。もっとも、これらの指摘はあくまでも研究・歴史の観点での話である。「今日の漫才が本当の漫才ではない」という話ではない。今日の漫才も立派な漫才である。

一方で、「これまで語って来た東京漫才史とＭＡＮＺＡＩブーム以降の漫才」が一緒か、と言われると非常に困ってしまう。

「本質は一緒でも形やスタイルが変遷を遂げたもの」は、一定の分岐点を用意して別々に評価をせねばならないだろう。その根底に流れるものは一緒でも、やはり姿形が異なって来ている以上、全て同じ常識、同じ価値観で論じるのは難しいだろう。

東京で生まれ、東京で育った東京漫才が、一切の干渉を受けることなく、主流とされてきた時代は昭和末に終わっている。もっとも、東京漫才が絶え果てたわけではない。東京漫才の古風な味わいや理念は今なお漫才協会や寄席漫才の中に残っている。今なお無声映画と活動弁士が愛されるように、東京漫才もまたそうした関係を築きつつある。

戦前世代の終焉

東京漫才の御三家が奮闘を続け、ＭＡＮＺＡＩブームが巻き起こる中、東京漫才も恩恵を受けたかと思いきや、意外にそうでもなかった。

漫才協団や東京漫才周辺の環境を見ると、大幹部や中堅の死や引退が目立った。

新人育成や新鋭・中堅の売り出しもままならぬ中で、大幹部や人気漫才師が次々といなくなるのだから、関係者が頭を抱えたのも無理はない。

「大幹部や人気漫才師の喪失は客足や漫才界の運営に影響を及ぼす↓人気者の喪失でメディアや劇場も東京の漫才師を使わなくなる↓運営体制も脆弱で思うような売り出しが出来ない↓売れないコンビは解散をして漫才界から離れていく↓人気者がいないので東京漫才は注目されなくなる……」という負のスパイラルに苦しめられた。

MANZAIブームが白熱する前夜の一九七九年十一月十四日、都上英二が心不全で急逝している。亡くなる少し前から仲間に「思うように息が続かない、ハーモニカが吹けなくなった」とボヤいていたそうであるが、いつも通り舞台へ出ていた。亡くなった当日も池袋演芸場の出番があった。その出番を終えて帰宅した後に倒れ、息を引き取った。

一九八〇年五月十日には、リーガル千太がひっそりと亡くなっている。

一九六二年に万吉とのコンビを解消した後は、女流漫才の大江笙子とコンビを組み「リーガル千太・笙子」で舞台に立っていたが、往年のような面白さは遂に戻らなかった。「柳家千太」として漫談にも挑戦したが思うようにいかなかった。漫才師の限界を悟った千太は落語家復帰を望み、落語協会に「前座でもいいから落語家にしてくれ」と頼んだが、結局話はまとまることなく、落語協会の事務員という形で余生を送ることとなった。

一九八三年七月十一日には、宮田洋容が六十八歳で亡くなっている。亡くなる直前に結腸がんが発覚。闘病しながら舞台に立っていたが、一九八三年五月二十六日、神奈川県海老名市で行われた漫才大会の仕事の後に入院し、そのまま息を引き取った。

一九八五年八月二十三日、「和子・〆子」コンビのひとりで、都上英二の妻・東和子《あずまかずこ》（二代目東喜美江）が五十七歳の若さで夭折している。

東和子は、初代喜美江とはハトコの関係にあたる（喜美江と和子の祖父母が兄妹同士）。若いころは助産師になる夢を抱え、喜美江を頼って上京。喜美江の家の居候になったが、戦後の混乱や諸般の事情から英二・喜美江門下の漫才師になった――という複雑な経歴の持ち主であった。

一九四九年六月、松鶴家千代若・千代菊の娘の安藤〆子とコンビを組み、「東和子・西〆子」としてデビュー。師匠と千代若夫妻の斡旋で落語協会に入会し、寄席の漫才師として腕を磨いた。一九六四年に師匠の都上英二と結婚し、コンビを解消。英二と夫婦漫才を組むこととなり、「東和児」と改名。一九六五年三月には、「二代目東喜美江」を襲名し、話題となった。

英二を失った後は相原ひと美とコンビを経て、一九八三年、往年の「和子・〆子」のコンビを復活させた。「十九年のブランクがあるとは思えないほどの出来の良い」漫才を披露し、関係者やファンが期待した矢先に卵巣がんが発覚。皆に惜しまれながらあの世へと旅立った。

一九八六年二月二十日には、芸術協会所属の夫婦漫才「桂竜夫・竜子」の竜夫が六十二歳で亡くなっている。一九八六年という年は桂竜夫、晴乃チック、西〆子が立て続けに亡くなる、「東京漫才の厄年」というべき年であった。

桂竜夫は、早稲田大学の学生から漫才師になった変わり種であった。戦後、太神楽の関根幸次郎の娘・せき子と結婚して夫婦漫才「光の家《みつのや》竜夫・竜子」としてデビュー。恰幅がよく迫力のある竜子が竜夫を振り回す女性優位漫才で人気があった。

後に、都上英二・東喜美江門下に入り、「都上竜夫・東竜子」と改名。寄席にも出るようになったが、後年、落語家の桂枝太郎《かつらえだたろう》一門に移籍。桂の屋号をもらって、芸術協会に所属することとなった。「リュウタツ」という愛称があり、仲間内や贔屓連はこの愛称で親しんだ。

子宝に恵まれ、息子二人は兄弟漫才を組み、桂光一《かつらこういち》・光二《こうじ》と名乗った。娘も桂ひろみの芸名で舞台に立っていた。亡くなる直前の春、光一・光二は激戦を勝ち抜いてNHK漫才コンクール最優秀賞を受賞している。

一九八六年九月二十九日、一世を風靡した晴乃チックが四十四歳の若さで急逝している。

かつて「晴乃チック・タック」で一世を風靡した彼であったが、解散後は思うように活躍も出来ず、一九七六年に芸能界を引退。

母が営んでいたおむすび屋を改築し、バー「俺の店」を経営して、そこそこ成功をおさめていたが脳溢血に倒れ、そのまま息を引き取った。「元人気漫才師の死」と報道され、酷い記事もあらわれた。しかし、倒れるまでは、大病することもなく、貧窮することもなく、妻子にも店にも恵まれたことを考えると、チックにはチックなりの幸せがあったのではないだろうか。

チックの死から一月も経たない十月六日、女流漫才の大御所で松鶴家千代若・千代菊の愛娘であった西〆子があの世へと旅立っている。

西〆子は幼い頃から両親について歩き、芸事に囲まれて育った。戦後、漫才師となり東和子とコンビを結成。長らく女性漫才の第一線で活躍していたが、一九六三年に解散。自身は友人の京美智子、妹弟子の西美佐子《にしみさこ》とトリオ漫才「さえずり姉妹」を結成している。

美智子のアコーディオン、〆子の三味線、美佐子のギターという華やかな取り合わせが売りで、一時は関西の「かしまし娘」などの女流トリオの向こうを張る形で売り出し、相当な人気があった。一九六七年に結婚し「さえずり姉妹」を引退して、家庭におさまった。十五年近いブランクの後にかつての相方・東和子とコンビを組んで復帰し、これからという矢先に亡くなった。

一九八七年四月一日には春日照代が五十一歳の若さで夭折し、世間を驚かせた。人気絶頂のさなかであり、また、テレビ出演中の急病・急死だったことも一層の衝撃を与えた。

同年三月二十四日、ＴＢＳの人気番組『新伍のお待ちどうさま！』の収録中、照代はくも膜下出血をおこし、椅子から転げ落ちた。すぐさま病院に運ばれ手当てが行われたが、意識が回復することはなかった。

和子、〆子、照代という実力派女性漫才師の夭折は、東京漫才界のみならず演芸界に大きな打撃を与えた。まさに女流漫才の冬の時代であった。

一九九〇年十月十七日には、大空ヒットが亡くなっている。

かつては東京漫才の大幹部として大きな影響力を持っていた大空ヒットも晩年は病に倒れ、長い間、開店休業状態にあった。漫才協団を脱退し、老母の介護と自伝の執筆に明け暮れていた。

一九八四年、縁あって三空ますみとのコンビを復活させた。ちょっとした評判を呼んだが、長くは続かず一年半ほどでコンビを解消してしまった。

その後は事実上の引退状態になり、闘病の傍ら、自伝の完成と出版に向けて活動していた。一九八九年九月、『漫才七転び八起き』というタイトルで自伝を出版。そのほぼ一年後に、ひっそりと息を引き取った。

また、戦前活躍した東京漫才師の大幹部や人気者たちも八一年から九一年にかけて多く亡くなっている。判明している分だけ挙げても、大朝家五二郎（一九八二年八月二十二日、八十三歳）、桂金吾（一九八一年八月十八日、八十二歳）、桂喜代楽（一九八四年一月十七日。八十一歳）、大江笙子（一九八四年九月二十三日、七十四歳）、玉子家源一（一九八六年十月十五日、八十九歳）、高波志光児（一九八九年十月四日、六十九歳）、高波志光菊（一九九一年六月二十一日、七十九歳）、林家染芳（一九九一年三月二〇日没、八十三歳）。

戦前の大幹部はこの頃にほとんど亡くなってしまった。その中で戦前の生き残りとなった松鶴家千代若・千代菊、内海桂子、東寿美《あずますみ》・日《ひ》の本光子《もとみつこ》などに注目が集まるようになった。彼らは平成初頭まで、東京漫才の貴重な長老として、大きな支えとなった。

御三家の崩壊

社会現象ともいえる空前絶後の人気と話題を振りまいたＭＡＮＺＡＩブームだったが、その恩恵を受けたのはほんの一握りのコンビだけであった。

東京漫才全体は、むしろ、人気も賑わいも下火になりつつあった。

一九八三年には浅草松竹演芸場が閉場し、東京漫才は拠点を失ってしまった。営業成績は悪くなかったが、再開発や松竹の意向で閉場を余儀なくされた。跡地はＴＯＣが買い取り、複合商業施設となった。戦時中の開場から約四十年、東京漫才の復興と育成を担っていただけに、関係者や芸人たちは落胆の声を上げた。こうしたところにも戦前の終焉があったといえよう。

目標とすべき大幹部や人気者に死なれ、拠点とする劇場まで失ってしまった。さらに安来節と色物の小屋として興行を続けていた木馬館の閉場（一九七七年閉場、現在の木馬館は経営が別）、講談定席の傍ら貸席として活動していた本牧亭の規模縮小（一九九〇年閉場）なども、大きな追い打ちをかけた。

そして、頼みの綱であった「東京漫才の御三家」をはじめとする有力コンビが立て続けに解散したのが、とどめの一撃となった。

その先駆けとなったのが、青空うれし・たのしであった。一九八一年、コンビ結成二十年を節目にコンビ解消をしてしまった。このコンビ解消の背景には、コンビ関係の悪化と方向性の違いによるすれ違い、事務所の経営問題などがあり、一筋縄ではいかない問題が多くあった。

うれし・たのしコンビ時代からすでに、うれしは明るいキャラクターと頭の回転の速さを生かしたピンのタレントとして重宝されるようになっていた。一方のたのしも歌謡曲の司会者としてピンで活躍を続けていた。二人が別々に売れれば売れるほど、うれし・たのしコンビでの活動がなくなっていった。そんなすれ違いの末に二人はコンビ解消を選ぶことになった。

うれしは独立して、タレント、司会者、作家となった。バラエティ番組や歌謡ショーに出る傍ら、野球や芸能に関するエッセイを執筆し、多彩なマルチタレントぶりを見せた。

一方のたのしは、「青空田の志」と改名して、漫才協団に残留。漫才協団の運営に携わる傍ら、ハーモニカ漫談を生み出し、米寿過ぎまでピン芸人として高座に立った。

一九八四年、新山ノリロー・トリローが解散を宣言。三十年にわたるコンビ活動に終止符が打たれた。

解散の理由は不仲と方向性の違いであった。ノリロー氏当人の話では、

「晩年、トリローは飲み屋をやって成功したんだね。それでますます漫才に力が入らなくなった。無論、トリローにも言い分はあったと思うよ。でも、それを聞くことはついになかった。俺から見れば、商売にかまけて真面目に（ネタを）覚えないし、受け答えもろくにしてくれない相方に見えるんだね。客は来ない、扱いは悪い、ギャラも安いなんてのもあったよ。漫才を続けたい俺とやめたいトリローで喧嘩ばかりしていた。辞める直前、大喧嘩をしていたら、ビートたけしだったかがラジオで『ノリトリさんが楽屋で殴り合っていた』なんて話してやんの。でも俺もトリローも辞め時を探していたのだと思うんだね」。

漫才協団の幹部や友人の立川談志が「別れないほうがいい」とわざわざ説得に赴くほどであったが、二人の意思は変わらなかった。

コンビ解消後、トリローは芸能界から距離をおいて店の経営に専念して余生を送った。

ノリローは芸能界に残り、司会漫談やコメディアンとして活躍。友人の立川談志の推薦で大場タマオという男とコンビを組んで「新山ノリロー・大場タマオ」として活動していたこともある。しかし、このコンビも続かず解散。その後はコメディ一座「新山ノリロー一座」を率いたり、古い友人の宮田章司と即席コンビを組んだりして話題を振りまいた。その傍らで船村徹《ふなむらとおる》事務所に入社し、作詞家としてもデビューも果たしている。

ノリロー・トリローの解散から一年経たない一九八五年、今度は東京太・京二が解散を宣言した。こちらもコンビのすれ違いや活動の限界が理由に挙げられていた。ノリロー・トリローほどの不仲ぶりを示すことはなかったが、両者ともに複雑な感情を持っていたようである。

コンビ解消後、東京二は妻の西美佐子を誘って夫婦漫才「東京二・笑子」を結成。これまでの都会的な芸風とは打って変わって、音曲漫才に転身。笑子がギター、京二がハーモニカと歌を唄う漫才を展開し、古風ながらも味わいのある芸を見せた。

笑子は、元々松鶴家千代若・千代菊の門下生で、歌謡漫才のさえずり姉妹でギターを弾いていた人気芸人であった。そうしたキャリアも評価され、二人ははじめから幹部待遇を許されるなど、いいスタートを切った。

二〇〇三年に笑子が一線を退くまでの間、貴重な音曲漫才として活躍を続けることができたのは幸せだったといえよう。夫婦コンビ解消後、東京二は弟子の結城たかしとのコンビを経て、漫談家に転身。十四年ほど漫談をやっていたが、二〇二三年、たかしとのコンビを復活させ「J・J京二たかし」として再出発した。

一方の京太は漫才時代に鍛えた話術を生かした司会者・漫談家、趣味の競馬を生かした競馬評論や競馬ライターとして十年ほど活躍していたが、一九九二年に妻のアサエとコンビを組み、「東京太・ゆめ子」として再出発した。主婦だったゆめ子に漫才の呼吸を覚えさせるには相当の苦労を重ねたというが、地道な努力が実を結び、二〇一〇年には芸術祭賞奨励賞を受賞。名実ともに東京漫才の幹部となった。

別れてもなお同じ夫婦漫才の道を選び、両者が成功するのはなかなか無いことである。

一九八七年四月に妻の春日照代をくも膜下出血で失った三球はしばらく喪に服していたが、周りの勧めを受けて、芳賀みちるという二十五歳の女性とコンビを組むこととなった。しかし、これは長続きせず解散。以降、三球は正式なコンビを組むことはなかった。

御三家の生き残りとなった大空みつる・ひろしには、当然注目や期待が寄せられ、「彼らはライバルの解散を受けてさらなる飛躍をするのではないか」とまで噂をされた。

しかし、その頃には既に大空みつる・ひろしは漫才への情熱を失いつつあり、事実上の開店休業状態に陥っていた。

みつる・ひろし低迷の背景には単なる不仲や熱意不足だけではなく、「みつるの放埓」「ひろしの病気」といった個人的な深い問題や事情が絡みついていた。みつるはコンビ結成当時からヤンチャな存在として知られていた。そのヤンチャはよくも悪くも、芸人特有の洒落やポーズだったようであるが、そうした行動や態度が生意気だと批判されるようになった点が悲劇であった。

それでもコンビを続けていた二人は、一九九四、九五年頃まで舞台に上がってはいた。しかし、いつしか表舞台からも消えた。

ひろしは漫才師を廃業したのち夭折、相方と別れたみつるは東京を捨てて、二〇一八年に亡くなるまで舞台へ復帰することはなかった。

また、解散こそしなかったものの、東京の漫才の中堅として堅実な人気を集めていた大瀬《おおせ》しのぶ・こいじが、東京漫才を離れてしまったのも大きな痛手であった。東京二・京太以後の方言漫才の名手として期待された矢先の東京離脱だったこともあり、関係者の落胆は大きかった。

もっとも、しのぶ・こいじの離脱は、仕事の関係から選択したものであった。彼らは早くから東京よりも東北のほうに多くの仕事や贔屓を抱えていた。その人気は絶大で、一時期は「東北の大スター」と異名をとるほどの知名度を誇った。今日でいうローカルタレントのはしりといったところである。そうした事情から彼らは漫才協団から距離を置き、東北へと拠点を移してしまったのだ。

しのぶ・こいじは東京漫才の御三家よりも年上で相当のキャリアもありながら、売り出したのはずっと後という遅咲きのコンビであった。

兵隊漫才「宝大判《たからおおばん》・小判《こばん》」の大判として働いていたしのぶと元俳優のこいじがコンビを組んだのは一九六七年十一月のことである。

当初は大空ヒットの弟子になるつもりであったそうだが、「中年からの弟子は苦労をする」と諭され、大空の大の字をもらって「大瀬」。「忍ぶ恋路」を芸名にして「大瀬しのぶ・こいじ」となった。

コンビ結成当初は東北訛り丸出しのしのぶとこいじの息が合わず、観客からも関係者からも雑な扱いばかり受けていた。その中で、しのぶが徹底的にこいじをやりこめる「方言漫才」を確立。京二・京太に次ぐ方言漫才のホープと目された。自信をつけた二人は着実に実績を積み上げ、一九七一年、第十九回ＮＨＫ漫才コンクールで優勝を果たした。優勝後、『しのぶこいじのなんでも奥さん』などの司会を担当、東京漫才のホープとして期待されていた。

東北に拠点を移した後は、地方のテレビ番組でレギュラーを持ち、ＣＭや地方公演でめざましい活躍を続けた。

二人はコンビ解消を明言することはなく、時折コンビで出演したり、頼まれれば漫才を披露するといった柔軟さを持ち合わせていた。しかし、しのぶ・こいじが東京の舞台やテレビでほとんど見られなくなったことは、東京漫才における大きな痛手であった。

東京漫才大打撃

一九八〇年代、日本はバブル経済に突入し、テレビやマスコミはこれまでにない派手な好景気を煽り続けた。一方で、一九八九年一月、昭和天皇が崩御し、昭和の時代が終わった。皇太子明仁親王が一二五代天皇に即位し、「平成」と元号も変わった。

「国の内外、天地とも平和が達成されるよう」名付けられた平成の元号であったが、その三十年間は苦難と苦闘の歴史であったといってもいいかもしれない。東西冷戦の終結、バブル崩壊、オウム真理教のテロ事件や阪神淡路大震災などが次々と発生した。

そんな荒波続きの世を反映するかの如く、東京漫才もまた苦難の歴史を歩むこととなる。

一九八八年には、リーガル天才・秀才、一九九一年には晴乃ピーチク、それぞれ実力を買われて、芸術祭賞優秀賞を獲得したほか、一九八九年には内海桂子、一九九一年にはリーガル天才が紫綬褒章の栄誉に輝く――といういいニュースもあることにはあった。

一方で、そうした栄冠や評価を受けるのは大幹部と人気者の一部というジレンマに陥っていた。ただでさえ戦前組と御三家の解散で大きな痛手を負った上に、MANZAIブームや演芸ブームの終息という大きな問題がのしかかっていた。一時は帝都漫才組合以来の東京漫才が廃絶する可能性さえもあった。

協団の幹部層だけが評価されて、若手や中堅といった東京漫才の担い手たちがパッとしない状況は変わらなかった。その中で、吉本や松竹芸能の養成所出身の漫才師やたけし軍団の若手漫才師が全国区の人気を集めるようになっていったのは、皮肉以外の何物でもなかった。

悲劇のはじまりは平成改元直前の一九八六年――三〇年近く続いたNHK漫才コンクールの廃止にあった。

NHKは予算削減や合理化を理由に、「(NHK漫才コンクールは)一九八六年度の大会をもって、NHK落語コンクールと統合し、NHK演芸コンクールと変更する」という案を芸能家団体に提示してきた。

漫才・落語ともに、なんとかコンクールを続けようと交渉を続けたが、最終的には統合をのみ込むこととなった。ここに「東京漫才界の芥川賞」と謳われたNHK漫才コンクールの幕が下りることとなる。

そのコンクール廃止から一年後の一九八七年五月、東京漫才の大スターとして第一線で活躍を続けて来た瀬戸わんやが脳梗塞に倒れてしまった。

晩年の瀬戸わんやは糖尿病に伴う記憶障害や体調不良と戦いながら高座に上がっていた。

わんやが倒れたのち、残されたてんやは、古い友人で元漫才師の拝啓介（美田夕刊）を臨時の相方に、スケジュールの埋め合わせをすることとなった。その啓介も一九八九年に脳溢血で倒れ、臨時コンビも長続きはしなかった。

てんやは一人で司会をしたり、「巷談」と称した漫談を演じるようになったが、相方のいない状態では思うように動けなかった。それでも「てんや・わんや」の解消を宣言することなく、相方の復帰を待ち続けた。

わんやは自宅療養と病院療養の行き来を繰り返していたが、遂に復帰することはなく、一九九三年二月に死去。わんやを見送ったてんやはコンビ解散を宣言し、自身も芸能界から引退する形となった。漫才協団きっての名幹部と謳われたてんや・わんやのフェードアウトは、余りにも大きな損失であった。

一九八九年には、落語芸術協会の最古参漫才であった杉まり・ひろしの夫婦漫才が、一九九〇年には漫才協団の最長老であったマキノ洋一《よういち》・初江《はつえ》が引退を宣言し、漫才界を去った。

この二組は実直な人格者として知られ、若手や関係者から信頼された長老であった。円満な引退だったので大きなトラブルはなかったが、「舞台に出なくなっても長老として見守ってほしい」という関係者の声があったのも事実であった。

先に引退した杉ひろし・まりは、敗戦直後から平成改元までの四十数年間、落語芸術協会所属の寄席漫才師として一生を過ごした稀有な夫婦コンビであった。ひろしがギター、まりが三味線を受け持ち、「スイングコント」という名称で舞台に出ていた。

引退を表明した二人は五月三十一日付で、芸術協会を退会し、故郷福岡へと帰って行った。コンビ生活五十年余り、寄席漫才にも昭和の終焉があった——と言えるだろう。

ひろし・まりに引き続いて引退を発表したマキノ洋一・初江は漫才協団が帝都漫才協会といった頃からのベテランであった。

洋一は妹のマキノ葉子と「江戸家松之助・要子」の少年漫才で活躍していた人物。妻の初江は喜劇役者の養子として育ち、幼いころから舞台に立っていた。

敗戦後の一九四八年、二人は結婚して「マキノ洋一・初江」を結成。洋一がアコーデイオン、初江が三味線を持ったオーソドックスな音曲漫才を展開し、主に浅草や余興などの舞台で活躍した。晩年、内海桂子・好江の斡旋で落語協会に所属し、ささやかながら名声を得ている。一九九〇年十二月に高座を引退し、翌年、漫才協団も退会。その後は埼玉県に引っ越し、静かな余生を送った。

一九九一年六月二十日には、漫才協団の大幹部でコロムビアトップの愛弟子だった青空千夜が亡くなっている。

千夜は亡くなる二年前から癌と闘っていたが、最後は肝不全で亡くなった。千夜の死から半年後の一九九一年十二月二十日、漫才協会の長老で音曲漫才の春日富士松がひっそりと息を引き取った。

元々歌舞伎役者であったが、戦後漫才師になった変わり種で、「春日《かすが》冨士《ふじ》松《まつ》・雪雄《ゆきお》」のコンビは戦後のホープとして数えられていたこともある。一九六〇年代に一度廃業し、造花店を開業。長らく実業家として活動し、成功をおさめたという人物であった。

一九七〇年代に復帰を目論むようになり、旧知の若葉茂を誘って「春日冨士松・しげる」として復活。さらに浪曲出身の鹿島伸《かしましん》と「冨士松・伸」、昔の相方の水原雪雄と「冨士松・雪雄」を経て、晩年は若手の春日たけおとコンビを組んでいた。平成に改元後、「一九九一年十二月三十一日をもって引退する」と宣言。引退の準備が終わった矢先に倒れ、急逝した。

一九九二年五月には、御三家亡き後、貴重な幹部としての活躍が期待されていた新山えつや・ひでやのえつやが脳梗塞に倒れ、コンビ活動停止に追い込まれた。二人は一九八五年に漫才協団真打に昇進し、上層部からの信頼も厚かった。

次世代のホープとして注目されていた矢先で、えつやは仕事先の成田市で脳梗塞に倒れた。緊急手術で一命をとりとめるも半身不随が残った。えつやはリハビリに努めたが復帰には遠く、最終的には北海道へ帰って行った。

残されたひでやは妻のやす子とコンビを組み、「新山ひでや・やす子」を結成。メキメキと頭角を現し、平成を代表する東京漫才の幹部にまで成長した。

そんな死や病気引退騒動から間もなく、今度は東京漫才の大御所であった松鶴家千代若・千代菊の千代菊が舞台を退くこととなった。漫才界の最長老として知られた二人であったが、千代菊は長年腎臓病に苦しんでおり、晩年は人工透析を続けていた。

自らの限界を悟った千代菊は引退を決意し、末娘の安藤妙子を「二代目千代菊」とすることになった。妙子は二代目を襲名し、父の良き相方として奮闘を続けた。見る見るうちに実力をつけた妙子は、千代菊の名にふさわしい活躍や芸を見せるようになった。舞台も人気も安定した矢先、妙子は心臓病に倒れ、亡くなってしまった。一九九六年三月六日、五十一歳の若さであった。

娘の死に衝撃を受けた千代菊は元気をなくし、一九九六年四月二十九日、八十一歳で亡くなった。死因は慢性腎不全であった。

二月足らずの間に妻と娘を亡くした千代若であったが、一九九八年八月、脳内出血で倒れるまで現役の第一線を走り続けた。

一九九三年には、漫才協団を長らく導いてきた会長・コロムビアトップが辞意を表明し、リーガル天才に会長職を明け渡した。自らは名誉会長に就任し、漫才協団の後見役に回った。

一説には、弟子たちの死去に伴うショックなどもあったようである。青空東児、青空千夜を失ったショックは計り知れなかった。

新山ノリロー氏から「青空一夜さんを会長にして、俺らを理事長にする計画があるってトップ先生から直接聞いたことがあるけど、やはり千夜・一夜の死去と解散は大きいんじゃないんですか」という話を伺ったことがあるが、トップ自身いろいろと思うところがあったようである。

二十五年近く漫才協団を率いて来たトップの辞任は、東京漫才の停滞を象徴するようなできごとであった。

リーガル天才体制が整いかけた矢先の一九九六年四月二十三日、漫才界の名理事長と謳われた青空一夜が亡くなった。六十六歳の若さであった。

その一夜の死からやっと立ち直った矢先の一九九七年十月六日、女流漫才の大御所、内海好江が六十一歳の若さで亡くなった。内海好江もまた姐御肌として知られ、漫才協団の大幹部として慕われた存在であった。晩年まで内海桂子・好江のコンビとして第一線で活躍を続けていたが、胃癌が発覚。闘病しながら舞台に上がっていたが、遂に癌を克服することはなかった。

さらに、一九九八年にはコロムビアトップが参議院選挙で落選し、政治界との大きなパイプを失った。

それと同時期の一九九八年、四代目会長のリーガル天才が体調不良を訴えて会長辞任を表明。内海桂子に会長職を譲って勇退した。

この後、天才はパーキンソン病にかかっていることが判明し、二〇〇〇年九月の仕事の際、転倒するアクシデントを起こして以来、表舞台に出てこなくなった。天才のようなご意見番というべき長老の引退もまた大きな痛手であった。

それ以外にも、美田朝刊・夕刊で売れた美田朝かん（一九九一年七月二十五日没）と美田夕かん（拝啓介、一九九九年十月一日没）、漫談家としても活躍した南けんじ（一九九七年十二月十六日没）、戦前からの漫才師だったボクジロー（一九九八年九月十二日没）、Wけんじの東けんじ（一九九九年一月七日没）、春日富士松の相方・水原雪雄（一九九九年七月十八日没）、長老・松鶴家千代若（二〇〇〇年六月二十五日没）、既に引退はしていたものの、柳家語楽（一九九七年一月二十二日没）と大和家こたつ（二〇〇一年二月二十五日）といった関係者が物故している。

また、落語協会で活躍していたふじゆきえ・はなこのはなこがくも膜下出血で倒れて容態が危ぶまれた（後にリハビリを経て復帰）、芸術協会で活躍していた音曲漫才の「ザ・ローカル」の三田宗司（相方はローカル岡）が病気で倒れてコンビを解消するなど、寄席漫才の世界での不幸も続いた。こうした不運の蓄積は、東京漫才の空洞化に一層拍車をかけた。

二十一世紀に入る直前まで大打撃を受け続けた東京漫才の傷は深かった。相応の実力者や人気者はいるものの、一時代を築くようなカリスマやスターが出現しない状態が続いた。

今日、ナイツや漫才協会の若手が「当時の漫才協会は嫌だった」「会員も客層も年寄りばかりで大変だった」とバラエティ番組や雑誌でネタにしているが、これは嘘ではない。まさにスターが不在で、後継者さえ危うい状態にあったわけである。

そんな東京漫才の衰退のスキを突く形で生まれたのが、東京漫才でも上方漫才でもない全国区で活躍できる「ニュータイプ漫才師」であった。「伝統的な東京漫才も上方漫才も不調であるが、依然として漫才という芸やバラエティそのものは人気がある」という不思議な状況が顕著になり始めたのは、ちょうどこの頃のことである。

終章
新しい東京漫才の形

ニュータイプ漫才師の活躍

今日では「養成所を出て漫才師を目指す」「サークルから漫才を目指す」というのが、漫才師入門の王道として知られているようである。これまで述べてきたような師弟関係や漫才協会所属といった概念が希薄になり、様々なスタイルの漫才師が生まれている。

「師匠につかず、既成の芸人団体に入らず、初めから事務所の所属としてスタート」というスタイルが定着したのは、昭和末のことである。

こうしたスタイルに基づいて行動する漫才師たちは、これまでの漫才の常識やしがらみに囚われない「ニュータイプ」な存在であった。

ＭＡＮＺＡＩブーム以降の歴史やできごとは、いろいろな芸人や作家が既に記録を残していることであるので、ここでは簡単な流れのみを記載する。

養成所の歴史は意外にも古く、元を辿ると戦前にさかのぼり、今日的な養成所のスタイルは一九六〇年代から存在する。戦前は吉本の「漫才道場」、日本浪曲協会の「浪曲学校」。戦後は、東京の「堀越芸能学院」（堀越学園が経営）、大阪の喜劇役者、曾我廼家明蝶《そがのやめいちょう》が開設した「明蝶芸術学院」、松竹芸能のタレント養成所「松竹芸能タレント養成所」（一九六八年開設。今も続いている養成所では最古参の部類）などが古い。

一方、養成所の概念が生まれた一九六〇年代、七〇年代当時はまだ弟子入りや協会の力が強かった関係から、「養成所を卒業→誰かしらに弟子入り」といった形がほとんどであった。「師弟関係にも、権威にも頼らず、所属事務所の肩書と芸だけで勝負する」チャレンジャーもいるにはいたが、「コンクール上がり」「のど自慢上がり」などと揶揄されることがほとんどであった。

ＭＡＮＺＡＩブーム以降、そうした風潮が薄れ、オーディション番組上がりの若手たちが台頭するようになる。ダウンタウンの松本人志が島田紳助との対談の中で、紳助竜介の漫才を例に挙げて、

「漫才ブーム以降、漫才の上手い下手ではなく、発想で勝負できるようにお笑いというものが変わった」（『哲学』）

と語っているが、「話術よりもキャラクター」「話術よりも発想の面白さ」が求められたということが、漫才界に大きな変革を及ぼした。

「オーディション上がりだろうが、師弟関係上がりだろうが関係ない、キャラクターが面白くて、発想が面白ければいい」といった声が、芸能プロダクションや放送業界からもおこるようになり

はじめたのは、当然の結果であったといえよう。

その結果、とんねるずやダウンタウンといった有能な人材が次々と現れるようになり、オーディション番組やバラエティ番組を賑わせるようになった。特に、石橋貴明《いしばしたかあき》と木梨憲武《きなしのりたけ》のとんねるずの人気はすさまじかった。とんねるずへの評価や彼らの経歴は、既に多くの書籍や雑誌等の記事で紹介されており、今さら記す必要もないだろう。

とんねるずのヤンチャで無軌道な芸風や態度は、古い芸人や関係者から批判を受けた。「今どきの芸人はマナーがない、先輩を敬う気がない、師弟関係や修業を経てないから芸が甘い」と辛らつな言葉を浴びせられたものの、そんな批判者は所詮、少数派であった。

ニュータイプの漫才師は、たとえ「礼儀がなってない、芸が拙い」と批判されようとも、若くして成功をおさめ、プロダクションや番組の大黒柱として活躍を続けていた。

一九八〇年代に入ると、数多くの若者や芸人をドンドン採用して、新人を発掘することや新人育成を目的に、芸能プロダクションが漫才師養成所を設立するようになった。吉本の養成所「吉本総合芸能学院」、「松竹芸能タレント養成所」から発展した「松竹芸能タレントスクール」（現・松竹芸能養成所）の二つは次々と人気漫才師やタレントを輩出する名門校となった。

特に吉本総合芸能学院は、第一期生から松本人志《まつもとひとし》と浜田《はまだ》雅功《まさとし》の「ダウンタウン」を筆頭に、トミーズ、ハイヒールといった人気芸人を輩出することに成功した。若くてヤンチャでフレッシュな新人漫才師たちは吉本の後見もあって、続々と売り出していった。その後も今田《いまだ》耕司《こうじ》、東野幸治《ひがしのこうじ》、山崎邦正《やまざきほうせい》（月亭方正）、蛍原徹《ほとはらとおる》と宮迫博之《みやさこひろゆき》の「雨上がり決死隊」、岡村隆史《おかむらたかし》と矢部《やべ》浩之《ひろゆき》の「ナインティナイン」、宮川大輔《みやがわだいすけ》と星田英利《ほしだひでとし》の「チュパチャップス」、矢野・兵動――さらにはマルチタレントを目指して結成したお笑いグループ「吉本天然素材」が、一時代を築いた。

一方、松竹芸能も若手漫才師の売り出しに力を注いだ。よゐこ、ますだおかだ、アメリカザリガニなどがここから誕生している。

そんな大阪に負けじと、東京では、芸能プロダクションが新人育成に躍り出た。売り出すための間口は広い一方で、吉本や松竹芸能といった演芸に強いプロダクションが少ないのはどうしても東京の弱みであった。その中で、ニュータイプ漫才師の輩出に大きな影響を与えたのが、「横浜放送映画専門学院」の存在である。現在「日本映画大学」と改称して運営されている。

映画学校と漫才の関係は一九七五年にまで遡ることができる。映画人や俳優の育成を目指して一九七五年に「横浜放送映画専門学院」を創設した今村昌平は、映画界で活躍できる人材を育成すべく様々なカリキュラムを用意した。そんなカリキュラムの中に用意されたのが、「漫才講座」と呼ばれる授業であった。今村は大西信行を仲介にして内海桂子・好江にオファーをかけ、同校の講師として招いたのであった。

かくして先生となった桂子・好江は漫才のテクニックを紹介しながら、「受講仲間とコンビを組んで漫才の実演をする」という方針を打ち立てた。桂子・好江の漫才講座の面白さも手伝って、専門学院の卒業生の中から漫才師が現れるようになった。

その先駆けというべき存在が、深水みつか・かおりの女性コンビ「ピックルス」である。漫才講座で漫才の面白さを知った二人は学校卒業後に「ピックルス」として本格的にデビューを果たし、オーディション番組『お笑いスター誕生‼』で次々と勝ち抜く新人として注目された。コンビは数年で解散したが、みつかは本名の「楠美津香《くすのきみつか》」に改名し、女優に転身。一人芝居で高い評価を受けることとなる。

ピックルスに続いて現れたのが、としゆきとひとしの「象さんのポット」であった。ハイスピードなしゃべくり漫才を得意とする若手が活躍する中で、あえてけだるそうで脱力的、テンポもゆったりとした漫才を展開した。ボケでもツッコミでもない、漫才のスタイルをなし崩しにしてしまう芸風は「不条理漫才」と称され、お笑いファンに衝撃を与えた。

そんな二組の後に大型新人が登場する。内村光良《うちむらてるよし》と南原清隆《なんばらきよたか》の「ウッチャンナンチャン」である。

一九八五年、漫才講座で同じクラスになった二人は、他の実習生と同じようにコンビを組むこととなった。実習時代は「おあずけブラザーズ」と名乗っていた(余談であるが、同期で「ペンギンズ・ぱー」というコンビ名で活躍していたのが出川哲朗《でがわてつろう》である)。発表会で披露した漫才やコントは群を抜く出来栄えだったそうで、講師の桂子・好江を驚かせるほどであった。周りから人気番組『お笑いスター誕生‼』への出場を勧められたのを機に、テレビへ出るようになった。

都会の流行や風俗をたくみに風刺しながら、見事なコントで決勝戦まで勝ち進み、一九八六年のサバイバル・シリーズで見事に優勝を果たした。『お笑いスター誕生‼』はこの直後に放送終了したため、二人は最後の優勝者ということになる。『お笑いスター誕生‼』出演中から、その才能とカリスマ性を内海桂子・好江やマセキ芸能社の柵木眞社長に認められ、マセキ芸能社に所属。一躍、同社の看板芸人となった。
ＭＡＮＺＡＩブームのころから盛んに生み出されていた四コマ漫才やショートコントなどを参考にして、彼らが現行の「ショートコント」のスタイルを完成させたのは、有名な話である。「ショートコント、○○」とお題を振って芸に入るスタイルはこのコンビが確立したものだという。

また、とんねるずやダウンタウンが売りにした、よくも悪くもヤンチャで暴力的な芸風やスタイルではなく、おっとりとした優等生然とした態度や芸風も彼らにとって大きな魅力となった。キャラがかぶらないという強みも大きな持ち味であっただろう。

他にも太田スセリと岡野ゆかりの「ペコちゃん」、次世代の兄弟漫才と期待されながらも夭折した三田みつお・まさおの「てきさすコンビ」などは、昭和末の東京漫才で独自の光彩を放ったコンビとして特筆しておくべきだろう。

平成に入ると、プロダクション人力舎がスクールＪＣＡを設立して、新人の確保に乗り出した。児嶋《こじま》一哉《かずや》と渡部《わたべ》健《けん》の「アンジャッシュ」、飯塚《いいづか》悟志《さとし》と豊本《とよもと》明長《あきなが》の「アルファルファ」（後の東京03）、山崎《やまざき》弘也《ひろなり》と柴田《しばた》英嗣《ひでつぐ》の「アンタッチャブル」など、今も活躍するコンビは多い。

また、そうした養成所に入ることもなく独立独歩で地位を築き上げてきた漫才師も多数存在する。太田《おおた》光《ひかり》と田中《たなか》裕二《ゆうじ》の「爆笑問題《ばくしょうもんだい》」、コメディグループ「ＢＩＧＴＨＵＲＳＤＡ」から独立して漫才コンビを結成した石塚《いしづか》英彦《ひでひこ》と恵《めぐみ》俊彰《としあき》の「ホンジャマカ」、原田《はらだ》泰造《たいぞう》と堀内《ほりうち》健《けん》の「フローレンス」（後に名倉潤《なぐらじゅん》が入ってネプチューン）、天野ひろゆきとウド鈴木の「キャイ～ン」、上田《うえだ》晋《しん》也《や》と有田哲平《ありたてっぺい》の「海砂利水魚《かいじゃりすいぎょ》」（後のくりぃむしちゅー）、有吉弘行《ありよしひろゆき》と森脇和成《もりわきかずなり》の「猿岩石《さるがんせき》」など挙げればキリがない。

また彼らの活躍の追い風となったのが、新しい演芸番組やバラエティ番組である。一九九二年開始の『進め！ 電波少年』『ボキャブラ天国』、一九九三年開始の『ＧＡＨＡＨＡキング 爆笑王決定戦』、一九九六年開始の『めちゃ×２イケてるッ！』、一九九八年開始の『笑う犬』、一九九九年開始の『爆笑オンエアバトル』など、今なおテレビ史に残る名作は、バブル経済期から就職氷河期世代の本音や流行を見事に吸収し、これまでにない笑いやセンスを作り上げることに成功した。

新しく生まれた漫才師たちは、新しく生まれた演芸番組やバラエティ番組とともにその波に乗り、独自の芸風を開拓し、漫才界・芸能界の第一人者としての地位を築き上げた。そんな彼らに影響を受けた若者や業界人が、これまでの伝統的なスタイルを捨てて、新しい形でデビューし、売り出しに賭ける、そこからまた優秀な人材が生まれる――今日の漫才界の流れはこうした繰り返しによるところが大きいようである。

中でも、太田光と田中裕二の「爆笑問題」は「優秀な人材が新たな優秀な人材を育てる」手本のような存在として勢力を拡大している。人気漫才師として今なお第一線で活躍する一方で、漫才界の新たなスターの育成や売り出しに力を注いでいる点は見逃せない所である。

爆笑問題は一九八八年にコンビ結成――というのだから、東京漫才師の中でも古株の部類である。

デビュー一年足らずで太田プロの所属となり、「たけしの再来」というキャッチコピーとともに華々しく売り出された。しかし、一九九〇年に太田プロ退所を巡って関係者の怒りを買い、数年間冷遇されるという苦い経験を味わっている。

その間に個人事務所「タイタン」を設立。太田光の奔放で毒の効いたボケと、太田を制しつつ良識的な姿勢を見せる田中のツッコミという対比を生かした時事漫才で活路を見出した。

一九九三年にＮＨＫ新人演芸大賞の大賞受賞、翌年には『ＧＡＨＡＨＡキング　爆笑王決定戦』で初代チャンピオンに上り詰めたことも大きな自信となり、再ブレイク。「正統派時事漫才」のコンビとして人気の第一線にカムバックを果たした。

再ブレイク後は司会やタレントとして人気を集めるかたわら、漫才師としての活動を継続。国立演芸場の「花形演芸会」などにも出演。一九九七年に花形演芸大賞銀賞を、翌年には金賞を受賞している。地道な寄席出演は寄席ファンや落語ファンにも認められるキッカケとなり、今日の寄席出演や落語会への出演に繋がっているのではないだろうか。

二〇一〇年代に入ると、爆笑問題を慕う若手芸人たちが事務所「タイタン」に集うようになり、「タイタン」は、新たな東京の勢力として注目されるようになった。日本エレキテル連合（現在は業務提携）、ウエストランド、まんじゅう大帝国、春とヒコーキ、ＸＸ《チヨメチヨメ》ＣＬＵＢ《クラブ》といった今を時めく若手たちがタイタンの下に集った。

二〇二三年現在も爆笑問題を中心とする「タイタンライブ」が定期的に開催され、爆笑問題の新作ネタ、タイタン所属の若手漫才師たちの勉強ぶりは大きな目玉となっている。若手たちは爆笑問題の人気や実力を追いかけながら自分達の芸やスタイルを磨き上げ、爆笑問題もそんな彼らを引き立てながら今なお人気漫才師の玉座に座り続けている姿は、往年の青空一門の権勢を見るような趣さえある。

師弟組とたけし軍団

ニュータイプ漫才師の席捲と台頭が目立つ中で、堅実な師弟関係を経て売り出したコンビや、独自の師弟制度をとりながら売り出したコンビも存在する。

前者の「師弟組」は、もはや説明する必要もないだろう。師匠や人気者について、雑用やカバン持ち、前座を勤めながら芸やアドバイスを伝授される、昔ながらの修業である。かつてはオーソドックスだった修業法も、昭和末には既に珍しいものになっていた。若手漫才師の中には雑用や前座をほとんど経験することなく、すぐさま人気者に上りつめることもあった。

今や師弟関係を持っている漫才師の方が珍しいという逆転現象まで起きてしまったほどである。そんな師弟関係氷河期において、昔ながらの修業を貫徹して一人前になった漫才師が存在する。内海好江門下の笑組《えぐみ》、三波伸介・小野ヤスシ門下同士で組んだホームラン、レオナルド熊の付き人と東八郎の弟子が組んだすず風にゃん子・金魚などがその例であろう。このコンビたちの経歴は富澤慶秀『「東京漫才」列伝』に詳しく掲載されている。

「笑組」のかずおとゆたかは、漫才界きっての厳しい師匠として知られた内海好江に師事して漫才師になった。当初は「かずちゃんゆたちゃん」と可愛らしいコンビ名だった。

芸事と礼儀作法に厳しい好江の下で芸と礼儀を磨いた二人は、正統的なしゃべくり漫才を会得し、注目を集めるようになった。ゆたかは一時期、友人の伊集院光との関係から『伊集院光の怪電波発信基地』などに出演したが、タレント業に転身することなく、正統派漫才師としての地位を確立した。品のあるしゃべくり漫才は、寄席の関係者や落語家からも高く評価され、古今亭志ん朝一門の身内となったほどである。

三波伸介門下のたにし、小野ヤスシ門下の勘太郎で結成された「ホームラン」は、コントから漫才師になった経歴を持っている。

たにしは、元々三波伸介の弟子で「波たにし」と名乗っていた。長らく三波の付き人として活動していた。一方の勘太郎は、土木会社の会社員から小野ヤスシの弟子になった経歴の持ち主であった。

一九八二年に、テレビ局で知り合った二人はコンビを結成することとなった。当初は「コント21世紀」と名乗り、コントを演じていた。一九八五年頃に、「ホームラン」と改名し、コント・漫才の両方を演じる芸人となった。長らくコントを演じていたが、周囲の勧めもあって漫才に転身。小柄なたにしを、ガラガラ声の勘太郎がいじり倒す漫才を中心に、コントも漫才もこなす達者な存在として重宝された。

すず風にゃん子・金魚は、女性版凸凹コンビぶりで人気を博する女流コンビである。

にゃん子はレオナルド熊の弟子からあき竹城《たけじょう》の付き人、映画女優という変わり種で、その美貌と演技力は折紙付きだった。

相方の金魚は、保育士から東八郎門下のコメディアンになったというこれまた変わり種であった。金魚は知人とコンビを組み、「クィーン号」として初舞台を踏んでいる。「23時ショー」の演芸コーナーで優勝を果たすなど、ちょっと注目されたが三年ほどで解散してしまった。

一九八九年、正式にコンビを結成することとなり、「みどりのおばさん」のコンビ名でデビュー。「金魚と順子」というコンビ名を経て、「すず風にゃん子・金魚」と改名。落語協会幹部の鈴々舎馬風に認められて落語協会への入会が決まった。以来、二人は厳しい寄席のお客の荒波にもまれ、独特の女流漫才を練り上げることとなった。

金魚はゴリラの物真似やその季節の行事や話題の人をモチーフにした大胆な髪飾りを考案し、これは当人たちのセールスポイントとなった。派手な髪飾りに、凸凹コンビ振りと、出てくるだけで爆笑が取れる人気漫才師となった。

かくして古風な師弟関係を保って登場する漫才師もあれば、これまでの師弟関係とは違う師弟関係から生まれる漫才師もいる。

その独自の師弟関係とは「ある人気者や実力者を師匠として奉るが、これまでの師弟関係とは一風変わっている集団」というべきだろうか。つまりビートたけしを総師にした「たけし軍団」のことである。

たけし軍団に関する逸話やその来歴は、たけし本人の書籍やインタビュー、弟子のガダルカナル・タカ、水道橋博士のエッセイ、たけしの友人で放送作家の高田文夫の書籍等に詳しく書かれているので、ここでは、たけし軍団と東京漫才との関係性のみを紹介するにとどめる。

一九七〇年代後半から勃興したMANZAIブームで一躍人気を獲得したビートたけしは、ヤンチャなキャラクターと強烈な毒舌で、次々とレギュラー番組を掛け持ちする人気タレントとなった。そんな彼を慕って多くの青年や若手芸人が出入りするようになり、たけしの周りに取り巻きのようなグループができた。これを発展させたのが「たけし軍団」である。

そのまんま東・大森うたえもんのツーツーレロレロを筆頭に、タカとポポのカージナルス、ダンカン、松尾伴内《まつおばんない》、ラッシャー板前、グレート義太夫、井出らっきょ、柳ユーレイなどが集った。たけしは自分を慕う若者たちを見て、「若い連中を使ってくだらねえことをやろう」と考えた。ちょうどTBSが新番組の企画を持ってきたのを幸いに、たけしはドタバタのバラエティ番組を考案した。それが、一九八三年十月に始まった『たけしのお笑いサドンデス』である。

番組内で「一芸コーナー」という企画が設けられ、弟子たちはここに駆り出された。弟子たちが様々な一芸に挑戦し、しごかれるというコーナーだったが、これが意外な反響を呼んだ。いつしか、たけしの弟子たちは「たけし軍団」と呼ばれるようになり、この名称が定着した。その後もたけしの主宰する番組に数多く出演するようになり、一躍、人気タレント集団となった。

たけしは弟子たちを散々に振り回す一方で、「芸人っていうのは芸があって芸人だから、芸を身につけろ」と芸人の基礎を徹底的に叩き込んで、手荒な形ではあるが自分の美学を伝えた。

たけし軍団はこれまでにない師弟関係の形であったといってもいい。「師匠も弟子も一緒になって泥まみれになり、弟子が師匠をやり込める」「師匠と弟子が一緒になってご飯をたべロケに向かう」「弟子に滅茶苦茶な芸名をつける」「師匠と呼ばせない」など、これまでの師弟関係にはあまり見られない考え方や行動方法であった。

「三歩下がって師の影を踏まず」といった考えが常識であった頃と違って、師匠と弟子が一緒になって仕事をしてふざけ倒している姿は、現代的なビジネススタイルを現していたのではなかったか。たけし軍団の若者たちは、そんなたけしを厭うことなく、師匠として敬い続けた。

一九八六年、たけし軍団が「フライデー事件」をおこし、彼らの人気が一度ストップしたのを機に、たけしにもたけし軍団にもいろいろと変革が起こった。たけし軍団の若手の中から正統的な人気漫才師が現れたのはそんな時である。

水道橋博士《すいどうばしはかせ》と玉袋筋太郎《たまぶくろすじたろう》の「浅草キッド」である。

たけしの熱烈なファンでいつの間にかたけし軍団に入り込んでいた玉袋筋太郎と、明治大学の学生であった水道橋博士によって結成されたこのコンビは、過激なたけし軍団には珍しい正統派の漫才師として、注目を集めるようになった。

元々二人はたけし軍団の末弟子として、東洋館に修業へ出されていた。二人は、古株のコント芸人・阿部昇二《あべしょうじ》（漫才師をやっていたこともある）と一緒に舞台を踏んでその薫陶を受けた。

そんな二人の良き理解者となったのが、ビートたけしの友人で放送作家の高田文夫であった。

高田は自身の人脈や経験を生かして、浅草キッドをオーディション番組に次々と送りだした。良き理解者を得た二人は一九九〇年代に入ると一躍タレントとして注目を集め、多くのテレビ・ラジオ番組に出演することになる。

また、高田文夫が演芸雑誌や演芸本の監修を行っていた関係から、二人は東京漫才のホープという形で取り上げられるようになった。

そんな浅草キッドに続けと、たけし軍団の若手たちがこぞってコンビを組むようになった。それには高田文夫の後押しも大きかったことだろう。たけし自身も「漫才コンビとしてたけし軍団入りを許す」というようなことをたびたび口にするようになった。

一九八九年にデビューを果たした雨空トッポ・ライポこと「〆さばアタル・ヒカル」、山崎まさやと三又忠久《みまたただひさ》（三又又三）の「ジョーダンズ」、無法松《むほうまつ》とお宮の松の「北京ゲンジ」、ガンビーノ小林とアル北郷「スピーク☆イージー」など、人気コンビを多数輩出した。

以上の漫才師たちは、主にテレビやラジオ、オフィス北野や高田文夫主宰の演芸ライブの活動が殆どで、東京漫才の老舗である漫才協団や落語家団体に近付くことはなかった。たけしのネームバリューや番組で売り出し、独自の地位を築き上げた点も、これまでの漫才師にはほとんど見られなかった現象であった。そうした点を考えると、異色づくしの漫才師たちともいえる。

一方、彼らの言葉遣いや芸風など、そして活躍の拠点は紛れもなく東京漫才の伝統を受け継ぐものであろう。売り出し方や活動の場の差異こそあれ、ビートたけしという人気漫才師の薫陶や憧れを経て、漫才で身を立てた点においては高く評価せねばならない。

颯爽たる幹部組

敗戦直後から東京漫才を牽引し続けて来た大幹部が次々と消えていき、東京漫才の存続も危ぶまれる中で、メキメキと頭角を現し、貴重な屋台骨となった漫才師たちがいる。

彼らは、幹部や新鋭として扱われてきたものの、大幹部や御三家といった中心メンバーには選ばれない存在であった。実力もキャリアもあるが、大きな期待をかけられている訳でもない。そのくせ、人気は相応にあり、冷遇されている訳でもない。「準幹部・準大御所」的な存在だったというべきだろうか。

そんな準幹部組の躍進が目立ったのが、昭和末から平成初頭にかけてのことである。東京漫才の氷河期に、立派な大看板となった。

わずかに孤塁を守る大幹部、遠慮なく躍進を続けるニュータイプ漫才師の間に上手くハマり、独自の領域の展開に成功した。

あした順子・ひろし

あした順子・ひろしは、そんな準幹部世代の筆頭といえるコンビである。

ひょろひょろで優しそうなひろしと如何にも豪快で威勢のいい順子の凸凹ぶりと「夫婦じゃな

い男女漫才」という肩書が売りで、寄席を中心に目覚ましい人気を集めた。順子に振り回され、ドツかれるひろしの姿を覚えているファンもいるのではないだろうか。

この二人のコンビ結成は、一九六〇年と意外と古い。しかもコンビ結成をする以前からコントや司会の仕事で一緒に行動をしており、二人の出会いは一九四六年まで遡ることができる。

あした順子（本名・河野順子）は、一九三二年十二月十二日、東京浅草の生まれ。父親は市山寿太郎、生母は繁千代と漫才師の夫婦であった。生後間もなく父母は離婚し、寿太郎に引き取られた。繁千代は波多野栄一と再婚し、寿太郎も市山小寿々（本名・河野ナカ）と再婚している。順子の姉・河野一枝（一九二八年十一月一日〜没年不詳）も漫才師である。戦後、「岬梨恵」の芸名で玉川スミと音曲漫才を組んでいたこともある。この一枝は、大阪の上方柳次《かみがたりゅうじ》と結婚し、関西へ移った。

幼いころから芸能界に出入りし、六歳で日本舞踊市山流に入門。さらにはコントや奇術も覚え、少女芸人として活躍していた。奇術と舞踊の腕は玄人はだしで奇術では「松旭斎《しょうきょくさい》 純子」、舞踊では「市山扇寿《いちやませんじゅ》」の名を許されるほどであった。

敗戦直後、「コントの相方として娘さんを貸してほしい」と寿太郎の家にやって来たのがあしたひろしであった。

相方のひろし（本名・大野寛）は、一九二二年六月十日、東京下谷生まれ。実家は大工の棟梁で、実兄に将棋棋士の大野源一がいる。ひろしも幼い頃に棋士に憧れ、兄を頼って将棋の修業をしていたことがある。後にかざり職人になったが「俳優になりたくて」廃業して、俳優を志し、大都映画に入社してデビュー。以来、映画関係者の雑用や実演の舞台に出演して、戦中戦後の荒波を生き抜いてきた。また、ひろしは司会漫才の一人として活動していたこともある。

「南順子・北ひろし」の芸名で演芸場やキャバレーでドタバタ奇術やコントを演じていた。手際の悪いひろしにしびれを切らした順子が相手をドツく芸がよくウケ、人気者となった。先輩のリーガル天才・秀才から「漫才になったらどうだ」と勧められ、漫才研究会に入った。

一九六〇年、正式に漫才師となり、浅草の寄席や劇場へ出演するようになった。早くからドツキ漫才で注目を集め、女子プロレスや柔道の真似事をしてひろしをコテンパンにするような荒々しい芸を演じていたが、「いつまでもドツキばかりには頼れない、話術も覚えなければならない」という強い志を抱き、大阪の漫才作家・秋田實に教えを乞うようになった。

秋田實の下で漫才の話術やスタイルを学び、一躍実力派として知られるようになった。その努力が秋田実に認められ、「秋田」の亭号を譲られるものの、「畏れ多い」と辞退。代わりに「あした」という亭号を考案し、一九七〇年十月、「あした順子・ひろし」と改名した。

改名後、本格的に東京漫才へ復帰。実力派男女コンビとして認められ、東宝名人会や寄席の舞台にも進出している。

一九七六年、周りの推薦で柳家小さん一門に入り、正式に落語協会会員となった。以来、ひろしが死ぬまでの三十年近い間、人気芸人として寄席の番組を彩った。同じ七六年、漫才協団真打に推薦され、同年秋に真打披露を行っている。

幹部に昇進し、これから飛躍と思われた矢先、東京漫才の氷河期が訪れる。しかし、二人は腐ることなく、淡々と寄席や劇場で漫才を演じ続けた。いつしかその評判は寄席・落語ファンを中心に高まり、いつしかメディアに注目されるようになった。

平成に入るや二人は突如ブレイクを果たし、演芸番組やバラエティ番組の顔になった。八十近くなったひろしを順子が容赦なく投げ飛ばし張り倒す、それでいて嫌らしくならない悠然とした漫才は、たちまち注目を集めた。

ひろしが八十八歳で一線を退くまでの間、名実ともに東京漫才の人気を背負った大黒柱であったと評してもおかしくはないだろう。

昭和のいる・こいる

順子・ひろし同様、平成に入って突如ブレイクを果たし、東京漫才の大幹部となったコンビに、昭和のいる・こいるがいる。「へーへーホーホー」「ハイハイハイハイ」「しょうがねえ」と如何《いか》にもやる気のない返答が行きかう漫才を覚えている読者も多いだろう。

晩年、東京漫才を代表するコンビになったのが幸いして、彼らの経歴を綴った資料は多い。ここでは簡単な経歴を記す。

メガネをかけたツッコミ役の昭和のいる（本名・岡田弘）は、一九三六年七月二十三日、石川県吉野谷村生まれ。一九四二年という資料もあるが、のいるは『東京かわら版』の聞書き「昭和のいる・こいるのヨカッタネ」（一九九九年四月号―二〇〇〇年三月号）の中で「自分は昭和十一年生まれだけど、履歴書を書いたら十七年と間違えられた」「二十九歳で漫才界に入った」と語っている（一九九九年六月号）から、一九三六年が正しいようである。

高校卒業後、代用教員をしていたが歌手を夢見て上京。川崎の歌声喫茶「エルサルバドル」で働き始めた。

ボケ役の昭和こいるは、一九四四年一月二十六日、群馬県伊勢崎市の生まれ。地元の高校を経て、日本大学芸術学部に進学。ミュージカルに没頭する傍ら、「エルサルバドル」のバイトとして入社。そこでのいると出会った。

皿洗いや雑用をしながら、司会漫才を演じていたところ、これが評判となった。当時知り合いだった歌手の明石光司の紹介で、一九六六年、獅子てんや・瀬戸わんやに入門。

二人は入門を決意するものの、「一年だけお金を稼がせてほしい」と師匠に懇願した。一年の猶予をもらった二人は花園饅頭《はなぞのまんじゅう》のアルバイトをして真面目に働いた。翌年、正式に入門した際、「花園饅頭の苦労を忘れぬよう」という意味をこめて「花園のいる・こいる」の名をもらった。

正統派漫才として注目されたが「花園のい子・こい子」と女流漫才に間違えられるトラブルに遭遇し、改名を願い出る。師匠と仲の良かった三橋美智也から「昭和を乗り越える気持ちで、昭和のいる・こいるとはどうだ」と提案され、改名した。

歌謡ショーの司会漫才の活動を中心に着々と実績を重ね、一九七〇年にＮＨＫ漫才コンクールに出場して以来、東京漫才の新鋭として注目を集めるようになった。一時期はツービートの対抗馬とも目されるほどの実力があった。一九七六年、第二十四回ＮＨＫ漫才コンクールに出場し、ツービートをおさえて優勝している。

しかし、コンクールには優勝したものの、MANZAIブームに乗り切れず中途半端な優勝者として扱われた。

一九八四年に漫才協団の真打に昇進し、幹部として迎え入れられた。幹部級のコンビが立て続けに解散する中で、解散することなく堅実な活躍を続けていた。一九八八年、周囲の人の紹介で落語協会に入会し、寄席の漫才師となった。ここで厳しい客に育てられ、のいるの真面目な説明に対してこいるが「へーへーホーホー」と適当に相槌を打つ芸を完成させた。

一九九〇年代後半に、高田文夫の斡旋でバラエティ番組や演芸番組に出演するようになったのがキッカケで、「不思議で面白い漫才がまだ残っていた」と一躍ブレイクを果たした。如何《いか》にも整然として下衆なところのない話術や明朗なネタは、正当な東京漫才として評価を受け、DVDやCDまで売り出された。まさに「二十世紀最後のダークホース」にふさわしい存在であった。

さがみ三太・良太

東京漫才の継承とともに後進の育成で大きな役割を果たしたのが、さがみ三太・良太である。「さがみ」の亭号の通り、元々は浪曲師・初代相模太郎の弟子である。華々しい浪曲漫才を得意として活躍し、安定した人気を誇った。

ボケと浪曲をうなる役の三太（本名・鈴木猛男）は、一九三九年三月十七日、静岡県浜松市の生まれ。中学卒業後、叔父の紹介で当時売れっ子浪曲師として知られた相模太郎《さがみたろう》に入門。五年の修業期間があけて独立し、「相模五郎」の名前で一本立ちした。しかし、浪曲界は不況に突入していた。師匠や兄弟子の付き人や司会漫談をやっている中で、「お笑いの世界に入ろう」と思い立ち、漫才界へと飛び込んだ。

相方のさがみ良太（本名・鴇崎義泉）は、一九三三年六月十五日、群馬県館林市の生まれ。父は松前家《まつまえや》正之助《しょうのすけ》、母は松前家亀千代《かめちよ》という夫婦漫才兼浪曲師で、幼い頃から両親について旅回りをし、芸事を学んだ。

父・正之助が一九四七年に亡くなったのを機に、母とコンビを組んで見様見真似で舞台に出るようになる。その傍らで浪曲三味線を会得し、相模太郎一門に身を寄せた。「南良雄」と名乗り、相模一門の曲師として出勤するようになった。

しばらく浪曲界で働いていたが、思うところあってコメディアンに転向。後年、コントブームに乗って、斎藤正道、清水粒太とコントグループ「スリーアンバランス」を結成。三味線入りのドタバタコントで注目を集め、テレビや演芸場にも進出した。トリオ解散後も「コントコンビネーション」を結成して活動をしていた。

一九七四年、五郎と良雄は再会して、「一つ漫才をやろう」と意気投合し、コンビを組んだ。師事していた相模太郎から「さがみ」の字を拝借し、ボケ役と浪曲担当は「三太」、ツッコミと三味線担当は「良太」と名乗った。

しゃべくり漫才全盛の時代にあえて浪曲漫才を展開し、三太の悠然としたボケと軽快な浪曲、良太の鋭いツッコミと三味線の音色で客を手玉に取るような舞台を展開し、その絶妙な取り合わせと明るい芸風からたちまち注目を集めた。一時はツービートと一緒に漫才コンクール優勝候補者として注目されたが、両者ともに優勝できずにコンクールから離れる結果となった。

ＭＡＮＺＡＩブーム以降、多くの若手コンビが消えていく中で、貴重な中堅として評価され、「笑点」や「お好み演芸会」にもたびたび登場した。

また、二人は若手育成にも熱心で「ザ・演芸」という自主公演を主宰し、若手芸人の勉強会も率先して開いた。そうした活動も評価され、一九八七年、十四代漫才協団真打に抜擢され、名実ともに幹部昇進を果たしている。

後年、「ザ・演芸」は「演芸キャラバン」と改名し、全国で演芸会や余興の催しを開いて成功を収めた。こうした地道な取り組みのおかげでどれだけの若手・中堅漫才師が助かっただろうか。二〇〇三年に「これからはそれぞれ好きなことをやろう」と円満解散をするまでの間、「演芸キャラバン」は貴重な勉強会として機能し続けた。

なお、上の三組以外にも貴重な屋台骨となって東京漫才を支えたコンビがいた。

大瀬しのぶ・こいじ門下から出た「大瀬うたじ・ゆめじ」。話がかみ合いそうで嚙み合わない、延々と平行線のような漫才「平行線漫才」で注目を集めた。このコンビは落語協会に所属し、貴重な寄席漫才の担い手となった。

Ｗけんじ門下の優等生として知られた東城けん・しんの「Ｗモアモア」。東北訛りの残る東城けんがボケ、東城しんがこれを激しくツッコながらも時々変なことを口走ってあべこべになる――というＷけんじを思わせる爆笑派の漫才を展開した。

同じWけんじ一門で人気を競い合ったのが「Wエース《ダブル》」である。でっぷりとした谷エースが嘘か本当かわからないウンチクを延々と並べ、ひょろっとして髭面の丘エースがそのウンチクの付け焼刃を剝がしていく「逆転漫才」が売りであった。二人とも六〇歳前後で早死にしてしまった。掛合のスピード感と迫力があり、MANZAIブームの中でも注目される存在であったが、こちらは司会漫才独立独歩で漫才協団の真打にまで上りつめたのが「春風《はるかぜ》こう太・ふく太」。こちらは司会漫才の賑やかさを漂わせるコンビで、浅草の劇場と落語協会の寄席を中心に活躍を続けた。

東京太・京二の門下で、仲良しコンビとして知られた「東京丸《あずまきようまる》・京平《きようへい》」。京丸は「ヨイショ」が得意で、京平や観客を徹底的にヨイショ――したかと思うと、一気に梯子をはずすという「ヨイショ漫才」を得意とした。晩年は「仲良しコンビ」として『水曜日のダウンタウン』で取り上げられるほどであった。

リーガル天才・秀才の門下としてスタートし、師匠譲りの理知的な漫才を受け継いだ「高峰和才《たかみねわさい》・洋才《ようさい》」。コワモテの洋才と『鉄腕アトム』に出てくるお茶の水博士のような髪型をした和才――と出てくるだけで笑いの取れる明朗なコンビであった。

こうした幹部や準幹部の活躍が、「どん底」の状態にあった東京漫才の危機を救ったといってもいい。

これらのコンビがもっともっと活躍してくれるものと思っていたが、ほとんどのコンビが平成末から令和にかけて解散してしまったのは返す返すも残念である。

二〇一九年には新山ひでや（八月二十三日、七十三歳）、二〇二一年には東京丸（一月三十日、七十七歳）、春風こうた（四月十四日、七十八歳）、ホームラン勘太郎（九月十八日、六十五歳）、昭和こいる（十二月三十日、七十七歳）、二〇二二年には高峰和才（一月十五日、七十五歳）と東城しん（二月四日、七十三歳）が亡くなっている。

漫才協会の立派な屋台骨として生きてきた漫才師たちの立て続けの死は、東京漫才の大きな損失であったことは言うまでもない。

二十一世紀へ

二〇〇一年一月一日、世界は一つ世紀を重ね、二十一世紀となった。

グローバル社会が発展し、インターネットやSNSに大きな期待がかけられるようになった。今現在に至るまで、このインターネット社会、グローバル社会は、我々の生活や文化に大きな影響を及ぼしている。かつてはナマで見聞きするしかなかった漫才が、今やその映像や音源が、動画サイトやSNSを通じて沢山発信されるようになり、手軽に漫才が視聴できる時代となっている。さらに漫才師自身がネタやプライベートを投稿し、自分の力で人気や知名度を獲得する時代へと変革を遂げつつある。漫才は一層身近な存在になりつつあるといってもいいだろう。

さて、そんな世の移り変わりの中で東京漫才はどのような歴史を辿って行ったのか。まとめをかねて紹介していきたい。

二〇〇一年九月、吉本興業と朝日放送のタイアップで「M‐1グランプリ」が創設された。「コンビ結成十年以内の若手コンビ。条件を満たせば事務所の大小、プロアマ問わない」「審査基準は面白い漫才かどうか」という明瞭なルールと、「優勝賞金一千万円」、「決勝戦は全国ネットのゴールデンタイムで生放送」というすさまじい待遇を用意した賞として一躍注目を浴びた。

第一回決勝は二〇〇一年十二月二十五日に放送され、上方漫才のホープとして知られた兄弟漫才「中川家」が第一回優勝の栄冠を勝ち取った。その後は、「ますだおかだ」、「フットボールアワー」と関西勢の優勢が目立ったが、第四回大会（二〇〇四年）では東京漫才のホープとして数えられていた柴田英嗣と山崎弘也の「アンタッチャブル」が優勝し、「東京の漫才師でも優勝できる」ということを世間に知らしめた。

さらに、第七回大会（二〇〇七年）では敗者復活戦から勝ち上がった「サンドウィッチマン」が優勝の栄冠をつかみ、劇的な優勝劇として印象に残り、一躍ブレイクを果たした。その後も、第八回大会（二〇〇八年）で漫才協会の若手・塙宣之と土屋伸之の「ナイツ」が三年連続決勝進出、最終審査で三位を受賞するなど、東京漫才の底力を見せる結果となった。

二〇一〇年に一度開催終了が告知されたものの、根強い人気やファンの要望もあって、二〇一五年、「芸歴十五年以上の若手コンビ」と条件をゆるくして再出発を遂げた。復活後は漫才界随一の登竜門として扱われ、今では動画サイトや雑誌新聞とのタイアップも盛んに行われている。

二〇〇二年夏には、東京漫才の継承と人材育成を目的に「漫才新人大賞」が設立され、第一回大会が国立演芸場で開催された（当初は「漫才協団大賞」として）。第一回は倉本剛と三浦昌朗の「ロケット団」が大賞を得て、第二回は「ナイツ」、第四回は「宮田陽・昇」といまを代表する東京漫才のホープたちが続々と大賞を受賞している。現在も東京漫才における貴重な賞レースとして若手たちが火花を散らしている。

二〇〇三年には、「笑組」がリサイタル「ようこそ手ブラで」の成果が認められ、芸術祭賞新人賞を受賞している。一九九六年に夫婦漫才の「大空遊平・かほり」が新人賞を受賞して以来、久々の東京漫才の芸術祭賞受賞であった。

一方で、同年十一月十二日、「Wエース」の丘エースが六〇歳の若さで亡くなり、東京漫才の貴重な人材が欠ける羽目になった。

二〇〇四年は、コロムビアトップとリーガル秀才の元会長二人と谷エース、星セントが立て続けに亡くなった暗黒の年であった。

二〇〇四年二月二十六日、「Wエース」の谷エースが六十一歳の若さで相方・丘エースの後を追った。実力も人気も成熟し、今も活躍するニックスやねづっち、木曾さんちゅうといった若手の弟子を抱えるコンビの早世だけあって、関係者を驚かせた。

二〇〇四年六月七日、コロムビアトップが八十二歳で亡くなった。トップは十年以上癌との闘いながら第一線に立っていた。最後の仕事は、二〇〇四年五月、『朝日新聞』のインタビューであった（同月十五日に掲載）。

葬儀は下村家・漫才協団合同で執り行われた。没後、正四位勲二等旭日重光章《きょくじつじゅうこうしょう》を追贈されている。

同年七月二十二日、星セントが五十六歳の若さで亡くなった。二〇〇二年元日、舞台で急に声が出なくなり、検査の結果、右肺癌が判明した。右肺を摘出し復帰したが、まもなく転移が見つかった。二〇〇三年に健康上の理由や相方との関係悪化を理由に、長年のコンビ「セント・ルイス」を解消。長らく病と闘っていたが、遂に再起することはなかった。

その葬儀の席に長年不仲を公表していたルイスが現れ、「コンビを解散して後悔をしている」と涙ながらに告白し、関係者を驚かせた。

同年十二月二十二日、長らく闘病生活を送っていたリーガル天才もトップの後を追った。葬儀委員長は長年の相方・リーガル秀才が勤め、正式なコンビ解散を宣言した。

二〇〇五年、一般社団法人の認可が下りたことを機に、「一般社団法人漫才協会《まんざいきょうかい》」に昇格した。コロムビアトップ会長以来、四十年近く使われてきた「漫才協団」の名称はここで改称した。

一般社団法人昇格の陰で、二〇〇五年三月十日に星ルイス、十月十九日には宮城けんじの二人が亡くなっている。

同年三月七日、体調不良を感じた星ルイスは自ら救急車を呼んで、入院をした。検査の結果、肺癌が見つかったが、当人はまた復帰すると信じていた。亡くなる直前まで事務所に連絡するほど元気だったが、容態が急変し、そのまま相方の後を追った。

宮城けんじは一九九九年に東けんじを失って以来、漫才界の一線から退き、漫談家とバー「宮城」の経営者という二足の草鞋で余生を送っていた。二〇〇四年十一月に肺癌が見つかり、闘病の末に亡くなった。享年八十一であった。

二〇〇六年には漫才協会の若手コンビ、「ロケット団」がリサイタル「8☆王子芸能社・秋の余興」の演技が評価され、芸術祭賞新人賞に輝いている。この頃から、「ロケット団」、「ナイツ」、「宮田陽・昇」、「ホンキートンク」の四組が「漫才協会四天王」と噂されるようになり、二〇〇八年四月には、この四組がリサイタル「漫才しかできない」を開催、「四天王」の名称が事実上、世間から公認された。

全員落語家団体所属の漫才師であり、二〇一〇年（ナイツ）、二〇一一年（ロケット団）、二〇一三年（宮田陽・昇）、二〇一四年（ホンキートンク）と、立て続けに漫才協会真打に昇進した仲でもある。また最近では漫才協会の新幹部として東京漫才の運営にも携わるようになってきている。そんな四天王の経歴を軽く紹介しよう。

四天王の第一に控える「ナイツ」は、今や漫才界の人気者として多忙な日々を送っている。「ナイツ」は塙宣之《はなわのぶゆき》と土屋伸之《つちやのぶゆき》とのコンビで、コンビ結成は二〇〇〇年。元々は創価大学時代落語研究会の先輩後輩の間柄（塙が一年先輩）であったという。デビュー後間もなく、マセキ芸能社の専属芸人となった。

マセキ芸能の社長は「浅草で修業しろ、漫才協会に入れ」と二人に命じ、内海桂子の門下に加えられた。二〇〇二年漫才協会に、二〇〇七年には落語芸術協会に入会。浅草東洋館や寄席を修業の場にして、芸を磨きあげた。

飄々とした塙が時事問題や流行語を間違いまくり、土屋がその間違いを訂正するという王道派しゃべくり漫才で注目を集めるようになった。二〇〇八年にM－1グランプリ決勝に残ったのを機にブレイク。同グランプリで披露した「ヤホー」なるギャグは、「ナイツ」の代名詞にまでなっている。

また、二人は「楽屋話の名人」としても知られている。自身のラジオやSNSを通じて、漫才協会の先輩後輩の噂や伝説を紹介し、漫才協会や漫才師たちを知ってもらうキッカケを作り続けている。おぼん・こぼんのドッキリや東京丸・京平、チャンス青木の再評価のキッカケになったのも、元はナイツの企画や楽屋話からである。

「ナイツ」の次に真打となった「ロケット団」は三浦昌朗《みうらまさあき》と倉本剛《くらもとごう》のコンビである。三浦は元々保険代理店の社員であったが、一九九八年に退職。大学時代に出入りしていた劇団に入って俳優となった。この劇団時代に仲良くなったのが、相方の倉本であった。

当初は団員の余興や飲み会で漫才やコントを演じていたが、一念発起。二〇〇〇年十一月、「ロケット団」を結成し、漫才師としてデビューを果たした。二年ほど別の事務所に所属していたが（事務所の待遇は最悪であったという）、後におぼん・こぼんのマネージャーを通じて、おぼん・こぼんの身内となった。おぼん・こぼんの伝手で漫才協会に入会。さらに、十代目鈴々舎馬風のファミリーとなって落語協会にも入会。寄席と劇場の両方に出演できるようになった。

時事漫才を得意とする一方で、山形出身の三浦が山形をネタにする「方言漫才」のスタイルも受け継いでいる。「山形では〜」と自慢げに話しながら、流行語に似た山形弁を連発し、相方をけむに巻く芸風は既に一家を成している。

「宮田《みやた》陽《よう》・昇《しょう》」は、東京漫才の名門屋号とうたわれた「宮田」を受け継ぐ貴重な存在である。

宮田陽は元々俳優志望で、俳優座研究生を経て、一九九三年に「劇団TIME Produce」なる劇団を結成。劇団の中心として活動をしていた。一九九五年、この劇団に入団してきたのが後の相方・宮田昇であった。劇団の方はうまくいかず一九九七年に解散。紆余曲折の末、一九九九年にコンビ「コックローチ」を結成して漫才師となった。

二年ほど都内の小さなライブハウスや演芸会に出演していたが、二〇〇一年に宮田章司《みやたしょうじ》に入門し「宮田陽・昇」と改名。師匠や先輩の紹介で、漫才協会、落語芸術協会、マセキ芸能社所属に所属。浅草と寄席で芸を磨くこととなった。

メガネをかけて細身の陽がボケ、小柄で童顔の昇がツッコミという正統派凸凹漫才を得意にしている。

最後の「ホンキートンク」は、間瀬弾《ませだん》と平山利《ひらやまとし》によって結成されたコンビである。二人は星セントの最後の弟子であり、二〇〇三年十一月にコンビを組んだ。師匠星セントの伝手で早くから漫才協会に所属。さらに十代目鈴々舎馬風の身内に入り、落語協会の寄席にも出られるようになった。

テンポのいいしゃべくり漫才を武器に、わずか数年でナイツやロケット団と並ぶ人気を獲得した。テンポの良さと言葉遊びの面白さは師匠譲りのものだったのではないだろうか。

四天王の一角として活躍を続けていた「ホンキートンク」であったが、二〇一九年七月三十一日、利が「病身の妻を支えるため」という家庭的な理由をもって、メンバーから離脱。弾・利のコンビは事実上の解散となった。なお、この離脱は弾や関係者も納得の上での選択であったという。

残った弾はしばらくピンで活動していたが、笑組ゆたかの紹介で四代目三遊亭金馬の孫・遊次《ゆうじ》と知り合う。同年十一月、弾は正式に遊次とコンビを組み、「ホンキートンク」の活動を再開している。

二〇〇七年、漫才協会の役員改選が行われた。十年ほど会長職にあった内海桂子が辞意を表明し、名誉会長に就任した。総選挙の末、五代目会長に就任したのは青空球児《あおぞらきゆうじ》・好児《こうじ》の球児であった。その頃、球児・好児が既に東京漫才最古参のコンビとなっていた。

球児・好児コンビの経歴に触れておこう。

球児（本名・下地康夫）は一九四一年八月十七日、横浜市の生まれ。高校卒業後、サラリーマンを経て、一九六〇年にコロムビアトップ門下に入り、芸人となった。一時はコメディアンとして、コントグループに所属していたが、漫才師に戻って「青空球児」と名乗った。

相方の好児（本名・谷田部政視）は一九四三年十月二日、東京三鷹市の生まれ。学生時代から俳優養成所に通っていたが、思うところあって喜劇に転身し、森川信の弟子になった。森川の弟子として数年過ごしたのち、名和マーボーの芸名で「トリオ・ハッスル」を結成。

長らくトリオで稼いでいたが、一九六八年、旧知の仲間で相方と別れたばかりの青空球児にスカウトされて、「青空球児・好児」を結成。一部文献では、「一九六五年結成」とあるが、これはトリオの結成年である。コンビとしての結成年は一九六八年が正しいようである。

主に歌謡ショーの司会を中心に腕を磨き、「ゲロゲーロ」のギャグや五十音や慣用句を逆さまにいう「逆さま漫才」、ドタバタの寸劇を演じる「国定忠治」といったネタをものにしていった。一九七三年、第二十一回NHK漫才コンクールに出場。「ボクは名人」で優勝し、一躍ホープとして注目を集めた。一九七九年には漫才協団真打に昇進し、幹部として認められた。演芸ブーム末期の波に乗り、多くの演芸番組に出演。MANZAIブームの波にも乗ることができた。ブーム以降も着実に人気を固め、東京漫才氷河期においても解散せずに今に至る。

二〇〇八年十月二十九日、漫才協会は「東京漫才の殿堂」の設置を発表し、第一回受賞者として、リーガル千太・万吉、松鶴家千代若・千代菊、コロムビアトップ・ライト、Wけんじを選出した。関西の「上方演芸の殿堂」に対抗する企画として期待されていたが、二〇一二年をもって廃止となったのは惜しい限りである。

二〇一〇年十月二十六日には、コロムビアライトが老衰のため、八十二歳でひっそりと息を引き取っている。

二〇一一年三月十一日、東日本大震災が発生。協会の運営に大きな影響を及ぼすほどの被害は受けなかったものの、帰宅困難者になった漫才師が続出した。親類や友人を失った漫才師もいた。

震災の混乱おさまらぬ二〇一一年秋、音曲漫才の夫婦漫才の「おしどり」、栃木訛りの漫才でブレイクした「U字《ゆーじ》工事《こうじ》」、若手の「道草てんや・らくや」が入会するなど、貴重な即戦力の増加が注目された。さらに、二〇一二年にも、「はまこ・テラこ」、「新宿カウボーイ」、またピン芸人として活動していた宮田章司門下の宮田小介が「左利き」を結成するなど、漫才協会は吉本・

松竹芸能に所属していない芸人たちの修行の場、芸人たちの受け皿としての役割を持つようになった。

若手の加入が増える一方で、おぼんの漫才協会脱退騒動があったり（二〇一五年）、さがみ良太が亡くなったり（二〇一五年五月十一日）と長老たちの死やトラブルもあった。

二〇一九年四月三十日、先年の退位宣言に従って明仁天皇は上皇となり、平成は「令和」と改元された。

東京漫才界にもまた、そんな改元にふさわしいようなビッグニュースが飛び込んだ。改元直前の三月二十九日、漫才協会は十二組の漫才師・芸人が会員として加入する旨を発表した。「にゃんこスター」、「磁石」、「ビッグスモールン」、「インスタントジョンソン」、「ハマカーン」、「エルシャラカーニ」。さらに、物真似漫談の大御所・はたけんじを筆頭に、じゅんいちダビッドソン、ふじいあきら、たかまつなな、ＨＥＹ！　たくちゃん、コウメ太夫が一斉に入会し、大きな話題となった。

しかし、それから間もない二〇一九年冬、コロナウイルス・パンデミックが海外で発生。二〇二〇年春には日本にも上陸し、「コロナ禍」が起こった。コロナ流行に伴う興行や活動の自粛は、漫才界に大きな損害を与えることになった。

コロナの猛威と緊急事態宣言がおさまらぬ中の二〇二〇年八月二十二日、五代目会長を勤めた漫才協会の女傑・内海桂子が九十七歳で長逝をしている。晩年は芸能界最長老として注目を集め、ＳＮＳへの挑戦や数多くのマスコミへの露出などで芸能界以外からも高い関心を集めていた。当人はさらなる長寿を目ざし、高座で「百歳まで現役」と宣言するのが口癖で、九十代とは思えぬバイタリティあふれる姿を見に来る観客やファンも多かった。令和改元直後まで舞台に出ていたが、二〇二〇年春に体調を崩し、そのまま亡くなった。

二〇二一年には、長谷川雅紀と渡辺隆の「錦鯉」、池田57CRAZYと池田レイラの父娘漫才・「完熟フレッシュ」、「そんなの関係ねえ！」で一世を風靡した漫談家の小島よしお、正統派しゃべくり漫才の「三拍子」、『佐賀県』などのコミックソングとギター漫談で人気を博したタレントで、ナイツ塙の兄として知られるはなわが、漫才協会加入を発表した。先年の一斉加入同様に「人気者や実力者の加入」は世間の注目するところとなり、「吉本でも松竹芸能でもない東京漫才界の第三の勢力、漫才協会」という価値がより一層強化される形となった。

そんな漫才協会盛況の陰で、内海桂子亡き後の漫才界の最長老であった青空たのしが二〇二一年八月二十四日に亡くなっている。

長らく司会漫談やラジオのパーソナリティとして活動を続けていたが、平成に入ってハーモニカ漫談を演じるようになった。当初は余興や贔屓の会合で演奏していたが、「舞台でハーモニカ漫談を演じたら」と勧められてハーモニカ漫談家としてスタートし、堅実な活躍を続けていた。

同年十二月十九日、第十七回M－1グランプリに、漫才協会所属の「錦鯉」が出場。下馬評の高かった「オズワルド」、「ハライチ」、「インディアンズ」などを下し、優勝の栄冠をもぎ取った。漫才協会会員の優勝は、グランプリ始まって以来の快挙であり、ボケ役の長谷川雅紀の五十歳でのグランプリ制覇は歴代最年長者として認知され、そのサクセスストーリーは大変な評判になった。

二〇二二年十二月十八日に行われた第十八回M－1グランプリは、「真空ジェシカ」、「ウエストランド」、「キュウ」、「オズワルド」、「ダイヤモンド」、「男性ブランコ」、「ヨネダ2000」の七組が東京の事務所所属という、近年まれに見る「東京勢」の躍進ぶりを見せる形となった。最終的に「ウエストランド」が激戦を制し、東京漫才師を抱えるプロダクション「タイタン」初のグランプリ覇者を生み出した。毒舌を売りにした漫才は賛否が分かれているものの、東京漫才の伝統ともいえる毒舌漫才で天下を制したのは、一つの印象的な事象であるとも解釈できる。

その翌日の十二月十九日、新山ノリローが白血病のために、八十六歳で亡くなっている。既に芸能界から距離を置いて二十年以上たっていたため、大きな話題にはならなかったが、一時期は東京漫才の大スターとして大きな影響を及ぼした一人であった。

二〇二三年五月十七日、地下鉄漫才で一世を風靡した春日三球が八十九歳で息を引き取った。晩年、脳梗塞に倒れてからはほとんど高座に立つことはなく闘病生活を送っていた。

二〇二三年六月十九日、漫才協会会長の交代が報じられた。投票の結果、前副会長であった「ナイツ」の塙宣之が第七代漫才協会会長に就任。前会長の青空球児は名誉会長に就任した。さらに「ナイツ」と同期世代の「宮田陽・昇」の宮田陽、「ロケット団」の三浦昌朗が副会長に昇進。会長・副会長の年齢が皆六十歳以下と大幅に若返る結果となった。

これから漫才がどう変わっていくかわからない。もしかしたら想像を超えるような芸のスタイルやネタが出てくるのかもしれない。

それでも東京漫才は、いや、漫才はどこまでも飛躍を続けていくのではないだろうか。漫才という芸が慕われる限り、漫才はしぶとく、力強く頭をもたげることだろう。

あとがき

芸能研究は筆者にとって一つの信仰のようなものである。特に漫才の研究は守り本尊であった。東京漫才への興味は中学生の頃に持ち始めた。そのキッカケは「県立図書館の事典から東喜代駒という同郷の漫才師を見つけた」という余りにも簡単なものであった。

そこからズブズブと芸能研究にハマっていった。その間に色々なことがあった。思春期ならではの葛藤に悩んだこともあれば対人関係でしくじったこともある。大学在学中に難病に罹患し寝たり起きたり体調のままならぬようなどん底にまで落ちてしまったこともある。

そこから今に至るまで筆者は寝たり起きたりの生活を続けながら、芸能研究という信仰にすがって生きている。苦しい時、哀しい時も芸能研究を糧に「まだ見ぬ世界を見たい」という一心でここまで続けてきた。

コロナ禍が世間を賑わす二〇二〇年末、筆者は「ここらで一つ東京漫才の通史を書いてみようではないか」という気になった。

一つは筆者に芸能史研究の楽しさを教えてくれた人々が立て続けに亡くなったこと。もう一つは東京漫才の通史と呼べる本は皆無に等しい上に、今なお芸能史界隈は四、五十年前の漫才史の本を参考にしている有様――という長年の不満があったこと。こうした要因が重なり合って「漫才の情報も更新せねばならない」と執筆に向かう契機となったのである。

ただ、いざ書き始めると複雑な歴史と凄まじい文字数に振り回された。書きたいことは山ほどあるが紙面の関係もある。削りに削って何とかそれらしい形にしたのが本書というわけである。

本文でも触れているが歌謡漫談、コントなどの漫才の近隣の芸や一九八〇年代のＭＡＮＺＡＩブーム以降の流れがいささか早足になってしまったのは反省する所である。機会があれば歌謡漫談やコントの歴史といったものも一冊の本に仕上げてみたい。

そうした欠点を自覚しつつも、ほとんど語られてこなかった歴史を明らかにできたのは喜ばしい限りである。この一冊が漫才研究に一石を投じることとなるならば、これほど研究者冥利に尽きる話はない。

未熟な筆者を導いてくださった岡田則夫氏、清水一朗氏、高橋ひろみ氏。多くの証言や関係者を紹介してくださされた青空うれし氏、故・新山ノリロー氏、故・源氏太郎氏、故・澤田隆治氏、故・遠藤佳三氏。資料や証言を提供していただいた芸人さんやご遺族たち。そして筆者を温かく応援してくれた家族と友人。言い尽くせないほどの感謝の思いでいっぱいである。厚く御礼を申し上げる。

そして、出版の斡旋と推薦のお言葉をいただいた杉江松恋氏、本書刊行に当たり編集を担当し多くのアドバイスをいただいた筑摩書房の豊島洋一郎氏。このお二方がいなければ本書は世間に出る事はなかったことだろう。心より御礼を申し上げる次第である。

二〇二三年　　　　神保喜利彦

主要東京漫才師補遺〈五十音順〉

※本文で生没年や本名を取り上げられなかった漫才師たちを中心としたプロフィールである。上の屋号や亭号がバラバラの場合はコンビ名で先に来る漫才師の芸名を取り上げ五十音順に並べている。○と◇でまとめてあるものがコンビ（あるいはトリオ等）、◎は単独での記載である。

芸名	本名	生没年	出身地	補足
◇青空星夫	水口輝彦	１９３５年２月24日〜２００２年５月19日	岐阜	後年、船村徹事務所に入社
◇青空月夫	布川勲	１９３７年10月24日〜１９９０年代?	福井	二代目月夫
○青柳ミチロー	青柳辰雄	１９０４年〜１９６０年代?	北海道	
○柳ナナ	青柳美津子	１９０６年〜１９６０年代?	朝鮮	
◇浅田家章吾	森田国雄	１９０７年４月23日〜１９８０年代?	東京	
◇浅田家雪恵	伊藤安代	１９２２年９月20日〜２０００年３月26日	埼玉	後に六代目春風亭柳橋と結婚
○アザブラブ	城田トミヱ	１９１２年３月20日〜戦時中	東京	
○アザブ伸	城田乃富	１９０１年１月18日〜没	東京	
◇東和子	塚田和	１９２８年１月25日〜１９８５年８月23日	北海道	
◇西〆子	安藤〆子	１９３２年１月24日〜１９８６年10月６日	愛知	
○東君子	股村勘次郎	１８９９年?〜１９６７年５月26日	北海道	
○東若丸	股村キヱ	１８９９年?〜１９５８年６月１日	北海道	
◇東喜代駒	武井喜代次	１８９９年４月８日〜１９７７年10月10日	群馬	
◇東駒千代	杉山千代	１９０４年?〜戦後	東京	
○東まゆみ	成沢峰子	１９３２年５月12日〜?	東京	
○大和わかば	宮川喜美子	１９３２年５月17日〜	東京	

◇東陽子	吉田要子	１９３８年１月１日～１９７７年２月９日	東京	都上英二の弟子。後に大平洋子
◇星ススム	山田進	１９１８年10月７日～１９７０年頃?	東京	
◇荒川小芳	栗田好太郎	?～１９５２年	神奈川	
◇林家染寿	栗田つる	１９１０年２月18日～２０００年頃?	関西?	内海好江より後に死去
○石田一雄	石田龍彦	１９０９年12月３日～戦後	岐阜?	
○花園八重子	石田キヨ	１９１０年12月20日～戦後	神奈川?	
◇市山寿太郎	河野春夫	１８９９年２月18日～１９６０年	東京?	姪甥(兄の子)に藤間紫・中村東蔵
◇市山小寿々	河野ナカ	１９１２年５月10日～１９９０年代?	東京	平成まで健在だった由
○榎本晴夫	榎本方一	１９２３年10月12日～２０１４年12月?	東京	
○志賀晶	青柳保	１９３３年７月18日～２０１３年６月頃	東京	
◇大江茂	松澤茂	１９１２年11月９日～１９９７年11月	佐賀	
◇玉川一恵	中川スミ	１９２０年７月17日２０１２年９月25日	福島	後の玉川スミ
○大江笙子	松澤初子	１９０９年11月28日～１９８４年９月23日	東京	大江茂は夫、京美智子は妹
○京美智子	井上巳代子	１９２９年１月14日～１９９７年８月24日	東京	
◇大瀬しのぶ	小笠原敏夫	１９３０年７月24日～２００４年９月15日	青森	
◇大瀬こいじ	伊東達	１９３０年２月６日～２０１４年12月	東京	
○大空なんだ	橋本久明	１９４０年10月10日～２００５年２月18日	東京	
○大空かんだ	志賀正紀	１９３８年２月11日～	大分	
◇大空マナブ	志賀学	１９１５年３月14日～１９８７年11月22日	大分	大空かんだは息子
◇中村ハマ子	志賀ハマ子	１９２０年～２０１６年５月	神奈川	
○大空みのる	宮川秀男	１９３１年１月19日～１９９６年７月13日	東京	漫談・ナナオの父
○都上ゆたか	野口保美	１９２６年６月９日～?	?	
◇大津お萬	廣谷志満子	?～１９７０年代以降	島根?	
◇大津小萬	藤本とき乃	?～１９７０年以降	?	

○大津検花奴	角田政子	１９０４年１月14日～１９８８年２月22日	島根	還暦を機に引退
○菊川時之助	角田喜之助	１９０３年１月１日～１９８８年２月27日	東京	築地の魚屋の御曹司
◇春日章	根来金次郎	１９２３年５月２日～２０００年代？	大阪	太刀村筆勇の弟
◇春日チエミ	根来豊子	１９３０年４月21日～？	大阪	
○春日淳子	松尾初子	１９３４年10月５日～？	大阪	照代死去時には健在
○春日照代	近馬せつ子	１９３５年12月８日～１９８７年４月１日	大阪	
◇桂喜代楽	曾根徳松	１９０２年８月３日～１９８４年１月17日	三重	
◇音羽愛子	曾根よね	？～？	？	喜代楽没時には健在？
○桂三五郎	大村眞太郎	１９００年２月４日～？	？	１９６０年代まで活躍
○河内家芳江	大島ヨシエ	１９０２年１月８日～？	？	
◇桂竜夫	関根光雄	１９２３年７月５日～１９８６年２月20日	静岡	
◇桂竜子	関根セキ子	１９２９年３月11日～？	埼玉	
○桂木東声	飯田丈助	１９０２年～１９６５年頃？	東京？	戦後は関西で活躍
○春風小柳	矢島常榮	？～戦後	？	戦後は千葉で芸妓となる
◎叶家洋月	丸山平一郎	１９０３年10月24日～１９７０年代？	？	戦後、花井雪子と再婚
◇関東猫八	渡邊政治	１９０２年頃～１９４６年頃	山梨	
◇関東照葉	渡邊？	？～？	和歌山	後年、猫八と離婚
○小桜金之助	塩見金助	１８９４年？～１９５４年以降	？	戦後も活躍
○桃の家セメンダル	塩見タカ	１９００年？～１９５４年以降	？	
◇坂野比呂志	坂野浩	１９１１年10月６日～１９８９年５月25日	東京	
◇小林美津子	小林美津子	１９１４年頃～１９５０年代？	大阪	
○桜川ぴん助	長田兼太郎	１８９７年10月12日～１９８７年７月15日	神奈川	
○桜川美代鶴	長田高子	１９１３年６月５日～１９９９年５月１日	愛知	
◇笹一平	関山年一	１９３４年～１９８０年代？	秋田	

◇笹八平	春日文夫	１９３１年２月24日〜２０１６年３月	長野	
○條アキラ	矢島昭	１９２８年１月２日〜没?	東京	
○條アサ子	矢島?	１９３０年代?〜没?	?	後年アキラと離婚
◇笑福亭茶福呂	田中保次郎	１８９５年〜１９５４年以降	?	戦後も活躍
◇秋野華枝	田中ハナ	１９０６年〜１９５４年以降	?	
○松鶴家千とせ	小谷津英雄	１９３８年１月９日〜２０２２年２月17日	三重	
○宮田羊かん	佐藤昭三	１９３９年12月25日〜	宮城	
◇杉ひろし	斎藤勝	１９１８年２月28日〜１９９０年代初頭	福岡	１９９６年時点では没
◇杉まり	斎藤冬子	１９２３年１月２日〜２０１１年頃	福岡	
○砂川捨勝	西村勝己	１９０４年〜１９６４年頃?	熊本	娘は歌手の西村つた江
○祇園千代子	西村千代子	１９０７年〜戦後	京都	
◎大正坊主	塚越勝次郎	１８７８年〜１９５４年	群馬	
◇大朝家五二郎	富田泰次郎	１８９９年〜１９８２年８月22日	大阪	後に芸能社経営
◇大朝家〆駒	富田ミツ	１９００年頃?〜１９６０年代?	?	五二郎より先に死去
◎大朝宇豊子	中野《ナカノ》豊子《トヨコ》	１９２４年８月21日〜２００３年９月４日	東京	大朝宇美代子は妹
○大朝家美代子	中野美代	１９２７年８月18日〜２０１８年７月３日	東京	
○三枡静代	森田ひさ	１９０４年12月２日〜?	東京	
◎高砂家とし松	田村喜七	?〜戦後	栃木	太神楽の柳家とし松の妹婿
◇竹の家雀右衛門	島源次郎	１８９１年12月12日〜１９８０年代?	?	戦後はお座敷漫才師として活躍
◇竹の家小糸	島ヤヱ	１８９３年８月20日〜１９８０年代?	京都?	
○橘エンジロ	斎藤久七	１８９８年４月14日〜１９７６年５月10日	埼玉	筆名・亀屋忠兵衛
○宮川美智子	斎藤千代菊	１９０７年11月30日〜１９７７年以降	北海道	
◇立花六三郎	征矢喜久治	１８９５年〜戦後	関西?	
◇北村栄二郎	北村榮治	１８９２年〜戦後	関西?	

○玉子家一丸	鍵本次策	1895年～1959年7月20日？	福岡	
○玉子家源一	井原嘉平	1897年6月11日～1986年10月15日	福岡	
◇玉子家辰坊	森要次郎	1895年10月11日～1973年3月3日	東京	浪曲の二代目廣澤虎造と幼馴染
◇玉子家八重子	森八重子	1908年4月8日～1977年3月7日	石川	
○玉子家源六	大槻治三郎	1902年～戦後	？	
○玉子家喜代志	大塚一清	1897年9月3日～戦後	？	
◇千代田松緑	清水克己	1905年頃～敗戦直後	？	
◇都路繁子	岡田繁子	1911年～戦後	？	戦後、杉ノボルと再婚し夫婦漫才
○轟ススム	横山亀雄	1924年10月7日～1977年	徳島	
○丘コユル	石井一	1932年5月3日～？	東京	
◇永田一休	長田劦	？～1954年以降	山梨	戦後復帰して「一休・和尚」
◇永田繁子	長田シゲ子	？～1944年頃	？	戦時中に死去
◎中野四郎	古賀荘三郎	1923年8月～？	朝鮮	
○中村目玉	樋口楢次郎	1901年8月23日～1949年12月	兵庫	
○中村玉千代	樋口千代	1911年1月1日～1970年代？	兵庫？	目玉死後は木馬館の下座
◇新山悦朗	渡辺次男	1915年11月15日～1973年5月5日	長野	
◇春木艶子	渡辺ヤマ子	1907年11月25日～1970年2月24日	神奈川	
○博多家人形	石川ふく	1907年～1982年10月7日	福岡	後に「千家松人形・お鯉」
○博多家博次	大久保たか	1899年？～1950年代	福岡	
◇林家染太郎	崎本貞次郎	1899年？～1940年9月3日	東京	
◇林家染次郎	濱島勢吉	1900年頃～敗戦直後	東京	
○春風枝雀	松田福次郎	1899年4月1日～1981年6月26日	群馬	後に音曲師・春風亭枝雀
○春風かほる	松田ナツヱ	1918年8月26日～2005年1月24日	香川	
◇富士蓉子	小川シズ子	1916年～1980年代？	東京	

◇ワカバサヨコ	藤沼サワ	１９１０年代～戦時中?	?	
○前田勝之助	前田勝之助	１９０９年11月１日～１９９８年11月５日	栃木	戦後は浪曲物真似芸人
○隆の家百々龍	前田徳ノ	１９１５年～１９６０年１月８日	新潟	隆の家万龍は実姉
◇マキノ洋一	牧野要	１９２２年６月20日～２００６年12月26日	東京	
◇マキノ初江	牧野はつえ	１９２７年11月24日～２００７年３月16日	静岡	戦後は妻の大和家すみ子と漫才
○松平操	前田秀雄	１９０５年頃～戦後	?	
○春風枝左松	栗田くみ	１９００年代～戦後?	東京	元は曲独楽の松井小源女
◇美田朝刊	西沢喜八郎	１９２７年３月21日～１９９１年７月25日	東京	
◇美田夕刊	清水節雄	１９３４年５月３日～１９９９年10月１日	東京	拝啓介と改名し、声帯模写を演ず
◎南けんじ	土戸利夫	１９２４年５月９日～１９９７年12月16日	東京	マジシャン・藤山新太郎は息子。
○宮島一歩	三島末治	１９０６年10月７日～１９７２年11月14日	大阪	
○三国道雄	三岡濱雄	１８９６年２月６日～?	兵庫	宮島一歩没後も健在
◇宮田昇司	山崎安富	１９３３年３月19日～２０２１年６月21日	東京	解散後、宮田章司と改名
◇宮田陽司	岩下禮次郎	１９３０年～２０１１年以降	熊本	宮田洋容の親類
○美和サンプク	三輪福	１９０９?年９月26日～１９８０年代	愛知	名古屋師範学校出身の元教師
○美和メチャ子	三輪初子	１９２６年８月３日?～２０１４年３月29日	大阪	元は大阪市の公務員
◇森信子	森信子	１９２６年５月16日～２０１１年８月７日	東京	辰坊・八重子の長女。秀子は妹
◇森秀子	森秀子	１９３０年４月14日～	東京	信子は姉。三遊亭小円馬は夫
○柳四郎	白井恭一	１９１７年８月21日～１９８８年12月６日	東京	
○岡三郎	池田延次郎	１９１７年４月６日～２００３年６月５日	東京	１９７７年病気のために引退
○邦一郎	旭千弘	１９３０年５月22日～１９９９年８月13日	新潟	
◇柳家語楽	津松太郎	１９０１年７月１日～１９９７年１月22日	東京	
◇大和家こたつ	梅津花子	１９１１年８月27日～２００１年２月25日	大阪	
○大和家かほる	宮川かほる	１９１４年頃～１９６０年頃	石川	

○宮川貞夫	宮川健	1902年～1943年頃	？	マラリアで死去
◇大和家八千代	來間おめの	1902年12月10日～1998年4月17日	島根	
◇酒井義二郎	酒井義次郎	1899年3月25日～1960年12月13日	和歌山	
○横山円童	木村清一	1900年代？～1956年12月	関西？	元落語家。横山エンタツ門下
○花柳つばめ	木村キク	1906年10月28日～1986年4月17日	大阪	夫死後、吉原つばめと改名
◇吉原家〆坊	芦崎喜一	？～戦後	？	元新内流し
◇吉原家〆吉	芦崎ヒサ	？～戦後	？	1978年時点までは健在
○柳亭左喬	田中喜久司	1898年～1945年3月10日	？	元落語家。東京大空襲で死去。
○三升家三喜之助	本多きみ	？～1943年11月28日	東京	三升家勝次郎の娘

主要参考文献

一般書籍（著者五十音順）

相羽秋夫『上方演芸人名鑑』少年社　一九八〇
相羽秋夫『上方漫才入門』弘文出版　一九九五
相羽秋夫『漫才入門百科』弘文出版　二〇〇一
秋田實『私は漫才作者』文藝春秋　一九七五
秋田實『大阪笑話史』編集工房ノア　一九八四
朝倉俊博『流浪列伝　風のなかの旅人たち』白川書院　一九七七
東京丸『ヨイショの京丸しくじり漫才記』アス　一九八二
アル北郷「たけし金言集〜あるいは資料として現代北野武秘語録」徳間書店　二〇一四
石井徹也（石川光子・述）『新宿末廣亭うら、喫茶「楽屋」』アスペクト　二〇一三
石田信夫『安来節』中国新聞社　一九八二
稲田和浩『江戸のいろごと』平凡社　二〇二一
井上宏編『放送演芸史』世界思想社　一九八五
色川武大『寄席放浪記』広済堂出版　一九八六　河出書房新社　二〇〇七
色川武大『色川武大　阿佐田哲也全集14』福武書店　一九九三
内海桂子『転んだら起きればいいさ　女芸人の泣き笑い半生記』主婦と生活社　一九八九
内海桂子『桂子八十歳の腹づつみ』東京新聞出版局　二〇〇一
内海好江『気遣い心遣い』ＰＨＰ研究所　一九九六
永六輔『芸人たちの芸能史』文藝春秋　一九七五
遠藤佳三『お笑い作家の東京漫才うらばな史』青蛙房　二〇〇二
オール巨人『漫才論　僕が出会った素晴らしき芸人たち』ワニブックス　二〇二二
大阪府立上方演芸資料館（編）『上方演芸大全』創元社　二〇〇八

大瀬しのぶ『わだス大瀬しのぶでござんス　タレント・漫才、泣き笑い人生　大瀬しのぶ自伝』トリョーコム　一九八五
大空ヒット『漫才七転び八起き』青磁社　一九八九
大高弘靖・宣弘『水戸藩御用　水戸の大神楽』ふじ工房　一九八四
大場ひろみ・矢田等『チンドン　聞き書きちんどん屋物語』バジリコ　二〇〇九
岡田弘・三隅治雄・六戸部信淳（編）『大衆芸能資料集成第一巻　祝福芸Ⅰ萬歳』三一書房　一九八〇
尾崎秀樹『大衆芸能の神々　怒りと泣きと笑いと』九藝出版　一九七八
小沢昭一『小沢昭一がめぐる寄席の世界』朝日新聞社　二〇〇四
小沢昭一『私のための芸能野史』芸術生活社　一九七三　新潮社　一九八三　筑摩書房　二〇〇四
小沢昭一・永井啓夫・南博（編）『芸双書 第一巻 いろどる――色物の世界』『第五巻 ことほぐ――萬歳の世界』白水社　一九八一
押田信子『抹殺された日本恤兵部の正体』扶桑社　二〇一九
おぼん・こぼん『東京漫才』飛鳥新社　二〇二二
香川登枝緒『［私説］おおさか芸能史』大阪書籍　一九八六
ガダルカナル・タカ『我が愛と青春のたけし軍団』双葉社　二〇一四
桂米朝（口演）『上方芸人誌』朝日新聞社　一九七六
桂米朝『一芸一談』淡交社　一九九一
桂米朝『米朝よもやま噺』『米朝よもやま噺　藝、これ一生』朝日新聞社　二〇〇七・二〇一〇
桂米朝『上方落語ノート　第一集～第四集』岩波文庫　二〇二〇
桂米朝・上岡龍太郎『米朝・上岡が語る　昭和上方漫才』朝日新聞社　二〇〇〇
家庭教育の会『秀才コース・凡才コース　うちの子の未来』誠文堂新光社　一九六五
金子光晴『金子光晴全集』全十五巻　中央公論社　一九七五～一九七七
唐澤和也『マイク一本、一千万　ノンフィクション「M－1グランプリ2003」』ぴあ　二〇〇四
鎌田忠良『日本の流民芸』新人物往来社　一九七四
川崎隆章『まぼろしの大阪テレビ――一〇〇〇日の空中博覧会』東方出版　二〇一六
北野武『コマネチ！　ビートたけし全記録』新潮文庫　一九九九
木下華声『芸人紙風船』大陸書房　一九七七

神津友好『にっぽん芸人図鑑』主婦と生活社　一九八九
国立劇場（編）『国立劇場二十年の歩み』国立劇場　一九八六
小島貞二『演芸博物館　紅編』『演芸博物館　白編』三一書房　一九八二
小島貞二（編）『大衆芸能資料集成 第七巻　萬歳・万才・漫才』三一書房一九八〇
小島貞二『漫才世相史』毎日新聞社一九六五　改訂新版　毎日新聞社　一九七八
小島貞二『昭和演芸秘史』講談社　一九八一
コロムビアトップ『オレは芸人議員だ』商業経済新聞社　一九八八
コロムビアライト『コロムビア・ライトの生きてりゃこそ』国書刊行会　一九九四
崎本仁彦（編）『浅草染太郎の世界』かのう書房　一九八三
桜川ぴん助『ぴん助浮世草子』草風社　一九七五
澤田隆治『上方芸能列伝』文藝春秋　一九九三
澤田隆治『テレビ時代の名人芸グラフィティ　花王名人劇場』レオ企画　一九八一
澤田隆治『漫才ブームメモリアル』レオ企画　一九八二
澤田隆治『笑いをつくる　上方芸能笑いの放送史』日本放送出版協会　二〇〇二
澤田隆治『永田キング』鳥影社　二〇二〇
三遊亭金馬（三代目）『浮世断語』有信堂　一九五九　旺文社文庫　一九八一　河出文庫　二〇〇八
三遊亭金馬（四代目）『金馬のいななき　噺家生活六十五年』朝日新聞社　二〇〇六
芝清之『浪曲人物史　その系図と墓誌録』上方芸能編集部　一九七七
芝清之『東西浪曲大名鑑』東京かわら版　一九八二
芝清之『浪花節 ラジオ・テレビ出演者及び演題一覧』浪曲編集部　一九八六
島田洋七『佐賀のがばいばあちゃん』徳間書店　一九九三　徳間文庫　二〇〇四
下平富士男（編）『坂野比呂志の大道芸』亜洲企画　一九八二
正司歌江『女やモン！』二見書房　一九七五
水道橋博士『藝人春秋』『藝人春秋2　上・下』文藝春秋　二〇一二・二〇一七
水道橋博士『はかせのはなし』ＫＡＤＯＫＡＷＡ　二〇一六
鈴木としお『浅草』創林社　一九八〇

高田文夫（編）『笑芸人　満開！　東京漫才　二〇〇一年春号』白夜ムック　二〇〇一
高田文夫『高田文夫の大衆芸能図鑑』『高田文夫の大衆芸能図鑑2』小学館　二〇一六・二〇一七
高田文夫『誰も書けなかった「笑芸論」森繁久彌からビートたけしまで』講談社　二〇一五
高見順『高見順全集　第十九巻』勁草書房　一九七四
たけし軍団「ツノだせヤリだせ　たけし軍団物語」太田出版　一九八六年
田崎健太『全身芸人　本物たちの狂気、老い、そして芸のすべて』太田出版　二〇一八
立川談志『談志人生全集 第1巻　生意気ざかり』『第2巻　絶好調』『第3巻　大名人のつもり』講談社　一九九九
立川談志『談志百選』講談社　二〇〇〇
立川談志『立川談志遺言大全集　第十四巻　芸人論Ⅱ早めの遺言』講談社　二〇〇二
立川談志『遺稿』講談社　二〇一二
玉川スミ『ちょっと泣かせて下さい』東映企画プロモーション　一九八三
玉川良一『泣いて笑って突っぱって』北泉社　一九八五
玉川良一『おとぼけ一代　ボクの泣き笑い二十年』日本文芸社　一九六七
玉川良一『タマリョウの「ぶっちゃけ放談」』弘済出版社　一九七六
玉川良一『ふりむけば、ひとの愛。芸能生活四十年、知られざるエピソードとほのぼの交遊録』日本文芸社　一九九一
田村西男・中内蝶二編『大衆日本音曲全集12　漫才』誠文堂新光社　一九三七
ツービート『ツービートのわッ毒ガスだ　ただ今、バカウケの本』ベストセラーズ　一九八〇
鶴見俊輔『太夫才蔵伝　漫才をつらぬくもの』平凡社　一九七九
暉峻康隆『日本人の笑い　庶民の芸術にただよう性感覚』光文社　一九六一
暉峻康隆『落語の年輪　大正・昭和・資料篇』河出文庫　二〇〇七
東京かわら版『東京かわら版寄席演芸年鑑』『東西寄席演芸家名鑑』一九九九〜二〇二二
徳川夢声『夢声戦争日記』中央公論社　一九六〇　中公文庫　一九七七
戸田学『凡児無法録――「こんな話がおまんねや」漫談家・西条凡児とその時代』たる出版　二〇〇一
富澤慶秀（内海桂子・監修）『「東京漫才」列伝』東京新聞出版局　二〇〇二
富田均『聞書き・寄席末広亭』少年社　一九八〇
中村茂子・三隅治雄（編）『大衆芸能資料集成　第二巻　祝福芸Ⅱ大神楽』三一書房　一九八一

西角井正大『大衆芸能資料集成第八巻　舞台芸I俄・万作・神楽芝居』三一書房　一九八一
秦豊吉『昭和の名人會』私家版　一九五〇
波多野栄一『寄席と色物』港北出版　一九七八
波多野栄一・小島貞二『僕の人生、百面相――波多野栄一芸界私史』學藝書林　一九九一
塙宣之『言い訳　関東芸人はなぜM−1で勝てないのか』集英社新書　二〇一九年
早坂隆『戦時演芸慰問団「わらわし隊」の記録』中央公論新社　二〇〇八
ビートたけし『たけし！オレの毒ガス半生記』講談社　一九八一
ビートたけし『たけしくん、ハイ！』太田出版　一九八五
ビートたけし『真説「たけし！」オレの毒ガス半生記』講談社＋α文庫　一九九九
藤田富美恵『玉造日の出通り三光館』玉造稲荷神社　一九九五
古川ロッパ『古川ロッパ昭和日記』晶文社　一九八七〜一九八九
堀和久『浅草人名録2（芸能人）』ぱる出版　一九八五
前田勇『上方まんざい八百年史』杉本書店　一九七五
前田和夫『漫才繁笑記』近代文藝社　一九八四
松野大介『芸人貧乏物語』講談社　二〇一五
松本人志『遺書』朝日新聞社　一九九四
松本人志・島田紳助『哲学』幻冬舎　二〇〇二
真山恵介『寄席がき話』学習図書新社一九六〇
真山恵介『わっはっは笑事典』徳間書店　一九六六
三田純市『上方喜劇　鶴家団十郎から藤山寛美まで』白水社　一九九三
三田純市『昭和上方笑史』學藝書林　一九九三
道江達夫『昭和芸能秘録　東宝宣伝マンの歩んだ道』中央公論新社　二〇〇一
南道郎『右向ヶー左ッ』田中書店　一九六六
村井市郎『河内音頭いまむかし』八尾市広報課　一九九四
持田寿一『大阪お笑い学　笑いとノリに賭けた面々（なにわ雑楽誌1）』新泉社　一九九四
八木橋伸浩『都市周縁の考現学』言叢社　一九九五

八木橋伸浩（編）『南千住の風俗　文献資料編』荒川区教育委員会　一九九六
柳貴家正楽『ひとろく　太神楽の世界』新いばらきタイムス社　一九九四
山川静夫『上方芸人ばなし』日本放送出版協会　一九七七
山崎佳男『父、圓生』講談社　一九八五
山路幸雄『国民娯楽演藝読本』朝日書房　一九四二
山下勝利『芸バカ列伝』朝日ソノラマ　一九八一
山下武『大正テレビ寄席の芸人たち』東京堂出版　二〇〇一
山本初太郎『純愛』紙硯社　一九四三
唯二郎『実録浪曲史』東峰書店　一九九九
悠玄亭玉介『幇間の遺言』集英社　一九九五
吉川義雄『芸能・放送おもてうら』向陽書房　一九八三
吉田留三郎『かみがた演藝　漫才太平記』三和図書　一九六四
吉田留三郎『まんざい風雲録』九藝出版　一九七八
吉本興業『よしもと大百科』データハウス　一九八七
吉本総合研究所『よしもと革命宣言』幻冬舎　二〇〇二
ラリー遠田『この芸人を見よ！』『この芸人を見よ！　2』サイゾー　二〇〇九・二〇一二
ラリー遠田『とんねるずと『めちゃイケ』の終わり　〈ポスト平成〉のテレビバラエティ論』イースト新書　二〇一八
読売新聞大阪本社文化部『上方放送お笑い史』読売新聞社　一九九九
早稲田大学演劇博物館（編）『演劇年鑑一九四七年度版』『同一九四八年度版』北光書房　一九四八・一九四九
渡邊武男『大塚鈴本は燃えていた　元上野鈴本総支配人伊藤光雄の仕事』西田書店　一九九五
渡邊武男『巣鴨撮影所物語　天活・国活・河合・大都を駆け抜けた映画人たち』西田書店　二〇〇九
ＮＨＫ取材班『ＮＨＫ聞き書き　庶民が生きた昭和　第二巻』日本放送出版協会　一九九〇
『芸人名簿』文藝協会　一九一五
諸芸懇話会＋大阪芸能懇話会（編）『古今東西落語家事典』平凡社　一九八九
『ＧＡＧ！ＧＡＧ！！ＧＡＧ！！！』ワニブックス　一九九四
『昭和高座の名人たち』三一書房　一九九七

『あらかわと寄席』荒川区教育委員会　二〇〇五
『人事興信録』人事興信所

論文・文書

大阪芸能懇話会（編）『芸能懇話十三号　特集上方漫才事始め』大阪芸能懇話会　二〇〇一
野口啓吉『浅草「安来節」――大和家八千代小伝（その1～5）』『東京都立白鷗高等学校研究紀要』（第二十一～二十六号）一九九四
民族芸能を守る会（編）『民族芸能』一九六六年五月～

主要新聞

『朝日新聞』『演芸新聞』『芸能娯楽新聞』『娯楽街』『サン写真新聞』『週刊ＮＨＫ新聞』『週刊ＮＨＫラジオ新聞』『旬刊藝能ヴァラエティー』『スクリーンステージ』『東京新聞』『名古屋新聞』『日刊ラヂオ新聞』『毎日新聞』『読売新聞』『ラジオ新聞』『ラジオウィークリー』

主要雑誌

『アサヒグラフ』『演劇年表』『上方芸能』『キング』『クイックジャパン別冊・芸人雑誌』『藝能』『芸能画報』『サンデー毎日』『月刊サイゾー』『月刊ペン』『月刊読売』『サングラフ』『時事世界』『週刊朝日』『週刊女性』『週刊新潮』『週刊東京』『週刊文春』『週刊平凡』『週刊明星』『週刊読売』『新評』『川柳祭』『東京かわら版』『富士』『婦人倶楽部』『婦人公論』『婦人生活』『別冊週刊サンケイ』『放送』『放送と宣伝ＣＢＣレポート』『放送文化』『丸』『漫才』『マンスリーよしもと』『ミュージック・マガジン』『ヤングレディ』『郵政』『ヨシモト復刻版』『寄席Ｆａｎ』『落語』『レコード・コレクターズ』

ホームページ

『アジア歴史資料センター』（https://www.jacar.go.jp/）※慰問の名簿の一部を見ることができる
『上方落語史料集成』（http://blog.livedoor.jp/bunnzaemon/）
『国会図書館デジタルコレクション』（https://dl.ndl.go.jp/）
『昭和館』（https://www.showakan.go.jp/）
『手妻師 藤山新太郎のブログ』（https://tokyoillusion.hatenablog.com/）
『邦字新聞デジタル・コレクション』（https://hojishinbun.hoover.org/）
『マセキ芸能社』（https://www.maseki.co.jp/）
『漫才協会』（http://www.manzaikyokai.org/）
『吉本興業』（https://www.yoshimoto.co.jp/）
『落語協会』（http://rakugo-kyokai.jp/）
『落語芸術協会』（https://www.geikyo.com/）
『Ｍ－１グランプリ公式サイト』（https://www.m-1gp.com/）
『ＺＡＫＺＡＫ』（https://www.zakzak.co.jp/）
『日刊ゲンダイＤＩＧＩＴＡＬ』（https://www.nikkan-gendai.com/articles/view/geino/286496）

ご協力・ご支援を戴いた皆々様

○芸能関係者（敬称略）

青空うれし、青空活歩、青空羽歩、あした順子、東京太、世志凡太、大瀬うたじ、大空かんだ、小野栄一、香川染団子、二代目鹿島伸、一矢、片岡一郎、雷門小助六、木田Ｑ太、坂本頼光、松旭斎美智、水道橋博士、ダーク広和、東京ボーイズ菅六郎・仲八郎、轟夏美、南条マキ、新山ノリロー、ハウゼ畦元、はたけんじ、花島久美、林家たけ平、柳家小袁治、柳家蝠丸、柳家三亀司、二代目大和家八千代、大和豊、宮田羊かん、森サカエ、森秀子、笑組ゆたか、ラッキー舞、若葉茂、渡辺毅、故・青空たのし、故・源氏太郎、故・四代目三遊亭小円朝、故・松旭斎小天華、故・松鶴家千とせ、故・春風こうた、故・宮田章司、故・ラッキー幸治

○研究者・関係者各位（敬称略）

岡鹿郎、岡田則夫、加藤龍一、唐沢俊一、川崎隆章、菊廼家和楽、胡弓かなた、西条昇、清水一朗、杉江松恋、高橋ひろ

み、竹内有一、田崎健太、西村つた江、根本圭助、野口啓吉、原えつお、氷厘亭氷泉、藤原龍一郎、松本聖吾、美田健、武蔵野家狐太郎、森健二、森下洋平、八木橋伸浩、吉住義之助、大阪芸能懇話会

故・澤田隆治、故・遠藤佳三、故・井原勝之祐、故・崎本仁彦

○ご遺族各位（芸人関係者のご遺族です）

東喜代駒、大江笙子、大瀬しのぶ、大空みのる、桂金吾・花園愛子、木田鶴夫、十返舎菊次、シャンバロー岡三郎、シャンバロー柳四郎、スーパー銀、杉まり・ひろし、大朝家美代子、橘凡路、都上英二・東喜美江、マキノ洋一・初江、美田朝刊、南道郎、都家香津代・福丸、大和家かほる、流行亭歌麿　各氏ご遺族ご一同様

神保喜利彦　じんぼ・きりひこ

一九九六年群馬生まれ。國學院大學卒。学生の頃から芸能研究を手掛け、研究サイト『東京漫才のすべて』『上方漫才のすべて』を運営している。論文掲載もあり。演芸研究誌『藝かいな』を二〇二一年から月刊で刊行。著書に『東京漫才師大系』『銀座全線座に寄席があったころ』『焼け跡の寄席興行』など（すべて電子版。『東京漫才師大系』のみは私家版上下巻あり）。

筑摩選書 0270

東京漫才全史《とうきょうまんざいぜんし》

二〇二三年十二月一五日　初版第一刷発行

著　者　神保《じんぼ》喜利《きり》彦《ひこ》

発行者　喜入冬子

発行所　株式会社筑摩書房
東京都台東区蔵前二-五-三　郵便番号　一一一-八七五五
電話番号　〇三-五六八七-二六〇一（代表）

装幀者　神田昇和

印刷 製本　中央精版印刷株式会社

ISBN978-4-480-01785-7　C0376

筑摩選書
0001
武道的思考
内田 樹
武道は学ぶ人を深い困惑のうちに叩きこむ。あらゆる術は「謎」をはらむがゆえに生産的なのである。今こそわれわれが武道に参照すべき「よく生きる」ためのヒント。

筑摩選書
0003
荘子と遊ぶ
禅的思考の源流へ
玄侑宗久
『荘子』はすこぶる面白い。読んでいると「常識」という桎梏から解放される。それは「心の自由」のための哲学だ。魅力的な言語世界を味わいながら、現代的な解釈を試みる。

筑摩選書
0004
現代文学論争
小谷野 敦
かつて「論争」がジャーナリズムの華だった時代があった。本書は、臼井吉見『近代文学論争』の後を受け、主として七〇年以降の論争を取り上げ、どう戦われたか詳説する。

筑摩選書
0006
我的日本語
The World in Japanese
リービ英雄
日本語を一行でも書けば、誰もがその歴史を体現する。異言語との往還からみえる日本語の本質とは。日本語を母語とせずに日本語で創作を続ける著者の自伝的日本語論。

筑摩選書
0007
日本人の信仰心
前田英樹
日本人は無宗教だと言われる。だが、列島の文化・民俗には古来、純粋で普遍的な信仰の命が見てとれる。大和心の古層を掘りおこし、「日本」を根底からとらえなおす。

筑摩選書 0013
甲骨文字小字典
落合淳思
漢字の源流「甲骨文字」のうち、現代日本語の基礎となっている教育漢字中の三百余字を収録。最新の研究でその成り立ちと意味の古層を探る。漢字文化を愛する人の必携書。

筑摩選書 0021
贈答の日本文化
伊藤幹治
モース『贈与論』などの民族誌的研究の成果を踏まえ、贈与・交換・互酬性のキーワードと概念を手がかりに、日本文化における贈答の世界のメカニズムを読み解く。

筑摩選書 0022
日本語の深層
〈話者のイマ・ココ〉を生きることば
熊倉千之
日本語の助動詞「た」は客観的過去を示さない。文中に遍在する「あり」の分析を通して日本語の発話の「イマ・ココ」性を究明し、西洋語との違いを明らかにする。

筑摩選書 0023
天皇陵古墳への招待
森 浩一
いまだ発掘が許されない天皇陵古墳。本書では、天皇陵古墳をめぐる考古学の歩みを振り返りつつ、古墳の地理的位置・形状、文献資料を駆使し総合的に考察する。

筑摩選書 0029
農村青年社事件
昭和アナキストの見た幻
保阪正康
不況にあえぐ昭和12年、突如全国で撒かれた号外新聞。そこには暴動・テロなどの見出しがあった。昭和最大規模のアナキスト弾圧事件の真相と人々の素顔に迫る。

筑摩選書 0031

日本の伏流

時評に歴史と文化を刻む

伊東光晴

通貨危機、政権交代、大震災・原発事故を経ても、日本は変わらない。現在の閉塞状況は、いつ、いかにして始まったのか。変動著しい時代の深層を経済学の泰斗が斬る！

筑摩選書 0036

伊勢神宮と古代王権

神宮・斎宮・天皇がおりなした六百年

榎村寛之

神宮をめぐり、交錯する天皇家と地域勢力の野望。王権は何を夢見、神宮は何を期待したのか？　王権の変遷に翻弄され変容していった伊勢神宮という存在の謎に迫る。

筑摩選書 0040

100のモノが語る世界の歴史1

文明の誕生

N・マクレガー
東郷えりか 訳

大英博物館が所蔵する古今東西の名品を精選。遺されたモノに刻まれた人類の記憶を読み解き、今日までの文明の歩みを辿る。新たな世界史へ挑む壮大なプロジェクト。

筑摩選書 0041

100のモノが語る世界の歴史2

帝国の興亡

N・マクレガー
東郷えりか 訳

紀元前後、人類は帝国の時代を迎える。多くの文明が姿を消し、遺された物だけが声なき者らの声を伝える――。大英博物館とBBCによる世界史プロジェクト第2巻。

筑摩選書 0042

100のモノが語る世界の歴史3

近代への道

N・マクレガー
東郷えりか 訳

すべての大陸が出会い、発展と数々の悲劇の末にわれわれ人類がたどりついた「近代」とは何だったのか――。大英博物館とBBCによる世界史プロジェクト完結篇。

筑摩選書
0046

寅さんとイエス

米田彰男

イエスの風貌とユーモアは寅さんに類似している。聖書学の成果に「男はつらいよ」の精緻な読みこみを重ね合わせ、現代に求められている聖なる無用性の根源に迫る。

筑摩選書
0048

宮沢賢治の世界

吉本隆明

著者が青年期から強い影響を受けてきた宮沢賢治について、機会あるごとに生の声で語り続けてきた三十数年に及ぶ講演のすべてを収録した貴重な一冊。全十一章。

筑摩選書
0055

「加藤周一」という生き方

鷲巣力

鋭い美意識と明晰さを備えた加藤さんは、自らの仕事と人生をどのように措定していったのだろうか。没後に遺された資料も用いて、その「詩と真実」を浮き彫りにする。

筑摩選書
0060

近代という教養
文学が背負った課題

石原千秋

日本の文学にとって近代とは何だったのか？　文学が背負わされた重い課題を捉えなおし、現在にも生きる「教養」の源泉を、時代との格闘の跡にたどる。

筑摩選書
0066

江戸の風評被害

鈴木浩三

市場経済が発達した江戸期、損得に関わる風説やうわさは瞬く間に広がって人々の行動に影響を与え、政治経済を動かした。群集心理から江戸の社会システムを読む。

筑摩選書
0078
紅白歌合戦と日本人
太田省一
誰もが認める国民的番組、紅白歌合戦。今なお40％台の視聴率を誇るこの番組の変遷を、興味深い逸話を交えつつ論じ、日本人とは何かを浮き彫りにする渾身作！

筑摩選書
0082
江戸の朱子学
土田健次郎
江戸時代において朱子学が果たした機能とは何だったのか。この学の骨格から近代化の問題まで、思想界に与えたインパクトを再検討し、従来的イメージを刷新する。

筑摩選書
0089
漢字の成り立ち
『説文解字』から最先端の研究まで
落合淳思
正しい字源を探るための方法とは何か。『説文解字』から白川静までの字源研究を批判的に継承した上で到達した最先端の成果を平易に紹介する。新世代の入門書。

筑摩選書
0096
万葉語誌
多田一臣 編
『万葉集』に現れる重要語を一五〇語掲げて解説する《読む辞典》。現象的・表面的理解とは一線を画しつつ、各語に内在する古代的な論理や世界観を掘り起こす。

筑摩選書
0104
映画とは何か
フランス映画思想史
三浦哲哉
映画を見て感動するわれわれのまなざしとは何なのか。本書はフランス映画における〈自動性の美学〉にその答えを求める。映画の力を再発見させる画期的思想史。

筑摩選書
0146

帝国軍人の弁明
エリート軍人の自伝・回想録を読む

保阪正康

昭和陸軍の軍人たちは何を考え、どう行動し、それを後世にどう書き残したか。当事者自身の筆による自伝・回想・証言を、多面的に検証しながら読み解く試み。

筑摩選書
0147

日本語と道徳
本心・正直・誠実・智恵はいつ生まれたか

西田知己

かつて「正直者」は善人ではなかった⁉ 「誠実」な人もいなければ、「本心」を隠す人もいなかった⁉ 日本語の変遷を通して、日本的道徳観の本質を探る。

筑摩選書
0149

文明としての徳川日本
一六〇三―一八五三年

芳賀 徹

「徳川の平和」はどのような文化的達成を成し遂げたのか。琳派から本草学、蕪村、芭蕉を経て白石や玄白、源内、崋山まで、比較文化史の第一人者が縦横に物語る。

筑摩選書
0152

陸軍中野学校
「秘密工作員」養成機関の実像

山本武利

日本初のインテリジェンス専門機関を記した公文書が新たに発見された。謀略研究の第一人者が当時の秘密戦工作の全貌に迫り史的意義を検証する、研究書決定版。

筑摩選書
0154

1968〈1〉文化

四方田犬彦 編著

1968～72年の5年間、映画、演劇、音楽、写真、舞踏、流行、図像、雑誌の領域で生じていた現象を前景化し、歴史的記憶として差し出す。写真資料満載。

筑摩選書
0177

ベストセラー全史【近代篇】

澤村修治

明治・大正・昭和戦前期のベストセラー本を全て紹介。近代の出版流通と大衆社会の成立、円本ブーム、戦争と出版統制など諸事情を余さず描く壮大な日本文化史。

筑摩選書
0183

三越 誕生!
帝国のデパートと近代化の夢

和田博文

1904年、呉服店からデパートへ転身した三越は近代日本を映し出す鏡でもあった。生活を変え、流行を発信する文化装置としての三越草創期を図版と共にたどる。

筑摩選書
0187

明智光秀と細川ガラシャ
戦国を生きた父娘の虚像と実像

井上章一 呉座勇一 フレデリック・クレインス 郭南燕

なぜ光秀は信長を殺したか。なぜ謀反人の娘が聡明な美女と伝わったのか。欧州のキリスト教事情や近代日本でイメージが変容した過程などから、父娘の実像に迫る。

筑摩選書
0188

徳川の幕末
人材と政局

松浦 玲

幕末維新の政局中、徳川幕府は常に大きな存在であった。それぞれの幕臣たちが、歴史のどの場面で、どのような役割を果たしたのか。綿密な考証に基づいて描く。

筑摩選書
0189

プロ野球 vs. オリンピック
幻の東京五輪とベーブ・ルース監督計画

山際康之

幻となった昭和15年の東京五輪と草創期の職業野球で、なぜ選手の争奪戦が繰り広げられたのか。未知の世界に飛び込んだ若者と、球団創立に奔走した人々を描く。

筑摩選書 0200

ずばり東京2020

武田 徹

日本橋、ペット、葬儀、JRの落し物……。かつてと比べ東京は何が変わったのか。コロナ禍に見舞われるまでの約2年を複眼的に描き出した力作ノンフィクション。

筑摩選書 0202

盆踊りの戦後史
「ふるさと」の喪失と創造

大石 始

敗戦後の鎮魂の盆踊り、団地やニュータウンの盆踊り、野外フェスブーム以後の盆踊り、コロナ禍と盆踊り……その歴史をたどるとコミュニティーの変遷も見えてくる。

筑摩選書 0205

日本の包茎
男の体の200年史

澁谷知美

多数派なのに思い悩み、医学的には不要な手術を選ぶ男たち。仮性包茎はなぜ恥ずかしいのか。幕末から現代までの文献を解読し、深層を浮かび上がらせた快作！

筑摩選書 0209

乱歩とモダン東京
通俗長編の戦略と方法

藤井淑禎

一九三〇年代の華やかなモダン東京を見事に描いて、読者の憧れをかきたてた江戸川乱歩。都市の魅力を盛り込み大衆の心をつかむ、その知られざる戦略を解明する。

筑摩選書 0220

星新一の思想
予見・冷笑・賢慮のひと

浅羽通明

千篇を超える膨大な数のショートショートからエッセイまで全作品を読み抜き、本人ですら自覚し得なかった「思想」を浮かび上がらせた本邦初の本格的作品論！